國際政治經濟學

International Political Economy

左正東 / 著

序

　　國際政治經濟學是一門貼近生活又精彩萬分的學科，我們日用飲食從遠地而來的俯拾皆是，這些商品能夠穿越的每道國門都有著政府間的談判，拜綿密的貿易協議所賜，我們能享受豐富多樣的物質生活。進入新聞網頁，我們看到的重大公共政策議題如通貨膨脹、食品安全、能源環境、勞工移民無一不涉及國家間的經濟往來，只要掌握國際政治經濟學的知識工具，就能對絕大多數公共政策議題建立立體而全觀的分析。同時，國際政治經濟學不只談國家間談判，還涉及國內的政黨競爭和利益團體遊說，鑑於貿易政策在國內政治的重要性，如今比較政治的各個面向都難脫貿易政策的影響，也都成為國際政治經濟學的課題，這讓國際政治經濟學萬分精彩。毫不誇張地說，國際政治經濟學已經成為貫串政治學門三大領域（國際關係、公共政策、比較政治）的綜合性學科。

　　金融海嘯前，在朱雲漢老師的鼓勵和邀請下，我得以和朱老師一同開授研究所的「國際政治經濟學專題」課程，數年後又蒙蕭全政老師鄭重託付，接下大學部「國際政治經濟學」課程，算起來，在台灣大學講授國際政治經濟學課程已經將近十五年。這些年間，不時會碰到有學生坦白的分享他們曾因畏懼數學而不願選修國際政治經濟學的心情。其實，數學和模型不只國際關係研究者容易心生恐懼，恐怕有些經濟學研究者也有疏離感。但是，只要找到合適的方法，數學和模型不應成為我們學習國際政治經濟學的障礙。以我個人的經驗來說，研讀歷史也可以是學習國際政治經濟學的捷徑。因為大學時熱愛閱讀經濟史，特別是台灣和中國大陸經濟成長的故事，奠定後來研究國際政治經濟學的基礎知識，也啟發我的博士論文題目（台灣無線通訊產業發展經驗）。歷史方法是很多國際關係研究採取的研究途徑，對於國際政治經濟學也一樣適用。

用歷史的眼光來看，貿易活動及其衍生的貨幣使用和人類歷史一樣長久，遠古時人類社會已有遠距離貿易活動，而遠距離貿易除了發展相應的貨幣工具外，更需要一定的武裝力量以及促進貿易的制度環境，這既是財富與權力的相互作用，也是經濟活動所依存的政治條件，兩者都是國際政治經濟學的核心主題。因此，雖然作為一門學科的國際政治經濟學誕生很晚，但可以被納入研究對象的國際政治經濟卻可溯及到人類文明誕生之初。若將浩瀚歷史中的貿易與貨幣故事都加以概念化和理論化，可以建構的理論世界不可限量，足見國際政治經濟學的巨大潛力。只是，受限於學科發展的時間尚短，國際政治經濟學的概念化和理論化程度相當有限，仍有相當多的研究依賴對於國際經濟活動各個面向進行歷史敘事。

基於自己的學習經驗和當前國際政治經濟學的學科特質，本書分為五個部分，並採取以歷史和理論交錯前進的方式呈現。第一部分的主題即是理論和歷史，用兩章分別介紹國際政治經濟學的理論和自由貿易的歷史，為全書的研讀提供基礎的知識工具。第一章從國際政治經濟學的學科演進談起，接著介紹國際政治經濟學的三大觀點和兩大學派，以及不同學派的重要學者。第二章從全球貿易的起源談起，接著說明近代歐洲各國的重商主義政策和從重商主義轉向自由貿易的條件，再詳述十九世紀歐洲擁抱自由貿易的歷程。

第二部分的主題是貿易政治，用三章分別討論世界貿易體制、各國貿易政策和區域貿易整合。國際貿易是連結各國經濟的基礎，也是學習國際政治經濟學的入門課題，本書在這部分除了涵蓋貿易政治的基本知識外，還借助豐富的歷史個案探討非市場經濟國融入世界貿易體系和貿易如何塑造國內政治。第三章先回顧世界貿易體系的發展歷程，然後說明世貿組織如何進行貿易談判和解決貿易爭端，再來詳述最惠國待遇原則及其例外，最後分析世界貿易體系下非市場經濟國的處遇。第四章以貿易政策為題，從國際政治、社會利益和國內制度三個面向介紹分析貿易政策的相關理論，最後再說明貿易影響國內政治的理論及個案。第五章則是先回顧區

域整合的歷史,然後詳述區域整合的理論以及世貿組織對區域整合的規定,最後說明當前關於區域整合的重要議題。

第三部分的主題是生產要素的貿易政治,用兩章分別討論國際投資和國際遷徙。一般國際政治經濟學教科書都以專章處理國際投資,但將國際移民納入教科書則相對有限。本書同時涵蓋跨國企業和跨國移民,蓋兩者皆為商品貿易背後的生產要素,既可適用貿易政治的基本概念,又基於兩者對於所處社會的深刻影響而展現和貿易迥然不同的特殊性。本書對於這兩項主題的介紹,從全球投資和移民現況開始,再分別回顧相關的理論研究,接著詳述對於國際投資和國際遷徙的管制措施,由此延伸兩個熱門的管制議題,分別是各國對於國際投資的國家安全審查,以及運用國際遷徙促進發展的全球倡議。

第四部分的主題是貨幣金融政治,貨幣金融政治和貿易政治同樣是國際政治經濟學最核心的課題,包含國際政治經濟學諸多基本概念,這部分用三章分別討論國際貨幣體系、各國匯率政策和金融危機,從全球、國家和區域三個層次探討貨幣金融關係的政治過程。第八章先介紹近代以來的國際貨幣體系,論及布雷頓森林體制的改革,再用國際貨幣基本理論作為輔助,探討日圓和歐元對於美元霸權的挑戰。第九章以匯率政策的基本概念開始,分別從社會利益和國內制度兩個面向介紹分析匯率政策的相關理論,最後用歷史個案探討各國匯率政策的合作與衝突。第十章則是先介紹近代以來的金融全球化和金融危機,以及分析金融危機的基本理論,然後深入探討二十世紀晚期以來的重大金融危機,以及國際組織防止金融危機的各項政策。

第五部分的主題是均富與永續的全球未來,財富不均和氣候變遷都是全球經濟繼續發展必須克服的難題,而既有的全球化體制如何因應各方求變的壓力,更是全球化能否延續的關鍵。這部分用三章分別討論經濟發展、能源貿易和全球化,探索全球經濟的未來變遷。第十一章從二次戰後盛行的進口替代論談起,接著介紹東亞發展型國家和新自由主義兩個先後

取代進口替代的發展典範，最後討論金融海嘯後興起的國家資本主義。第十二章先簡介全球能源現況，接著討論石油貿易的政治過程和化石燃料的定價機制，最後談再生能源貿易和碳市場，探索限制和取代化石燃料的可能性。第十三章則是先簡介全球化現況，接著從民粹主義和金磚國家合作來看全球化體制面臨的內外壓力，最後探討全球治理的可能性與未來出路。

　　本書可說是遲到十五年的作品，也是近幾年自我反省的成果。從取得博士學位以後，對自己工作的界定一直是研究重於教學，不斷追求研究論文的產出。因此，在開始講授國際政治經濟學時，雖然曾有前輩鼓勵我撰寫教科書，但當時的寫作議程都被研究論文填滿，不敢想像會有撰寫教科書的奢侈。等到升等教授以後，回首自己的學術旅程，驚覺自己在教學方面的不足，開始思考如何在課堂帶給學生更系統性的知識，如何激勵更多學生投入國際政治經濟學的學習，遂著手整理自己的教學記錄，而有本書的誕生。

　　從研究者轉向教育者的過程中，孩提時父親常提到的「十年樹木，百年樹人」，不時浮現腦海，對我啟發很深。小時候聽父親這麼說，總覺得那是基於父親年少時無力負擔補習費，到補習班教室外聽課的經驗，表達對教育機會的格外珍惜。等自己為人父後，回想父親一生為孩子無私的奉獻，永遠把孩子教育放在第一位，才體會到父親不只希望孩子出人頭地，更要孩子薪火相傳，讓每一代都比上一代更好，這是父親的夢想，也是從台灣艱困年代走過來的父母們共同的夢想。藉由這本書的出版，我希望下一代學生能比我們這一代更能掌握和善用國際政治經濟學的系統性知識，為個人和社會創造更好的未來，也希望能用這本書不斷提醒自己，永遠不要忘記作為一位教育者的榮譽和責任。

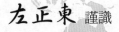 左正東 謹識

目　錄

Chapter 1

國際政治經濟學的思想與學派

2008年雷曼兄弟（Lehman Brothers）倒閉引發金融海嘯，重創全球經濟。在金融海嘯發生之前，幾乎沒有經濟學家預測危機將至。數年後，在一場論壇上，《金融時報》（*Financial Times*）專欄作家Martin Wolf和著名經濟學家Lawrence Summers對此有一段很具深意的對話。Wolf問道：「金融海嘯這件事情，大家都沒有預期到，所以這是不是表示說，經濟學家無法理解現實世界的發展？經濟學家都空談理論，而無助於我們掌握真實世界？」當過哈佛大學校長，又曾是柯林頓總統和歐巴馬總統經濟顧問的Summers回答道：「其實未必，要看你問的是哪一個經濟學家。」他進一步舉例如Walter Bagehot、Hyman Minsky和Charles Kindleberger，對經濟危機都有過相當的理論貢獻（Summers, 2011）。

Summers提到的Kindleberger是當代國際政治經濟學開創性的人物，他是經濟學家，且理論容易為一般人理解，在國際政治經濟學界廣為人知（Gilpin，譯本2004：105）。國際關係理論中著名的「霸權穩定論」，堪稱是國際政治經濟學學科出現後第一個中層理論，霸權穩定的概念即源自於Kindleberger於1973年出版的《蕭條中的世界：1929-1939》（*The World In Depression, 1929-1939*）一書，在該書中Kindleberger發現1929年的經濟危機所以帶來將近十年的全球大蕭條，主要因為英國無法扛起責任，而美國不願扛起責任，於是世界經濟體系崩潰（Kindleberger, 1973: 291）。這段「英國不能，美國不願」的經驗，成為後來支持霸權穩定論的學者常引用的經典個案。

霸權穩定論的問世，鮮活的呈現國際政治經濟學特殊的理論發展歷程，一方面處於國際政治和國際經濟重疊的交界處，來自政治學和經濟學的理論工作者各有理論創造空間，創造過程也往往借助兩個學科的相互碰撞。另一方面，透過學科碰撞所創造的理論與原屬學科的研究問題和理論形式未必一致，如何衡量不同的理論，如何進行理論累積，需要建立用現實關懷引導的研究問題，劃定研究問題的範圍和方向，更需要從研究方法連結理論形式，樹立評價研究成果的理論典範。自1970年代以來，國際政治

經濟學陸續建立由自由主義、馬克思主義和經濟民族主義三種思想觀點引導的研究問題，和以美國學派與英國學派兩大學派為代表的理論典範。本章先回顧國際政治經濟學的起源，再分別介紹三大主義與兩大學派。

🌐 第一節　國際政治經濟學的起源[1]

　　關於國際政治經濟學（International Political Economy, IPE），Thomas Oatley認為是研究政治如何形塑全球經濟和全球經濟如何形塑政治，特別是全球經濟交換中得勝者和失敗者間政治爭奪的學科（Oatley, 2019: 2）。若要用更具象的方式界定經濟和政治，Robert Gilpin於1975年著作提出的定義很具參考價值。他認為國際政治經濟是國際關係之中追求財富和追求權力兩者交互的與動態的相互作用。其中交互和動態強調既不是政治居於主導，也不是經濟居於主導，且雙方關係處於不斷變化之中（Gilpin, 1975a, as cited in Cohen, 2019: 1）。若用行為者和體系的關係來看，政治經濟可以被界定為「有權力的行為者與市場之互動」，而全球政治經濟則是國家、跨國公司、國際組織等有權力的行動者和全球市場間的互動，其中國家的利益和政策由「統治菁英、該國社會具權勢的團體和政治經濟的國家型體系所決定的」。如此的界定固然視國家為國際經濟事務的首要行為者，但絕非唯一行動者（Gilpin，譯本2004：19-20）。如此，國際政治經濟學的首要研究焦點自然是國家和國家間的互動關係，主要的研究內容則是國家政策的制定，特別著重於瞭解政府行為的來源與影響（Cohen, 2008: 118）。

　　1970年代國際政治經濟學興起的直接因素是國際經濟的劇烈變化，從西歐日本的復甦，全球資本流動的重新出現，到1971年固定匯率制的廢

---

[1] 以下關於國際政治經濟學起源的介紹，部分來自左正東、楊道昀（2009）。

棄,和1973年石油危機的爆發,一連串的事件使得政治因素在國際經濟事務中的作用日益突出,顯現國際經濟與國際政治間密不可分的關聯性。這讓傳統學術分工下的國際政治學與國際經濟學已無法有效分析這些新生的議題。因此,一些政治學者從經濟學者如Richard Cooper（1968）有關經濟互賴的研究與Raymond Vernon（1971）的跨國公司研究中尋覓新的途徑來處理國際政治與經濟密切的聯繫（Katzenstein et al., 1998: 655）。在這個時代背景之下,大西洋兩岸的學者們幾乎同時發出對於現有學科典範無力研究新興現象的檢討,號召將研究觸角伸向政治與經濟相互作用的多元議題,奠定國際政治經濟學的基礎。

英國學者Susan Strange於1970年在《國際事務》期刊（*International Affairs*）發表的 International Economics and International Relations: A Case of Mutual Neglect一文,呼籲國際政治與國際經濟兩者需要相互統合（Cohen, 2008: 19, 21）,成為締造國際政治經濟學的先驅。1971年Susan Strange在皇家國際事務研究所（The Royal Institute of International Affairs）創設「國際政治經濟學小組」（International Political Economy Group）推動國際政治經濟學研究,1974年國際政治經濟學小組加入當年成立的英國國際關係學會（British International Studies Association）,作為一個常設性工作小組,成為後來國際政治經濟學英國學派的根據地（Murphy & Nelson, 2001: 393）。差不多同一時間,美國學者Robert Keohane與Joseph Nye網羅一群優秀學者在《國際組織》期刊（*International Organization*）上發表「跨國關係和世界政治」專刊。跨國關係的研究,在Keohane與Nye之前的Raymond Aron、Philip Jessup、Karl Kaiser、Horst Menderhausen和James Rosenau都提過類似的概念,特別是Aron所提出來的跨國社會概念,因為他本人和Keohane與Nye的師承關係,對兩人帶來直接的啟發（Aron, 1967; Kaiser, 1969: 80-109; Menderhausen, 1969; 251-275; Rosenau, 1969）。[2] 不過,Keohane與Nye也

---

[2] Robert Keohane 和 Joseph Nye 並未於文中索引 Philip Jessup 的文章,僅提及國際法

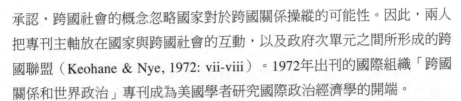

承認，跨國社會的概念忽略國家對於跨國關係操縱的可能性。因此，兩人把專刊主軸放在國家與跨國社會的互動，以及政府次單元之間所形成的跨國聯盟（Keohane & Nye, 1972: vii-viii）。1972年出刊的國際組織「跨國關係和世界政治」專刊成為美國學者研究國際政治經濟學的開端。

其實，早期英國和美國兩條路徑的差異沒有特別受到關注。相反的，當時的IPE學科發展更著重於學科內的共通性。一方面，從Susan Strange、Robert Keohane和Joseph Nye的開創性努力後，以政治學者為主的知識社群取代經濟學者對於國際政治經濟學的研究，並主宰之後國際政治經濟學的發展。[3] 另一方面，Robert Gilpin提出的IPE三大思想觀點（重商主義、自由主義、馬克思主義）獲得英國學者和美國學者普遍接受。這可見於1970年代到1980年代的國政經教科書，普遍將三大思想列為國政經的主要觀點。[4] 當然，這樣的現象也反映出早期IPE研究和國際關係研究

律師和經濟學家較不受到國家中心典範的拘束，此可證諸 Richard Cooper、Raymond Vernon、Philip Jessup 的著作。經查考 Philip Jessup 於 1956 年由耶魯大學出版社出版的《跨國法律》（*Transnational Law*），應為這兩位作者所稱的相關著作。

[3] Cohen（2007: 205-206）認為經濟學者開創了國際政治經濟學研究。除了上述的 Cooper、Vernon 之外，還有 Jacob Viner、Albert Hirschman、Charles Kindleberger 等人。一旦政治學家進入後，經濟學家就慢慢退出了，主要的原因在於政治學家與經濟學家所關心的事務仍有差異，導致經濟學者在國際政治經濟學中認知失調。例如意識型態上，經濟學家關心資本主義而政治學家關心民主的價值；在經濟問題的本體論上，經濟學家關心私部門與經濟福利等而政治學家關心公共事務上的權威與衝突；在認識論上，經濟學家無法將政治結構與政策過程利用經濟分析加以量化。種種原因，導致國際政治經濟學領域往後的發展轉到政治學家手中。

[4] 如 1977 年 Joan E. Spero 所出版的《國際經濟關係政治學》（*Politics of International Economic Relations*）一書。Spero（1977: 5-19）於書中提及國際政治經濟學發展中，重商主義、自由主義以及帝國主義所扮演的歷史角色，這是把典範分類納入教科書的雛型。Robert Gilpin 於 1987 年出版的《國際關係的政治經濟分析》（*The Political Economy of International Relations*）一書，則將現實主義、自由主義和馬克思主義視為國際政治經濟學的三大意識型態，認為這刻劃出 IPE 的研究領域，提供一個對於世界如何運作的科學描述，以及該如何運作的研究光譜（1987: 26）。Stephen Gill 與 David Law 於 1988 年所著之《全球政治經濟》（*The Global Political Economy*），代表國際政治經濟學的英國學派在理論發展的初步完成，他們將 IPE 分成三個典範，分別為現實／重商主義、自由主義與馬克思主義，認為這是三種觀點，代表形塑理論的一套概念與假設，形塑了問題與答案的形式（Gill & Law, 1988: 17）。

的緊密關聯。因此,國際關係研究的典範辯論自然被看作主導國政經理論發展的知識基礎。

1990年代以後,英國學派與美國學派之分逐漸受到學者關注。Craig Murphy和Roger Tooze兩位學者於1991年首次用正統的國際政治經濟學(Orthodox IPE)和新國際政治經濟學(New IPE)稱呼美國學界和英國學界的IPE研究(Murphy & Tooze, 1991: 5-6)。自此之後,陸續有Geoffrey Underhill(2000)、Amanda Dickins(2006)、Craig Murphy & Douglas Nelson(2001)以及Benjamin Cohen(2007, 2008)等學者對IPE跨大西洋之分進行探討。其中,Murphy與Nelson用相關學術著作主要的發表平台作為區隔,將存在於國際政治經濟學的兩個學派分別定名為以《國際組織》期刊為主要發表平台的「美國學派」(American School)或稱「國際組織期刊學派」(IO School),以及以《國際事務》期刊與晚期的《國際政治經濟評論》期刊(*Review of International Political Economy*)為主要發表平台的「英國學派」(English School)或稱為「批判學派」(Critical IPE)(Murphy & Nelson, 2001: 394)。[5]

表1-1 國際政治經濟學美國學派與英國學派的比較

	美國學派	英國學派
本體論	國家中心主義	多元行為者
認識論	實證、經驗、理性	制度、歷史、詮釋
理論目的	解釋、點出因果	評價、點出不正義
關切議題	國家行為與治理	廣大的社會與道德議題
IPE的定位	IR的次領域	跨學科發展

資料來源:左正東、楊道昀(2009)。

---

[5] 依照 Craig Murphy 與 Nelson(2001: 395-396)以及 Benjamin Cohen(2008)的歸納,美國學派中的代表人物為 Robert Keohane、Joseph Nye、Robert Gilpin、Steven Krasner 與 Katzenstein 等人。英國學派則包含了 Susan Strange、Robert Cox 以及 Stephen Gill 等人;另外,如 Fred Hirsch、Roger Tooze、Geoffrey Underhill 和 Randall Germain,皆算是國際政治經濟學中英國學派的代表人物。

🌐 第二節　國際政治經濟學的三種思想觀點[6]

　　國際政治經濟學用思想觀點作為分類，來自於Robert Gilpin在前述《跨國關係與世界政治》專刊中的論著。文中Gilpin提到經濟與技術力量所創造的跨國經濟雖然在1970年代炙手可熱，但跨國經濟與以主權國家為基礎的政治效忠單位之間的衝突，究竟何者居於主導地位的辯論，實為十九世紀古典自由派（Classical Liberal）之John Stuart Mill和德國歷史學派（German Historical School）之Friedrich List兩者辯論的延續（Gilpin, 1972: 49）。誠如Gilpin所說，自亞當斯密（Adam Smith）以來的古典自由主義和反抗古典自由主義的馬克思主義，皆從市場經濟或生產模式的需要，來看待政治單位組成的合理性與必然性。與此相反的是，民族主義者或現實主義學派認為權力、安全和民族情感，才是國際關係和政府政策最重要的決定因素（Gilpin, 1972: 51-52）。同時，Gilpin認為，當時蓬勃發展的跨國經濟關係是附著於一套特定的政治利益與政治關係，當此一政治安排發生改變，跨國經濟關係也會隨之改變。這點可證諸於十九世紀世界經濟和大英帝國的共生關係，以及二十世紀中葉以後世界經濟和美國所領導之反共聯盟的共生關係（Gilpin, 1972: 63）。

　　在該文的基礎上，Gilpin進一步提出政治經濟學的三種流行思潮，分別是「自由主義」（Liberalism）、「馬克思主義」（Marxism）和「經濟民族主義」（Economic Nationalism）（Gilpin, 1976），這構成世界經濟未來發展的三種模式，分別是「主權擱置模式」（Sovereignty-at-bay Model）、「依賴發展模式」（Dependencia Model）和「重商主義模式」（Mercantilism Model），這三種模式對於官方、學術界、乃至一般大眾如何看待貿易、貨幣和投資問題，帶來深刻的影響，並對五個政治經濟的基本問題提出不同的答案，這五大問題分別是「經濟關係的本質」、

---

[6] 以下關於三種思想觀點的介紹，主要內容來自左正東（2011：53-57）。

「行為者的本質」、「經濟活動的目標」、「經濟與政治的關係」、「改變的理論」（Gilpin, 1975b: 38-39, 26-33）。換句話說，三種流行思潮不但有其理論假設與分析邏輯，構成菁英與大眾對於世界經濟問題的想像及可能的解決方案。

從基本假設來看，自由主義認為經濟關係的本質是和諧的，馬克思主義和重商主義則認為是衝突的。自由主義視家戶和公司為主要行為者，馬克思主義認為是經濟階級，重商主義則認為是民族國家。自由主義認為經濟活動的目標是極大化全球福祉，馬克思主義認為是階級利益的極大化，而重商主義則認為是國家利益的極大化。有關經濟與政治的關係，自由主義認為經濟應該決定政治，馬克思主義認為經濟決定了政治，而重商主義則認為政治決定經濟。最後，自由主義視現存秩序為理所當然，改變僅有可能是在動態均衡過程中的漸近適應，重商主義則認為改變唯有在權力平衡發生變化時才會發生，兩者都沒有提出關於改變的完整而具系統性的解釋。相反的，馬克思主義對於改變則有非常清楚的看法，認為生產工具的改變及其後所帶來的階級利益衝突，將造成不均衡的傾向進而帶來政治社會體系天翻地覆的改變（Gilpin, 1975b: 26-33）。

若從知識的功能來看，Gilpin認為這三種思想有作為規範性承諾和作為分析性工具兩種功能。所謂規範性承諾是指政策主張。一般來說，自由主義主張世界市場要盡可能自由，國家管制越少越好。經濟民族主義則主張民族國家與國家建立為至高目標，所以國家在經濟上要扮演積極的角色，以扶持幼稚工業或防堵對於國家安全的威脅。馬克思主義主張階級革命，透過無產階級專政，改變資本家對於生產過程的宰制，最終達成無階級的社會。所謂分析性工具則是指研究世界經濟時的切入點或分析層次，比如自由主義認為應該從市場機制研究世界經濟，現實主義認為應該從國家研究世界經濟，而馬克思主義則認為應該從社會和階級研究世界經濟（Gilpin，譯本2004：13-15）。

在1998年由Peter Katzenstein、Robert Keohane和Stephen Krasner三

人共同撰寫的一篇國際政治經濟學回顧性文章之中，三位重量級學者指出，跨國關係研究乃是1960年代末期以來自由主義挑戰現實主義最重要的論述。自由主義從四個方面挑戰現實主義，分別是現實主義的國家中心觀、國家同質觀、理性行為者假設以及無政府狀態。尤其是國家中心觀和國家同質觀，更受到立基於多元主義公民社會與國家理論的新功能主義、官僚政治和跨國關係論述的巨大衝擊。然而，無論是官僚政治觀點還是跨國關係論述，雖提供豐富的描述性素材，卻都無法透過操作化來說明其間的因果關係（Katzenstein et al., 1998: 658-660）。由此觀之，Gilpin用三大思想反駁Keohane與Nye對於跨國關係過度樂觀的觀點，不但是從現實主義的立場回應自由主義的挑戰，而且是將國際關係的基本假設帶到世界經濟的研究。此因當時現實主義的假設和論述仍然是國際關係的基本論述，而跨國關係專刊又聚集不少經濟學者和管理學者的研究。因此，對於現實主義的捍衛，形同捍衛國際關係學者在世界經濟研究的發言地位。[7]

從國際政治經濟學後來的理論發展來看，Gilpin的影響是將權力與國家帶入國際經濟研究，而後來無論是Keohane與Nye的「權力與互賴」還是Keohane的「霸權之後」，不但修正早先的立場，不再否定權力的重要地位（Keohane & Nye, 1987: 725），還進一步以國家間的合作，作為國際制度建立和國際經濟運作的基礎，形同接受Gilpin對世界經濟研究的基本假設。Gilpin的另一項重要貢獻是將國際政治經濟學的範疇分成「貿易」、「貨幣」跟「投資」三大主題。嚴格來講，貿易是貨品的貿易；投資是要素的貿易；貨幣則是貿易的工具。所以說，國際政治經濟是以貿易為中心開展的各項議題，而三大典範和三大議題領域，則形成國際政治經濟學學科頭三十年的基本架構。

---

[7] 在「跨國關係和世界政治」的二十位作者之中，僅有不到一半為政治學和國際關係學者（八位），其他分別是一位經濟學者、兩位歷史學者和兩位國際政府及非政府組織工作者、三位管理學者和四位社會學者。

🌐 第三節　國際政治經濟學的美國學派

　　對於國際政治經濟學的美國學派，Benjamin Cohen認為從方法論來看，可以區分為三個世代。1970年代興起的第一代學者如Keohane、Gilpin、Krasner與Katzenstein是學科的開拓者，他們使用非形式化的研究方法，進行質化分析。1980年代出現的第二代學者如Judith Goldstein、Helen Milner、Jeffrey Frieden、Miles Kahler、Joanne Gowa、David Lake、Lisa Martin與Beth Simmons，耕耘貿易、金融或國際制度等各個領域，雖不排斥形式模型，但多半不以此作為主要的研究方法。至於1990年代晚期崛起的第三代研究者，使用形式模型和量化分析的比例大幅上升，假說演繹式的研究已然成為美國IPE研究的主流（Cohen, 2019: 27-28）。

　　從三代研究者的研究議題變化，也可看出美國學派的發展方向。簡而言之，1970年代與1980年代前期美國學派的國際政治經濟學關注兩個問題：全球經濟的權力分配以及國家合作的可能性（Ravenhill, 2005: 18）。美國是戰後最佳受益國以及冷戰時代的領導強國，美國學派的建構反映了美國政府在霸權時代的政策，所關心的議題為究竟哪些事件會對美國霸權造成挑戰。就具體的議題來說，Keohane等三人（Katzenstein、Keohane、Krasner, 1998: 684）認為美國的國際政治經濟學集中研究以下關係：財富與權力的關係、國家與市場的關係、利益與制度的關係以及國際政治經濟與國內政治的關係。針對這些議題，美國學派發展了「霸權穩定理論」（Hegemonic Stability Theory）以及後霸權時代的「國際建制理論」（International Regime Theory）兩個主要理論。從上面的爬梳可看出，早期美國學者關切的，主要是國際體系如何管理的問題，這可以從整個體系層次的權力平衡和價值偏好研究，也可以從貿易金融和跨國公司等個別領域探索。關於這些議題的探討，有時再通過《國際組織》期刊專刊的催生，發展為國際政治經濟學的重要理論。如前述的國際建制理論，和1990

年代的「知識社群理論」（Epistemic Community）與2000年代的「法律化理論」（Legalization），都曾經成為國際組織期刊的專刊主題，以下簡單說明。[8]

霸權穩定論的概念，源自於經濟史學家Charles Kindleberger在1973年的著作《蕭條中的世界》（*The World in Depression*），當時他借用政治學者Norman Frohlich和Joe Oppenheimer認為在缺乏領導者的情況下公共財必然供應不足的觀點，來說明1930年代因為英國不能而美國不願，缺乏足以穩定世界經濟的領導者，致使大蕭條會如此嚴重（Kindleberger, 1973: 293）。霸權穩定論就其核心要旨，原主張由單一國家支配的霸權結構最有助於發展規則清楚且被廣為遵守的國際經濟建制，而霸權結構的式微，則會帶來相對應的國際經濟建制的式微（Keohane, 1980: 132）。作為霸權國家，其所承擔的責任是提供國際經濟必要的公共財和維持國際經濟的基本秩序。所謂國際經濟的公共財，包括提供急售商品的市場、提供穩定的流動資本、提供緊急貸款克服間歇性的流動性不足、管理匯率制度、協調各國貨幣政策以及基本的財產權制度。這些條件的供應堪稱是國際經濟基礎設施，其充分提供也創造了國際穩定。[9]至於所謂國際經濟的基本秩序，則是指一套國際經濟參與者共同遵守的規範，在二次戰後這套規範主要指自由貿易。霸權的功能除了在於改變其他國家的制度偏好，使各國接受自由貿易，也在於對搭便車行為者給予適度懲罰，以維持自由貿易的國際經濟秩序（Lake, 1993: 469）。

「國際建制」指「在特定的國際關係領域，行為者願望彙集而成的一套明示或默示的原則、規則、規範及決策程序」（Krasner, 1982: 186；轉引自陳欣之，2007：87）。國際建制和一次性安排與短期利益計算皆有

---

[8] 以下關於霸權穩定理論、國際建制理論、知識社群和法律化的研究介紹，主要內容來自於左正東、楊道昀（2009）。

[9] 前五項要件為Kindleberger提出，財產權制度則為Lake所提出。詳見Kindleberger（1973: 292, 1981: 247）、David A. Lake（1993: 462-463）。

所不同，其根本差異在於國際建制具有的原則和規範要素。而作為對事
實、因果關係和公正價值信仰的原則以及作為以權利義務方式界定行為準
則的規範，則可視為國際建制是否發生改變的指標。也就是說，若是規則
和決策程序的改變，只能算是建制內的改變，唯有原則和規範的改變，才
能稱之為建制本身的改變（Krasner, 1982: 186-188）。之所以會需要國際
建制，乃是因為國際關係中的無政府狀態引發國家之間相互競爭和缺乏協
調，導致某些國際議題無法有效解決，如同經濟學家所稱的市場失靈，此
時由霸權國家出面領導，並創設國際社會成員共同遵守的規範，讓所有
成員一同實現彼此共同利益（陳欣之，2007：88-89）。除了自利動機和
霸權領導之外，國際建制的創設、持續和擴散也受到另外三個因素的影
響，分別是其他規範和原則、對既有建制實際執行和長期習慣，以及包含
技術訊息和具有共識之理論的知識（Krasner, 1982: 200-204）。

　　「知識社群」的概念最早為John Ruggie提出，他將知識社群界定為
一群圍繞於特定知識成長而且相互關聯的角色，知識社群決定了其成員如
何建構社會現實（Ruggie, 1975: 570）。其後，1992年冬季號的《國際組
織》期刊以「知識社群」為題出版專刊。在該專刊中，Peter Haas認為國
際知識社群共享一套規範性和原則性的信仰、一種解釋社會關係和物理過
程的方式，以及對於行動結果的特定看法。當決策者需要尋求外界專家協
助時，國際知識社群可透過提供諮詢意見，引導各國決策者對國家利益的
界定相互趨近，從而推動各國政策相互協調（Haas, 1992: 3-4）。更進一
步來說，知識社群會帶來政策演化的效果。此處所稱的政策演化可以分為
政策創新、政策擴散、政策選擇和政策持續四個階段，其中知識社群在政
策創新和政策擴散階段扮演極為關鍵的角色，之後經過政治過程的選擇和
執行，知識社群內流通的構想遂成為國際慣例和國際制度的基礎，不但促
進各國之間的政策協調，也成為新國際秩序的重要組成要素。而且，知
識社群對於政策演化過程的貢獻，在具有高度技術性、複雜性、不確定
性和國家之間具有高度相互依賴性的情況之下，特別顯著（Adler & Haas,

1992: 372-373）。

　　「法律化」係指「制度所擁有或沒有的一套特殊的性質」，其所謂「特殊的性質」可分為三個面向，分別是義務、精確和委託。所謂義務，乃指國家或其他行為者在法律上被特定規則或承諾所拘束，並因此受到國際法或其他法律規範的檢驗；所謂精確，是指規則毫不含糊地界定其所要求、授權和禁止的行為；所謂委託，則是指第三方被授權執行、解釋和適用規則、解決爭議以及制定規則。按照這三個面向的程度差異，可分為完全法律化、法律化程度高的硬式法律化、法律化程度低的軟式法律化，以及完全沒有法律化（Abbott, Keohane, Moravcsik, Slaughter, & Snidal, 2000: 401-402）。為何國家會選擇「法律化」的國際制度形式呢？或者說，為何國家會將現有的國際制度從低度法律化的「軟法」（Soft Law）發展到高度法律化的「硬法」（Hard Law）呢？對此，Miles Kahler 歸納了三種解釋。首先是功能主義的解釋，認為國家之所以選擇高度法律化的制度，是因為高度法律化的制度可以解決集體行動的承諾問題，提高合作的潛在收益和淨收益（Kahler, 2000: 662-663）。其次是權力不均衡的解釋，認為談判權力較弱的小國會偏好法律化的制度形式，而談判權力較強的大國則會避免法律化的制度形式，因此，當權力分配不均衡時，法律化的爭議解決機制較不易出現。但是，這未必表示所有大國都會反對所有形式的法律化。事實上，美國和歐洲一直是推動國際制度法律化的重要力量，特別是具有拘束性和精確性的規範。大國會特別存疑的主要是法律化之中的委託，也就是大國會特別反對將解釋和執行法律的權限交付給第三方（Kahler, 2000: 665-666）。再來是國內政治的解釋，認為法律化國際制度的選擇，和國內團體的偏好、政治人物的偏好以及確保政策承諾的需要，具有高度相關性（Kahler, 2000: 667-669）。

　　1990年代晚期以來，隨著美國國際政治經濟學研究日趨轉向形式化模型，研究議題也轉向探討國家對外經濟政策的形成和影響。其實，早在1970年代，Katzenstein（1978）即從歐洲中小型國家的對外經濟政

策提出比較政治經濟學的研究架構，Gourevitch（1978）則是提出「顛倒的第二意象」（second image reversed），用國際體系的影響看國家政策的形成。他們藉由打開國家的黑盒子，來連結國際政治與國內政治（Cohen, 2008: 126）。1990年代晚期之後的美國學派IPE研究，形式上承襲Katzenstein的研究取向，解析對外經濟政策的國內過程，再連結國家間的互動。但與Katzenstein的研究範式相較，1990年代晚期的研究者更能綜合政治學和經濟學的研究，加上方法上的形式化模型與量化分析，成為真正的跨領域研究。David Lake（2009: 220, 225-226）將這個新的研究取向稱為「開放經濟政治學」（Open Economy Politics），這個研究取向最初從貿易政策的研究而來，後來擴展到貨幣與金融關係、對外直接投資、移民、管制、公司治理和全球治理，形成涵蓋所有對外經濟政策的研究途徑。[10]

　　具體來說，「開放政治經濟學」以公司、行業或生產要素為分析單元，從分析單元在國際經濟的地位推演其對於經濟政策的利益，將制度視為匯聚利益和規範談判的機制，並於必要時擴及國家間談判的分析。在進行分析時，聚焦於上述各階段之中的其中一個階段，將其他階段加以簡化。由此而言，「開放政治經濟學」的第一個研究階段，是推導分析單元的利益為何。基本上，「開放政治經濟學」會運用經濟學理論推導出何種類型的個人享有共同利益。首先，分析單元對於經濟政策的偏好，應該用經濟政策的分配效果來決定，而其分配效果則由受分析單元在生產體系中的位置而決定（Lake, 2009: 226-227）。其次，從利益出發，有兩種可能的分析單元，一是要素，一是產業。到底用要素還是產業作為分析單元，Michael Hiscox認為要素流動性高時應該以要素為分析單元，要素流動性低時則應該以產業作為分析單元（Hiscox, 2001: 1-46）。

---

[10] Robert Keohane（2009: 37）承認 OEP 一詞來自於 David Lake，但認為他的學生和最好的朋友 Helen Milner 也是 OEP 的倡議者，且 OEP 的很多概念來自於他《霸權之後》（*After Hegemony*）一書中關於理性主義的研究主張。

　　「開放政治經濟學」的第二個研究階段，是探討國內制度對政策形成的影響。基本上，制度對於政治利益匯聚具有顯著的影響。在低度制度化的體系，強制力決定了政治結果，在高度制度化的體系，規則和程序反映次單位的實力，界定政治權力的意義。在競爭性選舉制度中，大選舉區制傾向於促進一般性的福祉，也就是鼓勵自由貿易，而小選舉區制則傾向於鼓勵保護主義。其次，政治體系之中，愈多的否決點（veto point）[11]愈不利於政治經濟的改革，也會讓政府愈難有效回應巨大的外在衝擊。這裡又可以從選舉制度進一步推演，比例代表制帶來政策穩定卻缺乏彈性，不利於改革和回應巨大衝擊；而多數選舉制則有助於政策彈性但缺乏穩定，有利於改革和回應巨大外在衝擊。此外，制度可建立缺乏共識時政策制定的決定點（reversion point）[12]，和界定可能的附帶條件，以此規範分析單位之間的協商（Lake, 2009: 227-228）。

　　「開放政治經濟學」的第三個研究階段，是分析國家間談判成敗的原因。之所以需要國際談判，往往是因為某國家的政策對於其他國家來說構成明顯的外部性。外部性可分為小國假設下各自的最佳選擇帶來次佳結果情境，以及大國假設下單邊行動創造的價格改變效果。新自由制度主義會強調制度為促進國際合作的規則，藉由提供訊息、創造議題連結和減少交易成本，制度有助於幫助國家達成帕雷托最適效應（Pareto Optimality）之談判。但是，除了國際制度外，國內制度也會影響國際談判。更進一步說，談判的成敗，除了靜態的制度環境，還有動態的談判者互動，特別是談判利得的分配，其中重要的變數包括願意接受價格點（reservation point）之相對成本、時間差（折舊率），以及威脅和承諾的可信度（Lake, 2009: 228-230）。

---

[11] 否決點可用否決者來代表，否決者指要改變現狀必須得到其同意的行為者，否決者愈多，否決點愈多，愈不容易推動改變。否決者理論出自 Tsebelis（2002）。

[12] 決定點（reversion point）與現狀點（status quo point）相似，皆指若不採取行動的政策狀態（Buchler, 2014: 18-19）。

🌐 第四節　國際政治經濟學的英國學派[13]

　　如同對於美國學派的分析，Benjamin Cohen將英國學派的學者分為三個世代，三個世代間的主要差別是研究問題的範圍，從第一代到第三代學者將研究問題不斷向外擴展。第一代研究者以Susan Strange和Robert Cox為代表，他們是英國學派的開創者，建立英國學派的研究架構。第二代研究者在第一代建立的基礎上將研究主題延伸到個別議題領域，如Barry Gills對全球體系進行歷史分析，Ronen Palan專注於國家理論，Roger Tooze研究國際企業，Anthony Payne研究經濟發展，以及Philip Cerny研究全球金融。第三代研究者將研究議題再向前推，涉及更為精細的研究主題，如Mathew Watson研究國政經學科的歷史基礎，Anastasia Nesvetailova研究金融化，Benjamin Selwyn研究跨國生產鏈，以及Timothy Sinclair研究國際信用（Cohen, 2019: 64-65）。

　　英國學派先驅者關懷的是美國在二次戰後建立的世界經濟秩序，在1970年代初期逐漸呈現疲弱和崩壞的徵兆，他們對此感到憂慮，並嘗試尋求解決之道，這點和美國學派大致相同。然而，英國學派對於世界經濟秩序病症的診斷和藥方與美國學派不同。美國學派認為，戰後世界經濟秩序的基礎在於將政治和經濟分離，而1970年代的經濟危機則源自美國霸權式微，以及石油輸出國家組織成員基於政治需要干預全球市場經濟。相反的，英國學派的先驅者將世界經濟秩序的崩壞歸咎於美國對外經濟政策的轉向，從良善的領導者轉變為自私自利的霸權。透過Robert Cox的啟發，學者們開始將恢復世界經濟秩序的希望，寄託於提出一套新的全球政治經濟，以有別於美英於1980年代致力推動的「過度自由主義」（hyper-liberalism），幫助過去被排除在國際政治經濟決策過程之外的弱勢群體（主要是勞工和婦女）（Murphy & Nelson, 2001: 398-400）。這樣的現實

---

[13] 本節部分內容來自左正東（2007：101-125）。

關懷，充分反映於英國學派兩位開創者的理論主張，並深刻影響英國學派後繼研究者的研究方向。

　　簡而言之，Strange和Cox的核心論述可分別用權力和結構兩個概念貫串。毫無疑問的，權力論述是Strange國際政治經濟學最重要的觀點，她認為當代社會科學各別學門對於全球政治經濟解釋的無能為力，來自於它們在權力觀點上的不足。權力的分析應該包括制訂遊戲規則的權力，對象也不應該限於國家與國家間的關係。而且，其他對於政治經濟的研究，大多限定於權力落於誰的探討，對於權力來源的問題則缺乏足夠關切。為回答權力從何而來的問題，斯特蘭奇提出「結構權力」（structure power）的概念，她認為傳統現實主義談的「關係權力」（relational power），是一造強制另一造的權力，而她提出的「結構權力」談的則是形塑和決定國家和其政治制度、經濟體系，以及科學家和專業人士所必須運作於其中的全球政治經濟的權力，這些包括設定議程、決定國際建制的遊戲規則和習慣，以及決定行為模式、國家與國家間關係架構、國家與人民間關係架構和國家與企業間關係架構的權力（Strange, 1994: 24-25）。進一步言，Strange認為決定世界政治經濟遊戲規則的結構不是單一的，而是彼此區隔卻又相互連結的四個領域，分別是安全、金融、生產和知識。在這些領域中結構權力落於能控制人民安全、控制生存必需之貨品服務的生產模式、控制信用的供給和分配，以及控制知識和知識取得的實體，無論這個實體是國家、其他政治權威，或是非政治實體（Strange, 1994: 26）。在某一領域擁有結構權力者，可以對於其他領域事務施展其權力，換句話說，每個領域都是其他領域的基本，也會和其他領域互動，進而達成平衡，而非僅依賴單一領域的基礎（Strange, 1994: 29-31）。

　　至於國際政治經濟中的結構，Cox界定為「行動的架構」，也是「各種力量之間的特定組合」。結構雖無法機械式的決定行動的結果，卻可以施加壓力和限制，進而影響行動的結果。Cox認為結構中有三種力量相互作用，這三種力量分別是理念、物質力量和制度。首先，理念有兩種，分

別是對於社會關係的相互主觀意義，和對於社會秩序的集體形象認識。前者指的是社會成員之間關於社會關係本質所共同分享的認識，此一認識讓社會行為的習慣和期待得以長久維持。後者則指社會成員對於現存權力關係的本質及其合法性，以及對於公平正義和公共利益的意義，所持有的特定觀點。其次，物質力量除了指可以被累積的資源如自然資源、設備和財富之外，也包括具有動態功能的科技和組織能力。第三，制度是反映現存的權力關係，也傾向於鼓勵符合既定權力關係的集體形象。若能透過促進多元利益表達和照顧普遍利益的政策形成機制，制度也可以成為強權向弱者讓步，贏得弱者接受其領導地位的途徑。這三種力量之間並非單向決定的關係，而是雙向交互作用，並且要在特定時空和特定個案之下才能決定其相互作用的路徑（Cox, 1996b: 98-99）。

Cox的結構論述最引人注目的莫過於他所強調的「歷史結構」（historic structure）。所謂「歷史結構」代表的是一種有限總體（limited totalities）的概念，將結構限定於特定歷史下的特定行動範疇，迴避「問題解決理論」中採用「其他情形相同」（ceteris paribus）方法所隱含總體靜止（total stasis）的假設。作為一種研究方法，「歷史結構」透過對於特定歷史情境的考察，而非根據某種抽象的社會系統或是生產模式，來界定待研究的特定結構，同時也追蹤足以表達其他發展可能性的和特定結構相互競爭的其他結構。Cox進一步將歷史結構方法應用於國際政治經濟的三個層次，分別是由生產過程所衍生的社會力量、由國家社會關係所衍生的國家形式，以及由界定戰爭和平問題的力量結合構成的世界秩序。這三個層次分別對應於前面所談的理念、物質力量和制度，其自身變化可視為一連串主導結構和挑戰結構之間的相互競爭。如同理念、物質力量和制度彼此相互影響，這三個層次之間也會相互影響，結合構成更全面的歷史過程（Cox, 1996a: 100-101）。

此外，英國學派和美國學派也存在基本假設和研究途徑的差異。美國學派IPE的假設是政治和經濟的分離以及國際和國內的分離，而英國學

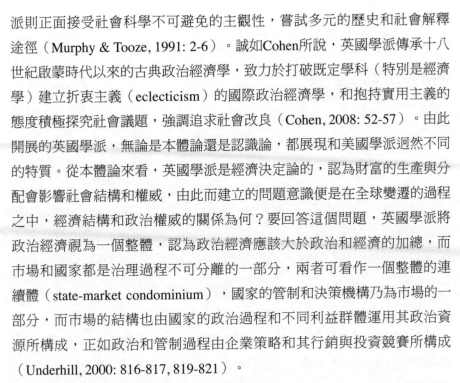

派則正面接受社會科學不可避免的主觀性，嘗試多元的歷史和社會解釋途徑（Murphy & Tooze, 1991: 2-6）。誠如Cohen所說，英國學派傳承十八世紀啟蒙時代以來的古典政治經濟學，致力於打破既定學科（特別是經濟學）建立折衷主義（eclecticism）的國際政治經濟學，和抱持實用主義的態度積極探究社會議題，強調追求社會改良（Cohen, 2008: 52-57）。由此開展的英國學派，無論是本體論還是認識論，都展現和美國學派迥然不同的特質。從本體論來看，英國學派是經濟決定論的，認為財富的生產與分配會影響社會結構和權威，由此而建立的問題意識便是在全球變遷的過程之中，經濟結構和政治權威的關係為何？要回答這個問題，英國學派將政治經濟視為一個整體，認為政治經濟應該大於政治和經濟的加總，而市場和國家都是治理過程不可分離的一部分，兩者可看作一個整體的連續體（state-market condominium），國家的管制和決策機構乃為市場的一部分，而市場的結構也由國家的政治過程和不同利益群體運用其政治資源所構成，正如政治和管制過程由企業策略和其行銷與投資競賽所構成（Underhill, 2000: 816-817, 819-821）。

　　從認識論來看，英國學派的研究方法是多元的，這是因為英國學術文化本來就強調鬆散的學科邊界，在此學術文化影響下，英國學派既不受限於既定學科結構拘束，其重要著作也多來自學院外作者。既然英國學派不附著於政治學，自然免於政治學行為革命的衝擊。同時，英國多個學科（歷史／社會／政治／經濟）保留相當濃厚的馬克思傳統，關注資本和生產的社會關係，和美國學術界遠離馬克思傳統大相徑庭，這是為何英國學派和美國學派展現如此不同的風貌（Clift & Rosamond, 2009: 98-99）。當然，也不能忽略形塑英國學派的外在條件，也就是英國這個國家及其貨幣與全球政治經濟的關係，展現一個工業先進國如何塑造世界經濟，又被世界經濟所塑造。因此，英國學派重視貨幣和發展的研究，這來自於三個重要的研究脈絡，分別是英國帝國主義的政經分析、後殖民與英國經濟政策的政治分析與英國式微的政經分析，以及對國家特質的再研究（Clift &

Rosamond, 2009: 99-101）。

🌐 第五節　結論

　　從二次世界大戰後到1960年代，國際經濟經歷劇烈變化，1970年代
位居大西洋兩岸的英國學術社群和美國學術社群同時認識到國際經濟和國
際政治間新興發展的密切關係，號召將研究觸角伸向政治與經濟相互作用
的多元議題。同時，兩個學術社群分別從學科統合和跨國政治兩個角度展
開對於國際政治經濟學的初期探索，為一個新興學科的創建奠定基礎。
雖然兩個社群創建學科的方向不同，但最初的IPE發展著重於學科內的共
通性，由Gilpin提出的自由主義、馬克思主義和經濟民族主義三大思想觀
點，獲得英國學者和美國學者普遍接受為引導IPE研究的主要觀點。作為
引導學科發展的理論爭辯，這三大思想觀點的辯論焦點在於跨國經濟和主
權國家究竟誰居於主導地位，由此可分為主張市場或跨國階級居於主導的
自由主義和馬克思主義，以及主張主權國家居於主導的經濟民族主義。作
為規範性立場，這三種主張彼此針鋒相對。同時，這三種思想也可以推演
出不同的分析方法，這對於以美國學派和英國學派為代表的典範之爭具有
深刻意義。

　　1990年代以後，美國學派與英國學派之分逐漸受到學者關注。美國
學派顯然受到Gilpin所稱現實主義分析方法的深刻影響，從1980年代到
1990年代興起的一批中層理論，如霸權穩定論、國際建制論、知識社群論
和法律化理論都是立足於主權國家的分析層次，探討國際制度如何建立和
國際合作如何進行。1990年代晚期以後，美國學派學者使用形式模型和
量化分析的比例大幅上升，假說演繹式的研究已然成為美國IPE研究的主
流。除了研究方法的齊一外，美國學派也發展出連貫一致的研究模式，也
就是從利益和制度的分析途徑，解析對外經濟政策的國內過程，再由此連

結到對國家間互動結果的解釋。相對而言，雖然經歷Strange和Cox對權力
和結構的大量耕耘，兩人之後的英國學派在問題意識、研究途徑和學科歸
屬方面，依然呈現高度的多元性。這樣的研究範式既有英國濃厚的馬克思
主義傳統，又受到學科邊界向來鬆散的學術文化所影響，更是反映英國學
術社群以實用主義態度探究社會問題的研究傾向。在迥然不同的學科典範
下，國際政治經濟學將繼續呈現多元背景相互碰撞和多樣理論相互競爭的
精彩面貌。

參考書目

左正東（2007）。〈斯特蘭奇與考克斯的權力觀與結構觀：以美國網路霸權為例的詮釋〉。《政治學報》，第44期，頁101-125。

左正東（2011）。〈國際政治經濟學的典範問題與經濟民族主義的再檢視〉。《國際關係學報》，第32期，頁51-90。

左正東、楊道昀（2009年5月1日）。〈國際政治經濟學的典範問題〉。2009年國際關係學會年會。嘉義縣：中正大學戰略與國際研究所。

陳欣之（2007）。〈新自由制度主義、社會建構主義及英國學派〉。收於張亞中主編，《國際關係總論》，頁73-116。台北：揚智文化。

Abbott, Kenneth W., Robert O. Keohane, Andrew Moravcsik, Anne-Marie Slaughter, & Duncan Snidal (2000). The concept of legalization. *International Organization, 54*(3), 401-419.

Adler, Emanuel & Peter M. Haas (1992). Conclusion: Epistemic Communities, World Order, and the Creation of a Reflective Research Program. *International Organization, 46*(1), 367-390.

Aron, Raymond (1967). *Peace and War: A Theory of International Relations*, translated by Richard Howard & Annette Baker Fox. New York: Frederick A Praeger.

Buchler, J. (2014). Divisions Between Congressional Republicans and the Politics of Ideologically Extreme Reversion Points. Paper present at the APSA 2014 Annual Meeting. August 2. Washington, DC: American Political Science Association.

Clift, Ben & Ben Rosamond (2009). Lineages of a British international political economy. In Mark Blyth (eds.), *Routledge Handbook of International Political Economy (IPE): IPE As A Global Conversation* (pp. 95-111). New York: Routledge.

Cohen, Benjamin J. (2007). The Transatlantic Divide: Why Are American and British IPE So Different?. *Review of International Political Economy, 14*(2), 197-219.

Cohen, Benjamin J. (2008). *International Political Economy: An Intellectual History*. Princeton: Princeton University Press.

Cohen, Benjamin J. (2019). *Advanced Introduction to International Political Economy*. Northampton, Mass, USA: Edward Elgar.

Cooper, R. N. (1968). *The Economics of Interdependence: Economic Policy in the*

Atlantic Community. New York: Columbia University Press.

Cox, Robert W. (1996a). Gramsci, Hegemony, and International Relations: an essay in method. In R. W. Cox with T. J. Sinclair (eds.), *Approaches to World Order* (pp.124-143). New York: Cambridge University.

Cox, Robert W. (1996b). Social Forces, States, and World Orders: beyond international relations theory. In R. W. Cox with T. J. Sinclair (eds.), *Approaches to World Order* (pp. 85-123). New York: Cambridge University.

Dickins, Amanda (2006). The Evolution of International Political Economy. *International Affairs, 82*(3), 479-492.

Gill, Stephen & David Law (1988). *The Global Political Economy: Perspectives, Problems, and Policies*. Baltimore: Johns Hopkins University Press.

Gilpin, Robert (1972). The Politics of Transnational Economic Relations. In Robert O. Keohane & Joseph S. Nye (eds.), *Transnational Relations and World Politics* (pp. 48-69). Cambridge: Harvard University Press.

Gilpin, Robert (1975a). *U.S. Power and the Multinational Corporation: The Political Economy of Foreign Direct Investment*. New York: Basic Books.

Gilpin, Robert (1975a). *U.S. Power and the Multinational Corporation: The Political Economy of Foreign Direct Investment*. New York: Basic Books. p. 43. As cited in Cohen, Benjamin J. (2019). *Advanced Introduction to International Political Economy*. Northampton, Mass, USA: Edward Elgar.

Gilpin, Robert (1975b). Three Models of the Future. *International Organization, 29*(1), 37-60.

Gilpin, Robert (1976). The Political Economy of the Multinational Corporation: Three Contrasting Perspectives. *American Political Science Review, 70*(1), 184-191.

Gilpin, Robert (1987). *The Political Economy of International Relations*. Princeton: Princeton University Press.

Gilpin, Robert (2001). *Global Political Economy: Understanding the International Economic Order*. Princeton, N.J.: Princeton University Press. 中文譯本：陳怡仲、張晉閣、許孝慈譯（2004）。《全球政治經濟：掌握國際經濟秩序》。台北：桂冠。

Gourevitch, P. (1978). The second image reversed: the international sources of domestic politics. *International Organization, 32*(4), 881-912.

Haas, Peter M. (1992). Introduction: Epistemic Communities and International Policy Coordination. *International Organization, 46*(1), 1-35.

Hiscox, M. J. (2001). Class versus industry cleavages: inter-industry factor mobility and the politics of trade. *International Organization, 55*(1), 1-46.

Jessup, Philip (1956). *Transnational Law*. New Heaven: Yale University

Kahler, Miles (2000). Conclusion: The Causes and Consequences of Legalization. *International Organization, 54*(3), 661-683.

Kaiser, Karl (1969). Transnationale Politik: Zu einer Theorie der multinationalen Politik [Special issue]. *Politische Vierteljahresschrift, 1*, 80-109.

Katzenstein, Peter J. (1978). *Between Power and Plenty: Foreign Economic Policies of Advanced Industrial States*. Madison: University of Wisconsin Press.

Katzenstein, Peter J., Robert O. Keohane, & Stephen D. Krasner (1998). International Organization and the Study of World Politics. *International Organization, 52*(4), 645-685.

Keohane, Robert & Joseph Nye (1972). *Transnational Relations and World Politics*. Cambridge: Harvard University Press.

Keohane, Robert & Joseph Nye (1987). Power and Interdependence Revisited. *International Organization, 41*(4), 725-753.

Keohane, Robert O. (1980). The Theory of Hegemonic Stability and Changes in International Economic Regimes, 1967-1977. In Ole R. Holsti, Randolph M. Siverson, & Alexander L. George (eds.), *Change in the International System* (pp. 91-122). Boulder, Colo.: Westview Press.

Keohane, Robert O. (2009). The old IPE and the new. *Review of International Political Economy, 16*(1), 34-46.

Kindleberger, Charles P. (1973). *The World in Depression, 1929-1939*. Berkeley: University of California Press.

Kindleberger, Charles P. (1981). Dominance and leadership in the international economy: Exploitation, public goods, and free rides. *International Studies Quarterly, 25*(2), 242-254.

Krasner, Stephen D. (1982). Structural Causes and Regime Consequences: Regimes as Intervening Variables. *International Organization, 36*(2), 185-205.

Lake, David A. (1993). Leadership, Hegemony, and the International Economy: Naked

Emperor or Tattered Monarch with Potential?. *International studies Quarterly, 37*(4), 459-489.

Lake, David A. (2009). Open economy politics: A critical review. *The Review of International Organizations, 4*(3), 219-244.

Menderhausen, Horst (1969). Transnational Society vs State Sovereignty. *Kyklos, 22*(2), 251-275.

Murphy, Craig & Douglas Nelson (2001). International Political Economic: A Tale of Two Heterodoxies. *British Journal of Politics and International Relations, 3*(3), 393-412.

Murphy, Craig N. & Roger Tooze (1991). *The New International Political Economy*. London: Palgrave Macmillan.

Oatley, Thomas (2019). *International Political Economy*. New York: Routledge.

Ravenhill, John (2005). *Global Political Economy*. Oxford; New York: Oxford University Press.

Rosenau, James (1969). *Linkage Politics: Essays on the Convergence of National and International Systems*. New York: Free Press.

Ruggie, John Gerard (1975). International Responses to Technology: Concepts and Trends. *International Organization, 29*(3), 557-583.

Spero, Joan E. (1977). *Politics of International Economic Relations*. New York: St. Martin's Press location

Strange, Susan (1994). *States and Markets*. New York: Basil Blackwell.

Summers, Lawrence (2011). A Conversation on New Economic Thinking. *Lawrence Summers Personal Website*. April 8, 2011, http://larrysummers.com/commentary/ speeches/brenton-woods-speech/

Tsebelis, G. (2002). *Veto Players: How Political Institutions Work*. Princeton, NJ: Princeton University Press.

Underhill, Geoffrey R. D. (2000). State, Market, and Global Political Economy: Genealogy of an (Inter-?) Discipline. *International Affairs, 76*(4), 805-824.

Vernon, R. (1971). *Sovereignty at Bay: The Multinational Spread of US Enterprises*. London: Longman.

Chapter 2

自由貿易的起源

從遠古以來，追求富裕生活的夢想和人類歷史本身一樣歷經漫長的歲月。雖然，一個社會內總有人富裕有人貧窮，但社會整體實現普遍而長期的生活改善，卻是近兩百年方有的經驗。根據經濟合作暨發展組織（Organization for Economic Cooperation and Development, OECD）委託學者Angus Maddison所做的研究，從公元元年到1000年，全球人均收入的成長率是0%；從1000年到1820年左右，全球人均收入成長50%，但是，1820年到二十一世紀初期，全球人均收入成長八倍（Maddison, 2001: 17）。可以說，1820年是全球經濟成長的分水嶺，此前英國一支獨秀，1820年以後，西歐、美國和仍為英國殖民地的紐澳都開始經歷經濟高速成長。此後，這股成長的動力從西歐擴散歐洲其他地方，再擴散到亞洲的日本，這可見於日本明治維新後強勁的成長動能，讓貧窮人口急劇下降（Roser & Ortiz-Ospina, 2013）。

　　敏感的觀察家很難不會提出這樣的疑問，為什麼1820年後成長從英國向歐洲大陸擴散？為什麼是1820年？從政治史來看，1815年拿破崙戰爭結束，開啟由英奧俄普四國管理的歐洲協調時代，歐洲重建和平。因此，1820年是英國參與歐洲和平邁向穩定之年，這為英國的發展動能擴散到歐洲大陸提供良好的外在環境。當然，Maddison的研究基礎是長時間的國民所得變化，而從國民所得數據解讀1820年，Maddison提到英國在1680～1820年間成為歐洲經濟成長最快速的國家，但在1820～1913年間英國的國民所得成長則是1720～1820年間國民所得成長的三倍。若說1720～1820年的成長動能主要來自於承襲荷蘭商業金融制度和十八世紀中葉以後的工業革命，那麼1820～1913年的成長動能除了持續進步的工業技術外，還應該包括這段期間大幅擴展的自由貿易體制（Maddison, 2001: 21）。可以說，十九世紀的歷史經驗展現工業進步、自由貿易和經濟成長已然成為相互支持的鐵三角，而且這個鐵三角讓參與貿易的英國和歐洲大陸同步成長實現雙贏。

　　本章以自由貿易體制的歷史為主題，先從貿易的基本要求看十六世

紀全球貿易興起的歷史淵源,這裡所談的歷史淵源包含近代中國和西方通過美洲與東南亞的航海貿易,以及歐洲將近三百年由重商主義政策引領的航海貿易。本章介紹自由貿易體制的基礎,最後再談十九世紀英國和歐陸邁向自由貿易的歷程。

🌐 第一節　全球貿易的出現

雖然國際貿易的歷史如同人類歷史般久遠,但是,若將自由貿易看作以不受限制的市場交易作為貿易規則,那麼,人類歷史多數時期的國際貿易都不是自由貿易。無論是中國明清兩朝的朝貢體系,還是羅馬帝國時代的環地中海貿易,都受到帝國政府程度不一的控制。直到十九世紀後半葉,我們所熟悉的自由貿易概念才逐漸被歐洲國家接受,促成歐洲諸多國家大幅降低關稅,跨國貨物流通大幅成長。各國要擁抱自由貿易,先決條件是各國都進入貿易網絡之中。關於國際貿易如何向全球擴散,將分散於全球各地的生產結點連結起來,歷史學家彭慕蘭(Kenneth Pomeranz)和托皮克(Steven Topik)(中文譯本2007)認為交易規則的建立、運輸條件的改善和暴力的使用扮演至為關鍵的角色,以下分別從這三方面說明。

亞當斯密(Adam Smith)提出的自由貿易理論認為人類具有經濟理性、追求利潤的本性,從而展開對物品交易的需求,並由市場中的供需法則決定商品的價值。但自由貿易理論是否代表世界貿易的真實面貌?不可否認,商人追求利潤是貿易擴張的重要動機。但是若回顧貿易的歷史,可以發現人類社會的物品交易存在多種動機和形式。許多原始部落對於交易的概念並非僅僅是獲利。比如巴西的圖皮南巴族(Tupinamba)對於物品交易就不以獲取累積財富為目的,而是利用交易飲酒作樂或發動戰爭(Pomeranz & Topik,中文譯本2007:22)。即便是更具組織性的人類社會,也可以發現同樣的情形。中國的朝貢貿易體系就是明顯的例子。在朝

貢體系中，商品貿易與否，取決於中國王朝的意願，此種不對等貿易方式主要是彰顯中國王朝的尊崇地位而不是市場的供需法則（Pomeranz & Topik，中文譯本2007：23-24）。

其次，人類社會的發展，尤其是科技的進步，對於拓展國際貿易帶來有益的影響。過去陸地交通不發達，貿易透過水路或海路運輸，而海路運輸同樣會碰到重重險阻，因此只有某些高價值奢侈物品，如茶、糖、絲綢等便於遠距離運送和值得遠距離貿易的商品才會進入國際貿易的場域。十八世紀以後，隨著蒸汽船、鐵路的發展打破地理限制，也使得貿易型態產生改變，而過去遊散在商旅轉接地帶的中間商，則隨著運輸限制的緩解而式微（Pomeranz & Topik，中文譯本2007：82-83）。第三，儘管有人主張自由貿易為人類社會創造和平，但世界貿易的發展卻與暴力脫離不了關係。比如西方大航海時代的貿易公司，為開拓市場建立武裝船隊，鄂圖曼土耳其帝國宰制歐亞交匯處，為歐洲到印度的貿易提供安全通道，這些都顯示武裝手段對於貿易促進的作用（Pomeranz & Topik，中文譯本2007：224-225）。

晚近的研究認為，1571年馬尼拉建城開啟亞洲和美洲間的白銀貿易。自此，亞、歐、美、非四大洲之間都有貿易相互連結，這標誌世界貿易的發軔（Boxer, 1969: 17, as cited in Flynn & Giráldez, 1995: 201）。其實，當時西班牙人所以要征服菲律賓，是要和1557年向明朝租借澳門的葡萄牙競爭與中國的貿易。馬尼拉建城後，西班牙人展開從墨西哥的阿卡普科（Acapulco）經馬尼拉到福建，一條美洲和亞洲間的貿易路線，史稱為「大帆船貿易」（Galleon Trade）。大帆船貿易將美洲生產的鉅額白銀，源源不絕運到中國。白銀貿易的盛行受惠於明朝隆慶年間的兩大政策，分別是1567年解除海禁和1581年的一條鞭法，前者鼓勵海外貿易，後者創造龐大的白銀需求（韓毓海，2010：141-144）。[1]

---

[1] 大陸學者韓毓海對這段歷史的分析非常深刻。他特別指出，1567年明穆宗下令讓銀錢兼使，是首次以政府法令肯定白銀作為合法貨幣。

　　然而，對於東西雙方到底透過大帆船貿易交易什麼貨品，以及大帆船貿易背後的動力，學者間的看法不盡相同。一種看法認為，大帆船貿易的動力來自於西方對中國商品的需要，因為當時的歐洲在取得中南美洲殖民地後，中南美洲的黃金白銀源源不斷流向歐洲，為歐洲帶來鉅額財富。然而，歐洲的生產技術卻沒有相應成長，導致歐洲面臨貨品缺乏和物價革命，因此，大帆船貿易的動力是要將歐洲需要的中國絲織品源源不斷運到歐洲（韓毓海，2010：146）。不過，也有人認為，因為中國在稅制改革後產生對白銀的龐大需求，而當時中國和歐洲的金銀價格比又存在顯著價差。因此，大帆船貿的主要商品是金銀交易，而不是填補歐洲對中國的商品貿易逆差（Flynn & Giráldez, 1995: 206-207）。

　　對於白銀貿易的研究，也延伸為對明朝覆亡原因的辯論。一種解釋認為，源源不斷的白銀輸入導致城市負荷超載、商業投機盛行和嚴重的價格上漲與通貨膨脹。到1610年後，美洲白銀生產量下降，加上西班牙和中國船隊受到荷蘭與英國的干擾，以及西班牙本身對於貿易的限制令，嚴重影響白銀輸入，大幅限制明朝的貨幣供給（Atwell, 1982: 86-87）。另一種解釋則認為，白銀源源不斷的供給導致白銀價格遽跌，但明朝自一條鞭法後稅收採取固定金額的白銀，如此導致明朝稅基隳壞，最終導致明朝的覆亡（Goldstone, 1991: 371, as cited in Flynn & Giráldez, 1995: 213）。上述兩種說法皆各自成理，但仍不應忽略1631年後美洲向亞洲輸出白銀巨量下跌，當時正值明朝存續的關鍵年代，此事自然對明朝前途帶來致命影響（韓毓海，2010：166-167）。換句話說，十六世紀伴隨大航海時代而來的全球貿易，不但將分散於各地的生產據點串連起來，形成龐大的交易網絡，還對當時個別節點的政治社會帶來劇烈的衝擊，而三個世紀後的人類社會則一次又一次的經歷相似的衝擊。

🌐 第二節　古典重商主義的興起

在十九世紀歐洲擁抱自由貿易前，關於各國對國際貿易所採取的政策，後來的學者普遍用重商主義一詞描述。但是，重商主義並非各國透過談判共同接受的規範，而是各國貿易政策的普遍實踐。要界定重商主義的時期不容易，大抵可以說，重商主義伴隨航海大發現而勃興，到工業革命前後個別國家逐步邁向貿易自由化，大概涵蓋十六世紀到十八世紀約兩百至三百年的時間，又可以工業革命發源地和十九世紀世界經濟霸權的英國為代表。為和二十世紀的新重商主義（neo-mercantilism）有所區隔，有些學者將當時各國採行的政策稱為古典重商主義（classical mercantilism）（Fand, 1989: 3-16）。

雖然，早在十六世紀重商主義已是英國採行的經濟政策，但直到十八世紀中葉，重商主義一詞方首次出現於法國政治經濟學家Marquis de Mirabeau的著作（Magnusson, 2015：3）。十九世紀晚期到二十世紀初期，諸多學者用民族國家的興起解釋重商主義的經濟政策，認為十六世紀到十八世紀間，歐洲各國地方的情感和傳統獲得強化，以領土為基礎的社會經濟力量獲得鞏固，反映在經濟政策上，則是原本以城市為單位的個別性經濟政策，轉為致力打造國民經濟的整體性經濟政策。打造民族國家背後的動力是各國競爭財富和權力，以軍事行動擴展殖民地，因此，重商主義也可以說是軍事民族主義在經濟政策的表現。到1930年代，將歐洲國家在中世紀後到十九世紀之間的經濟政策，歸諸於一套完整的重商主義，成為西方學界的共識（Pincus, 2012: 4-7）。

當然，古典重商主義政策的推行有其特殊的時代背景，以及時代背景下所孕育的基本看法。這些看法包括認為財富是獲得權力不可或缺的手段，正如權力也是獲得財富的手段。就算短期內為軍事目標可能必須犧牲經濟利益，但長期來看，安全利益和經濟利益是和諧一致的（Viner, 1948:

10，轉引自張亞中、左正東，2020：327-331）。同時，古典重商主義重視由外國輸入金銀。按照當時的看法，貴重金屬（特別是金銀）是衡量財富的標準，金銀累積愈多，代表財富愈多。而且，國際貿易主要用貴重金屬交易。因此，各國往往會致力於增加出口和減少進口，以此累積金銀創造財富（張亞中、左正東，2020：327-331）。

　　具體來說，古典重商主義的政策可以英國自1500年到1750年的貿易政策為代表（Grampp, 1952: 465），這段時期的具體政策有五項[2]：一是禁止黃金從本國輸出，鼓勵囤積黃金。不只是英國，當時歐洲其他國家如西班牙跟法國，都是鼓勵囤積黃金的代表。二是限制原物料以外的貨品進口，如工業製成品、農產品都不准進口，以免和本國的產品競爭，這也是重商主義後來最被廣為引用的。但是，當時英國卻鼓勵原物料進口，因為原物料是工業生產的元素，鼓勵原物料進口正可以促進製造業發展。

　　三是鼓勵製造品的出口，但限制原物料出口，如英國限制羊毛和煤炭出口、荷蘭限制玫瑰茜草出口、義大利限制絲繭出口、奧地利則是限制造船用的木材出口。至於比較晚開始工業化的德國，連製造玻璃和火柴的灰燼、碎布和砂土都在限制出口之列，以免他國製造品與本國製造品競爭。四是限制生產技術的出口，以維護本國享有優勢的製造業。十七世紀掌握生產技術的主要是工匠師傅，因此，當時保護生產技術的方式，就是禁止工匠師傅移民。到十八世紀中葉隨著工業革命到來，機器製造日益盛行，保護生產技術的規範延伸到禁止機器輸出。五是鼓勵本國船隻承攬國際貿易，以確保本國的貿易盈餘，還甚至規定殖民地貨品對外出口只能透過本國船商。例如：北美殖民地與英國的貿易，英國政府規定必須僱用英國船隻進行，法律上禁止他國船隻參與貿易（Frieden & Lake, 2000: 69）。

---

[2] 以下五項政策來自 Kindleberger（2000: 73-74）。

案例：航海法和美國獨立革命

　　1651年克倫威爾（Oliver Cromwell）領導英國期間國會通過《航海法》，被認為是英國邁向重商主義的開端。該法後經多次修正，不斷擴充適用範圍。基本上，該法規定從殖民地出口的貨品必須由英國船隻運送，殖民地生產的原物料如菸草、糖等只能運往英國，且其他國家製造品不能直接運往殖民地。由於此前英國陷入內戰，美洲殖民地只能透過向法國與荷蘭輸出菸草和糖以取得兩國的工業製造品，《航海法》對美洲殖民地的製造商和原物料生產者帶來嚴重打擊，滋生強烈的反英情緒，種下後來獨立戰爭的種子。

　　十八世紀中葉以後，隨著英法百年戰爭的結束，英國與法國的修好為兩個強權間的貿易壁壘消除帶來合適的外在環境，從而開啟貿易自由化的序幕。但是，歐洲各國轉向貿易自由化，除了要等到歐洲大陸穩定和平的來到，還需要英國本身更認真的擁抱自由貿易，這些條件都要等到十九世紀方逐步實現。在分析十九世紀歐洲轉向貿易自由化之前，下一節先介紹自由貿易體制的基礎。

第三節　自由貿易的基礎

　　誠如前述，十六世紀的白銀流通創造連結亞歐美非四大洲的全球貿易網絡，當時多數的國家採取重商主義，歐洲主要強權藉此建立殖民地和累積龐大財富。雖然貿易自由化的努力到十九世紀才大規模開展，但早在十七世紀開始，就有歐洲學者反省這些政策，反映在學者的著作和當時國家間締結的條約，並促成後來的貿易自由化運動，建立涵蓋整個歐洲的自由貿易體制。學者Craig VanGrasstek將當代以自由貿易精神為核心的多邊貿易體制出現，歸因於兩個理念層次的發展。第一個理念層次的發展是國

際法的國家主權制度，讓各國可以決定自己的命運，也願意透過條約拘束自己。第二個理念層次的發展是支持自由貿易的經濟思想，認為貿易自由化可以善用國際分工，從而為貿易雙方都帶來顯著利益，實現雙贏。雖然，國際法和經濟思想都要求強權自我限制，但建立多邊貿易體制又需要強權施展權力，貫徹特定的規則，確保其充分執行，這兩者之間存在明顯的矛盾。因此，要建立多邊貿易體制還需要化解這強權自我克制和貫徹秩序兩個要求間的矛盾（VanGrasstek, 2013: 3-4）。

　　首先，國際法的出現對多邊貿易體制的形成至為關鍵。1625年，格勞秀斯（Hugo Grotius）出版的《戰爭與和平法》（*De Jure Belli ac Pacis*）提出「海洋自由論」，為荷蘭東印度公司捍衛其海上權利辯護，這被認為是國際公法的先驅。海洋自由論是在殖民主義浪潮下，主張殖民地與母國、殖民地與殖民地間的交通道路，應該是自由的，以此抗衡西班牙和葡萄牙的海上競爭（Hayton，譯本2015：75-76）。國際公法的創設對於國際貿易帶來深刻影響，特別見於1648年簽定的《西發利亞條約》（Treaty of Westphalia）。《西發利亞條約》除了確立民族國家體制外，其第69條規定「商業重新建立是和平的果實」，成為後來歐洲國家戰爭後簽訂條約的慣例，凡戰爭結束後原本交戰的雙方通常會重建商業關係，擴大商業機會以鞏固和平。三十年戰爭結束後簽訂的《西發利亞條約》，和一個世紀後英法七年戰爭後簽訂的《英法條約》，都試圖讓參戰國之間透過成為貿易夥伴以實現全面和解，這兩個條約為後來的貿易發展奠定法律基礎。另外，瓦特爾（Emer de Vattel）1758年的著作《國際法》（*Le droit des gens, ou Principes de la loi naturelle*），提到國家應該注重貿易，並應該推動有利於己的貿易，賺取以貴金屬度量的貿易順差。儘管該書的觀點為重商主義者，但因贊成國家間貿易，對於後來各國間簽署的貿易協定帶來相當影響（VanGrasstek, 2013: 7-8）。

　　除了國際法外，關稅制度的建立更是多邊貿易體制的基礎工程。雖然關稅的起源可追溯到希臘時代，但晚近的關稅制度則深受英國關稅發展

的影響。在十七世紀末到十八世紀，英國的關稅制度歷經長足的發展，尤其是西元1688年威廉三世進行統治後，許多項目的進口稅稅率從5%擴大到10%，甚至20%。這樣的變化並不是源於扶持國內產業的目的，而是由於威廉三世與法國的競爭，關稅成為提升國家財政能力的有效辦法（Davis, 1966: 306-307）。比如英國對葡萄酒、白蘭地等商品課徵高額進口稅，然而兩者卻無法在英國國內生產，政府主要動機是希望從富有商人獲得稅收（Davis, 1966: 308）。不過，隨著政府進口關稅的課徵，在一定程度上還是助長了國內相關產業的發展，尤其是紡織產業，儘管這不是政府最初的目的（Davis, 1966: 316）。在1722年，華樂波首相（Robert Walpole）展開關稅改革，大幅降低出口稅率，進口關稅則維持威廉三世的水準，強化關稅作為保護主義工具的地位（Davis, 1966: 313）。雖然這段時期英國的關稅政策受到重商主義的思維主導，但在運用關稅的過程中也逐步建立了當代熟悉的關稅制度。

多邊貿易體制的第二個基礎是支持自由貿易的經濟思想，對此，1776年亞當斯密的《國富論》（*Wealth of Nations*）和1817年李嘉圖的《政治經濟學和稅收原理》（*On the Principles of Political Economy and Taxation*），分別從「絕對優勢」和「比較優勢」鼓吹自由貿易，對自由貿易的興起至為重要，也是當前國際貿易課程的基礎教材。事實上，法國的「重農學派」（Physiocracy）比亞當斯密更早，他們被認為是自由貿易的先驅者（Kindleberger, 2000: 73）。按照重農學派的領袖François Quesnay於1750年代提出的看法，經濟活動的主要動力來自農業生產盈餘而非製造業，因此，國家應降低關稅，讓農產品自由貿易（Eltis, 1975: 169; Charles, 2000: 1-2）。可以說，François Quesnay和亞當斯密催生了1786年《伊登條約》（*Treaty of Eden*）[3]，而李嘉圖則是英國廢除《穀物法》的背後推手，兩件事都是自由貿易向前推進的標誌。當然，作為一種

---

[3] 這是以英國談判代表 William Eden 命名。

經濟思想，自由貿易有不少可受挑戰之處。舉例而言，市場不是從天上掉下來的，需要國家創設。也有人認為，國家不應該放任自由貿易，如美國的首任財政部長Alexander Hamilton主張，國家應該扶植製造業，這是美國很早開始採取保護主義的緣由，後來的Friedrich List也主張保護「幼稚工業」（Gilpin，譯本2004：244-245）。無論如何，經濟思想在自由貿易的發展中扮演重要角色，因為它從根本的經濟理性挑戰當時普遍採行的重商主義政策。

第三，自由貿易能夠盛行，需要有政治領袖動用國家的力量，打破其他國家所設置的貿易壁壘。有些國家推動自由貿易是要創設更大的政治單元，或者要讓已經形成的政治單元具備真實的經濟基礎。比如1870年的德意志統一，或是1861年的義大利統一，前者在統一前曾建立關稅同盟，後者則沒有。但這兩國推動統一都創造一個龐大的市場，從此打破原本城邦間的貿易藩籬。正因為貿易有其政治效果，也難免造成其他國家的疑慮。比如英國最早推動自由貿易時，普魯士擔心英國的動機是要占領德國的市場，阻礙德國統一。又如第一次世界大戰後，德國擴展對中、東歐國家貿易，這些中東歐國家擔心德國要把這些中東歐國家納入其勢力範圍。既然貿易無法與其政治效果脫節，要推動市場開放的貿易自由化，自須根據相關國家間的權力政治邏輯，或化解相關國家對於喪失權力的顧慮（VanGrasstek, 2013: 22-23）。

除了追求權力以外，自由貿易是否符合特定團體的利益或價值，對自由貿易能否推行也非常重要。若將分析視角深入到國家內部行為者，可以發現不同經濟團體由於各自支配的生產組合不同，往往對國家貿易政策有不同的利益取向。政黨則由於意識形態、選民偏好，也對國家貿易政策有不同看法（Bannerman & Schonhardt-Bailey, 2016: xv）。舉例而言，在十九世紀初期，由於美國東北部製造商與西北部農民的支持，美國的關稅政策主要受控於保護主義聯盟，這種情況到十九世紀末期更加明顯。隨著支持自由貿易的民主黨分裂，而高舉保護主義的共和黨當選，美國

繼續將關稅作為政府收入與保護工業發展的手段。到了二十世紀前半期由於民主黨的政治優勢，美國逐漸將自由貿易作為國家政策（Bannerman & Schonhardt-Bailey, 2016: xv-xvi）。不過，國家對外貿易政策不見得全然以經濟角度或是國內行為者利益角度加以衡量，國家的安全利益也可能是政策推動因素，如十九世紀拿破崙與英國競爭時，拿破崙封鎖歐洲大陸的政策以及英國封鎖開往歐洲大陸的船隻即是明顯的例子（Bannerman & Schonhardt-Bailey, 2016: xvi）。

從上述三項基礎來看，十七世紀問世的國際法是催生自由國際秩序的第一個推手，但這只是對戰爭後各國恢復商業往來，為「國家之間應該如何進行交易」，提供法律的保障。這樣的方法能夠發展為後來的貿易自由化，還要歸功於十八世紀以後的經濟思想，以及不同時期國家間的權力競逐，十九世紀歐洲諸國的貿易自由化正是後兩者因素相互作用的結果。

🌐 第四節　英國與歐陸的自由貿易轉向

1786年英國和法國簽訂《伊登條約》，這是十九世紀以前推動貿易自由化最重要的突破。雖然，此前也有部分歐洲地區嘗試開放農產品進出口，比如義大利的托斯卡尼大公國（Tuscany），因為財務困窘且農業凋零，且其成衣出口仰賴進口羊毛，曾於十八世紀下半葉（1763～1771年）全面解除穀物稅、開放農產進口，成為後來貿易自由化的先驅（Stuart, 1876: 9-10, 23-24, 45-47）。然而，囿於托斯卡尼的經濟規模有限，其帶來的影響遠不如後來的《伊登條約》。這份條約的緣起是七年戰爭（1756～1763年）後，法國損失加拿大和印度殖民地，積極和諸國簽訂貿易條約以開拓國際市場。英國則於失去北美十三州殖民地後，面臨本國製造業和如曼徹斯特、伯明罕等工業重鎮的壓力，希望打開法國市場，遂

有1786年的《伊登條約》。《伊登條約》的主要內容是法國對英國工業製造品降低關稅，英國對法國葡萄酒、白蘭地、橄欖油等降低關稅。從條約的內容來看，《伊登條約》展現兩國主政者受到重農學派和亞當斯密自由貿易學說的深刻影響，且本於互惠精神，雙方致力追求完全的航行和商業自由，但限於雙方在歐洲的領土範圍（Bowden, 1919: 18-19; Browning, 1885: 349-350, 357）。只可惜，《伊登條約》後法國經濟陷入新的困境，民怨四起，該條約被認為是禍首之一，法國大革命爆發後，新成立的共和政府隨之廢除《伊登條約》（Wallerstein, 1989: 38）。

　　進入十九世紀，最早嘗試貿易自由化的國家是荷蘭，其後是英國，再來是法國，接著歐洲諸國家隨之採行。荷蘭推行貿易自由化是受到拿破崙戰爭後的情勢所影響，戰爭期間法國發布大陸封鎖令造成英國與歐陸貿易中斷，戰爭結束後貿易恢復，英國的工業製成品源源不絕地進入歐洲大陸。由於荷蘭處於萊因河進入大西洋的出口，英國貨物絕大多數從荷蘭進入歐洲內陸，荷蘭可以成為貿易恢復的主要受益者。但當時歐洲內陸也正快速工業化，為避免貿易轉向更接近中東歐的漢堡和布萊梅，也避免德意志本地工業製品取代進口品，荷王威廉一世矢志推動貿易自由化，以重建荷蘭在世界貿易的地位。可惜，比利時的製造業反對降低關稅[4]，這與偏好自由貿易的一手商（first hand）相互衝突[5]，從1815～1830年間，雙方為究竟要推動貿易自由化還是採行產業保護政策衝突不斷（Kindleberger, 2000: 74-75）。1830年後比利時脫離荷蘭王國獨立，荷蘭更積極邁向貿易自由化，到1862年《關稅法》廢除所有原物料進口關稅，正式告別重商主義（Schiff, 1942: 280-281）。

---

[4] 當時比利時為尼德蘭王國的南部省份，而尼德蘭王國的北部省份則稱為荷蘭。

[5] 十八世紀的荷蘭已發展出相當完整的「大宗貿易」（staple trade）分工體系，其中一手商（first hand）指銀行家、航運商、大貿易商，而這些大商人之下還有二手商（second hand），是在指定的貿易市場交易的經銷商。由於荷蘭優越的地理位置，發展了從海洋進入歐陸所有商品在歐洲內部的經銷據點，這些變成了二手商。而三手商（third hand）是從經銷據點批發進入歐洲內陸市場的商人。

英國於1846年廢除《穀物法》，這是英國澈底轉向自由貿易的分水嶺，也是十九世紀歐洲諸國開展貿易自由化運動關鍵的一步。早於1820年代，倫敦、曼徹斯特和格拉斯哥三個工業重鎮城市已向國會要求撤銷進口關稅，以便與德意志諸城邦簽署貿易條約，降低對英國商品的關稅，抑制德意志地區快速的工業化。為此，英國國會於1823年制定《互惠關稅法》，授權政府與其他國家簽訂貿易條約，並於1824年取消技工海外移民禁令，希望透過工匠移民到德意志地區，掌握當地的工業技術發展。然而，德意志成立關稅同盟後，相關的貿易談判觸礁，《互惠關稅法》無用武之地。工匠移民禁令解除後，原本要進一步開放機器出口，但因影響太大而延緩，直到1841年才取消機器出口禁令（Kindleberger, 2000: 73, 76-77）。

　　早期推動貿易條約的嘗試受挫，刺激英國內部的思想變化。十八世紀以來，英國對外貿易政策都是企圖用雙邊貿易條約建立貿易規則。但從1830年代起，愈來愈多自由貿易支持者倡議，英國應該用單邊政策進行貿易自由化，以此鼓勵其他國家仿效，這樣的思維到1846年成為主流，也間接促成1846年開始的大幅度貿易自由化（Iliasu, 1971: 68, 70-71），包括1846年廢除《穀物法》和1849年撤銷《航海法》，然後是1853年撤銷250項產品的關稅，到1860年撤銷大多數關稅，至此所有保護主義措施盡皆取消。如同《互惠關稅法》和取消工匠移民禁令，廢除《穀物法》也被認為是要讓德意志停留在農業生產的國際分工。然而，政治領袖的信念和選舉制度的改革，應當是《穀物法》及其後貿易自由化措施背後更為重要的推力。當時有一群懷抱自由貿易信念的政治領袖，如Robert Peel、Richard Cobden、John Bright、William Gladstone，他們先後掌握財政經濟大權，相繼推動降低關稅。另外，1832年的選舉改革法案扭轉鄉村過度代表而城市代表不足的結構，為貿易自由化的立法行動創造政治上的可行條件（Kindleberger, 2000: 78-79）。

　　英國除了透過單邊的貿易自由化措施外，更於1860年與法國締結

《柯登—查瓦利條約》（*Cobden-Chevalier Treaty*）的貿易條約，帶動歐洲全面的貿易自由化。對於英法兩國究竟誰是自由貿易的推手，不同時期的研究者看法略有不同。早期的看法認為，法國自1789年大革命廢除《伊登條約》後，即具有強烈的保護主義傾向。在拿破崙帝國結束後，波旁王朝築起保護主義圍牆，以避免重蹈覆轍，讓英國工業產品進占法國市場，直到1830年後才在國內製造業的遊說下緩慢開放市場（Kindleberger, 2000: 73, 83）。然而，後來的研究發現，早在1821年法國的平均關稅水準已不到英國的一半，英國在1840年代開始大幅降低關稅，但仍高於法國關稅水準，且法國於1850年代拿破崙三世主政時又開始降低關稅，雙方關稅率始終維持相當差距。1860年後，法國關稅率下降幅度更高於英國，英國關稅率仍然是法國關稅率的兩倍，直到1870年代，英國的關稅率始低於法國（Nye, 1991: 23-26）。

那麼，為何英法兩國要於1860年簽署貿易條約呢？不可否認，英法兩國海軍競賽讓兩國關係陷入緊張，而法國又希望英國在奧地利與義大利的戰爭中保持中立，從而透過締結貿易條約安撫英國，是當時英法貿易條約的關鍵因素（Iliasu, 1971: 74-75）。但是，經濟考量的重要性仍不可低估，包括法國希望透過貿易條約刺激本國的關稅改革，並期待廉價的進口原物料，可以促進製造業（紡織業）的發展（Dunham, 1924: 74-75）。而英國則是剛好出現財政盈餘，希望藉此推動關稅改革（Iliasu, 1971: 67）。無論背後因素為何，英法間《柯登—查瓦利條約》的簽署，創造成功的示範效果，如義大利、瑞士、比利時、奧地利和德意志關稅同盟等相繼和英國簽署雙邊貿易條約，撤離保護主義的藩籬，形成稱為「柯登條約體系」（Cobden Treaty System）的自由貿易網絡。然而，1872年拿破崙三世下台，法國第三共和在民族主義浪潮下廢止《柯登—查瓦利條約》。接著，因為生產過剩導致經濟大蕭條，歐洲各國重新築起保護高牆。英國內部則興起公平貿易運動，要求所有貿易開放必須基於互惠原則，對於貿易受損應該採取報復行動，啟發後來張伯倫提出帝國關稅

同盟構想，成為1930年代英國的自我保護方案（Zebel, 1940: 161-163, 165-166）。從1880年後，歐洲大國相繼升高關稅壁壘，放棄貿易自由化，此後第一次世界大戰中斷世界貿易，大戰後雖曾短暫復甦又受到大蕭條影響帶來全面的保護主義，直到第二次世界大戰結束後，全球範圍的貿易自由化浪潮方重新來到。

探究十九世紀全球自由貿易體制所以能建立的原因，Stephen Krasner認為若國際結構由單一強權主導，強權本身的偏好與整體體系的偏好是最接近一致的，故而會偏好自由貿易，也有能力建立和維持自由貿易體制（Krasner, 2000: 20-24），據此可建立從十九初期到二十世紀初期自由貿易體制變遷的一般性分析。1820～1880年隨著英國霸權上升，歐洲國家陸續放棄保護主義，擁抱自由貿易，各國對外貿易之中全球貿易較區域貿易的比重快速增加。1880～1900年因為英國霸權略為式微，歐洲新興的數個強權轉而提高關稅，採取保護主義，各國對外貿易之中全球貿易較區域貿易的比重略微下降。雖然英國為維持自由貿易而放棄農業，卻無力阻止德國、法國、俄羅斯邁向保護主義。1900～1913年間，儘管英國持續式微，但基於倫敦金融中心地位及英國對自由貿易的偏好，仍然透過國際金融擴張拉動國際貿易擴張，自由貿易乍見曙光。1919～1939年間，雖然美國霸權地位浮現，但美國由國會決定關稅的制度阻礙美國扛起自由貿易的領航者責任，甚至在1929年後還急遽升高關稅，終於導致全球貿易巨幅下滑，各國關稅大幅上升，世界重回保護主義牢籠（Krasner, 2000: 30-34）。

當然，上述的解釋也不是無懈可擊，認為自由貿易的發展只是意外和歷史特殊條件的產物，也完全站得住腳。比如1846年廢除《穀物法》可歸因於1845年的愛爾蘭饑荒，1879年興起保護主義則因為先前開始的經濟大蕭條。更進一步說，自由貿易的發展可以看做是路徑依賴的結果，因為獲益者會摧毀受害者的社會基礎（如1846年後英國出口業和金融業擴張造成農業萎縮），而獲益者創造的制度也會阻礙新興利益推動新政策（如二

戰前美國國會壟斷課徵關稅權）（Krasner, 2000: 35-36）。當我們讚賞結構性解釋的完美無瑕時，也不能忽略這些對個別事件更具說服力的意外因素解釋。綜合兩者，方能為十九世紀到二十世紀間自由貿易體制的形成與變遷建立完整的圖像。

第五節　結論

　　正如彭慕蘭和托皮克所說，交易規則的建立、運輸條件的改善和暴力的使用對於全球貿易的建立至為關鍵。十六世紀時，海洋航線的拓展和殖民地的建立，為東西方貿易奠定基礎，而雙方互補的需求條件則以白銀兌換的商品貿易創造巨大的市場。大航海時代的東西方貿易對中國和西方世界都帶來衝擊，在中國，白銀貿易為明朝帶來巨大的商業利益和財富收入，但銀價的劇烈起伏和白銀供應的中斷，則導致明朝稅基的隳壞以及明朝末年的民窮財盡。在西方，荷蘭建立的商業模式為英國仿效繼承，透過壟斷航海路線和推動奴隸貿易創建海洋帝國，再透過鼓勵本國製造的重商主義政策，為後續的工業化提供龐大的市場，不但建立可觀的製造業基礎，還孕育劃時代的工業革命，成為經濟長期發展的強勁動能。

　　當英國重商主義發展到成熟階段之際，正是自由貿易的種子孕育滋長之時。這是基於工業發展而有向外開拓市場的期望，更有進口農產以降低糧食支出、給養本國人口的需要。但是，成熟階段的重商主義本有相互支持的利益團體，從重商主義到自由貿易的轉變無法一蹴可幾，還需要國際法的外在條件和自由主義思想的內在醞釀。當然，要落實自由貿易的理念，最終還需要貿易自由化與強權的利益相合。正是因為具備這三項條件，從十八世紀末期到十九世紀下半葉，英法兩次簽訂貿易條約。雖然第一次簽訂的《伊登條約》不過數年即遭廢止，但在拿破崙戰爭後英國從本身的單邊自由化措施開始，經歷三十餘年將重商主義的各項規定盡皆廢

除，再經過第二次簽訂的英法《柯登—查瓦利條約》，獲得歐洲諸國響應仿效，形成「柯登條約體系」，開啟一次世界大戰前貿易自由化的黃金時代。雖然從1880年後，歐洲大國又相繼升高關稅壁壘，自由貿易的浪潮短暫受挫，但整體而言，到第一次世界大戰前歐洲仍維持相當程度的自由貿易，而當時所建立的各項制度，也為第二次世界大戰後英美兩國再次推進自由貿易提供寶貴的知識資源。

參考書目

張亞中、左正東（2020）。〈國際政治經濟學理論〉。收於張亞中、張登及主編，《國際關係總論》。台北：揚智文化。

韓毓海（2010）。《五百年來誰著史：1500年以來的中國與世界》。北京：九州出版社。

Atwell, William S. (1982). International bullion flows and the Chinese economy circa 1530-1650. *Past & Present, 95*, 68-90.

Bannerman, Gordon & Cheryl Schonhardt-Bailey (2016). *Battles Over Free Trade: The Advent of Free Trade, 1776-1846*. New York: Routledge.

Bowden, Witt (1919). The English manufacturers and the Commercial Treaty of 1786 with France. *The American Historical Review, 25*(1), 18-35.

Boxer, Charles R. (1969). The Portuguese seaborne empire, 1415-1825. New York: A.A. Knopf. As cited in Flynn, Dennis O., & Arturo Giráldez (1995). Born with a "silver spoon": The origin of world trade in 1571. *Journal of World History, 6*(2), 201-221.

Browning, Oscar (1885). The Treaty of Commerce between England and France in 1786. *Transactions of the Royal Historical Society, 2*(4), 349-364.

Charles, Loïc (2000). From the Encyclopédie to the Tableau économique: Quesnay on freedom of grain trade and economic growth. *European Journal of the History of Economic Thought, 7*(1), 1-21.

Davis, Ralph (1966). The Rise of Protection in England, 1689-1786. *The Economic History Review, 19*(2), 306-317.

Dunham, A. Louis (1924). Chevalier's Plan of 1859: The Basis of the New Commercial Policy of Napoleon III. *The American Historical Review, 30*(1), 72-76.

Eltis, W. A. (1975). Francois Quesnay: A Reinterpretation 1. The Tableau Economique. *Oxford Economic Papers, 27*(2), 167-200.

Fand, David I. (1989). Classical mercantilism, neomercantilism and contemporary rent seeking. *Journal of Public Finance and Public Choice, 7*(1-2), 3-16.

Flynn, Dennis O. & Arturo Giráldez (1995). Born with a "silver spoon": The origin of world trade in 1571. *Journal of World History, 6*(2), 201-221.

Frieden, Jeffry A. & David A. Lake (eds.) (2000). *International Political Economy:*

Perspectives on Global Power and Wealth. London, New York: Routledge.

Gilpin, Robert (2001). *Global Political Economy: Understanding the International Economic Order*. Princeton, N.J.: Princeton University Press. 中文譯本：陳怡仲、張晉閣、許孝慈譯（2004）。《全球政治經濟：掌握國際經濟秩序》。台北：桂冠。

Goldstone, Jack A. (1991). *Revolution and Rebellion in the Early Modern World*. Berkeley: University of California Press. As cited in Flynn, Dennis O., & Arturo Giráldez (1995). Born with a "silver spoon": The origin of world trade in 1571. *Journal of World History, 6*(2), 201-221.

Grampp, William D. (1952). The liberal elements in English mercantilism. *The Quarterly Journal of Economics, 66*(4), 465-501.

Hayton, Bill (2014). *The South China Sea: The Struggle for Power in Asia*. New Haven: Yale University Press. 中文譯本：林添貴譯（2015）。《南海：21世紀的亞洲火藥庫與中國稱霸的第一步？》。台北：麥田。

Iliasu, A. A. (1971). IV. The Cobden-Chevalier Commercial Treaty of 1860. *The Historical Journal, 14*(1), 67-98.

Kindleberger, Charles P. (2000). The rise of free trade in Western Europe. In Jeffry A. Frieden & David A. Lake (eds.), *International Political Economy: Perspectives on Global Power and Wealth* (pp. 73-89). London: Routledge.

Krasner, Stephen D. (2000). State power and the structure of international trade. Jeffry A. Frieden & David A. Lake (eds.), *International Political Economy: Perspectives on Global Power and Wealth* (pp. 19-36). London: Routledge.

Maddison, A. (2001). *The World Economy: Millennial Perspective*. Paris: OECD.

Magnusson, Lars (2015). *The Political Economy of Mercantilism*. London: Routledge.

Nye, J. Vincent (1991). The myth of free-trade Britain and fortress France: tariffs and trade in the nineteenth century. *The Journal of Economic History, 51*(1), 23-46.

Pincus, Steve (2012). Rethinking mercantilism: political economy, the British empire, and the Atlantic world in the seventeenth and eighteenth centuries. *The William and Mary Quarterly, 69*(1), pp. 3-34.

Pomeranz, Kenneth & Steven Topik (2006). *The World That Trade Created: Society, Culture, and the World Economy, 1400 To the Present*. Armonk: M. E. Sharpe, Inc. 中文譯本：黃中憲譯（2007）。《貿易打造的世界──社會、文化、世界經

濟，從1400年到現在》。台北：如果。

Roser, Max & Esteban Ortiz-Ospina (2013). Global Extreme Poverty. *OurWorldInData.org*. https://ourworldindata.org/extreme-poverty

Schiff, Erich (1942). Dutch Foreign-Trade Policy and the Infant-Industry Argument for Protection. *Journal of Political Economy, 50*(2), 280-290.

Stuart, J. Montgomery (1876). *The History of Free Trade in Tuscany: With Remarks on Its Progress in the Rest of Italy* (Vol. 1). London: Gassell, Petter & Galpin.

VanGrasstek, Craig (2013). *The History And Future of The World Trade Organization*. Geneva: World Trade Organization.

Viner, Jacob (1948). Power versus plenty as objectives of foreign policy in the seventeenth and eighteenth Centuries. *World Politics, 1*(1) (October), 1-29.

Wallerstein, Immanuel (1989). The French Revolution as a world-historical event. *Social Research, 56*(1), 33-52.

Zebel S. H. (1940). Fair trade: an English reaction to the breakdown of the Cobden treaty system. *The Journal of Modern History, 12*(2), 161-185.

Chapter 3

世界貿易體系

2010年代晚期到2020年代初期，主要貿易國家間越過世界貿易組織（World Trade Organization, WTO）程序處理貿易爭端的情況日益頻繁。作為戰後貿易體制創建者的美國，不但以中國大陸採取不公平貿易行為為由課徵範圍廣泛的懲罰性關稅，威脅對歐洲課徵美國科技公司的數位服務稅（digital service tax）採取報復性關稅，還杯葛世貿組織爭端解決機構成員的任命。然而，對於有助於抗衡不公平貿易行為的多邊倡議如跨太平洋夥伴全面進步協定（Comprehensive and Progressive Agreement for Trans-Pacific Partnership, CPTPP），或美日歐三方對於政府補貼建立新規範的談判，則態度消極。相似的情況也可見於2020年中國大陸對於進口澳洲紅酒課徵反傾銷稅，雖然，在2020年上半年，澳洲和中國大陸雙方相繼對另一方不同出口商品課徵反傾銷稅，但中國大陸的反傾銷稅被認為也有對澳洲外交舉措不滿的意味，且憑藉其顯著的經濟優勢，讓澳洲紅酒業受到重創。這些都是貿易領域單邊措施逐漸取代多邊機制、權力逐漸取代規則的現象，並展現出如果強權不支持多邊貿易體制，後者將難以有效運作（Anonymous, 2021）。

雖然，美國和中國大陸於2020年達成第一階段貿易協議，美國和歐洲五國（英國、法國、西班牙、義大利、奧地利）也於2021年10月就後者廢除數位服務稅達成協議。但是，這些跳過世貿程序引發的貿易爭端和其解決，已經相當程度磨損世界貿易組織作為多邊貿易體制的有效性。而且，自美國對中國大陸實施貿易戰以來，以國家安全為由提高關稅和限制貿易行為的情況同樣從美國擴散到其他國家，構成對於全球貿易繼續成長的巨大威脅。根據經濟學人於2020年底的調查，資深經理人普遍認為，到2025年前對全球供應鏈穩定最嚴峻的挑戰首推地緣政治風險（Anonymous, 2021: 5）。凡此都說明，仰賴於和平環境的全球貿易本來極易在衝突的環境下受損，若相互衝突的強權本身也是主要貿易國，要如何避免強權競爭的摩擦擴散到貿易行為，對既有的全球貿易能否存續至關重要。

二次大戰結束時，全球貿易正處於停滯狀態。為將世界重新帶上和平繁榮之途，美國和英國建立新的多邊貿易體制，以推進貿易自由化為目標，期望貿易自由化可以鞏固得之不易的和平環境。然而，要推進貿易自由化首先要贏得強權內部對於多邊貿易體制的全力支持，而新建的多邊貿易體制需要適當的制度設計以滿足貿易談判的需要，並解決成員間的貿易爭端。最後，貿易體制若容納軍事上相互競爭的國家，雖有助於貿易體制的擴展，但也可能挑戰原本的貿易規則，此時往往需要運用例外條款予以處理。本章先回顧二次戰後多邊貿易體制的建立，繼而介紹WTO的貿易談判模式和爭端解決機制，最後談世貿體制的基本規則和因應非市場經濟國進入體制所衍生的例外安排。

第一節　從GATT到WTO的歷史回顧

成立關稅暨貿易總協定（General Agreement on Tariffs and Trade, GATT）的構想始於1944年的布雷頓森林（Bretton Woods）會議，會議的源起是看到大蕭條對全球經濟帶來的嚴重挫傷，44國代表出席在美國東北佛蒙特州召開的布雷頓森林會議，籌劃戰後的世界經濟秩序。在會議上，各國代表決定創設國際貨幣基金組織（International Monetary Fund, IMF）和世界銀行（World Bank, WB），並倡議成立國際貿易組織（International Trade Organization, ITO），推動全球關稅減讓。戰後，根據布雷頓森林會議的結論，英美兩國在聯合國提案設置國際貿易組織，同時，美國國會授權杜魯門總統展開關稅減讓談判，在美國、英國和加拿大領導下，當時共有23國代表參與關稅減讓談判。[1]

---

[1]　參與談判的 23 個國家分別是澳洲、比利時、巴西、緬甸、加拿大、斯里蘭卡、智利、中華民國、古巴、捷克斯洛伐克、法國、印度、黎巴嫩、盧森堡、荷蘭、紐西蘭、挪威、巴基斯坦、南非、南羅德西亞（辛巴威）、敘利亞、英國、美國。

當年各國討論的關稅減讓範圍相當廣泛，且有顯著成果，共達成45,000項關稅減讓協議，金額相當於100億美金，占當時全世界貿易總額的十分之一。1947年10月30日，23個談判國達成協議，簽署《關稅暨貿易總協定最終協議》（Final Act of the General Agreement on Tariffs and Trade），8國同意簽署《暫時適用議定書》（Protocol on Provisional Application），但有2國要等到11月15日才能簽署，因此，只有6國當天簽署《暫時適用議定書》。[2]後來，除了原已同意的2國外，還有11國在幾個月內陸續簽署。[3] 在此基礎上，這些國家於1948年3月簽署《哈瓦那憲章》（Havana Charter），正式成立ITO。然而，由於美國國會拒絕批准《哈瓦那憲章》，ITO未能設立。事實上，當時《關稅暨貿易總協定最終協議》也沒有生效，後來各國得以在關稅暨貿易總協定架構下進行關稅談判，其法律基礎來自於最初那6個國家所簽署的《暫時適用議定書》（Santana, 2017: 1-20）。

其實，各國採用《暫時適用議定書》的形式來簽署GATT，主要的考量是避免再次發生如美國不願意通過新國際條約的危險，如此使得GATT成為一個有條文、有法律約束力、卻沒有正式組織的特殊集合體。GATT雖然有秘書處，但是它是借用ITO籌備委員會的秘書處，處於一種「妾身未明」的狀態。而且，GATT只是一個各國協商的論壇，沒有制定規則的權威，也沒有調處糾紛的正式機制，這些嚴重限制GATT對於全球貿易規則的推動。直到1994年完成的烏拉圭回合談判，各國正式決定將GATT建制化，成立世界貿易組織（WTO）（Gilpin，中文譯本2004：265-269；劉碧珍等，2012：248-249）。[4]

---

[2] 最初同意且談判完成當天簽署的6個國家是美、英、加、荷、比、盧，最初同意但延後簽署的國家是澳洲和法國。

[3] 後來追加簽署的國家是巴西、斯里蘭卡、古巴、捷克斯洛伐克、印度、緬甸、紐西蘭、挪威、巴基斯坦、南非、南羅德西亞（辛巴威）。

[4] Robert Gilpin 著。陳怡仲、張晉閣、許孝慈譯（2004）。《全球政治經濟——掌握國際經濟秩序》，頁265-269。劉碧珍、陳添枝、翁永和（2012）。《國際貿易導論》，頁248-249。台北：雙葉書廊。

　　附帶一提，當年為避免重演1930年代以鄰為壑的保護主義，布雷頓森林會議曾提出建立國際清算聯盟（International Clearing Union），並發行稱為「班柯」（Bancor）的國際貨幣，不讓任何國家透過國際貿易累積鉅額外匯盈餘。當然，這也考慮到金本位時代的經驗，當時世界以黃金作為國際貿易交易貨幣，但黃金受到全球固定黃金儲備量的限制，可能會影響世界經濟的發展，因而需要創設新的貨幣單位，並需要有一個清算聯盟，計算兩國間的交易如何記帳、支付。這個構想後來進入《哈瓦那憲章》和ITO的設計，很可惜，這些構想沒有被美國國會接受，連續兩年國會沒有完成批准，杜魯門總統最終於1950年宣布不再將《哈瓦那憲章》送至國會審議，其他國家紛紛放棄，國際貿易組織無疾而終，國際清算聯盟和國際貨幣的構想也束之高閣（George, 2007）。

　　正如前述，GATT以暫行議定書的狀態，居然維持將近五十年，主要還是因為透過歷次談判不斷擴張範圍，從成立之初限於工業製成品的關稅減讓，到後來涵蓋服務業、智慧財產權、非關稅貿易障礙和反傾銷等等各項貿易議題，且獲得豐碩的成果。在GATT作為貿易談判平台期間，共經歷八個回合的貿易談判。GATT的第一回合談判即為成立國際貿易組織於1947年在日內瓦進行的談判，第二回合於1949年在法國安錫（Annecy）舉行，第三回合談判於1950～1951年在英國托奇（Torquay）舉行，第四回合又回到日內瓦，於1955～1956年間舉行。前四回合都在歐洲舉行，從第五回合談判開始，美國主導的色彩日益濃厚。其中第五回合由美國國務次卿狄隆（Douglas Dillon）推動，故稱「狄隆回合」，從1962年進行到1963年。第六回合由美國總統甘迺迪（John F. Kennedy）發起，故稱為甘迺迪回合，從1964年進行到1967年。從第七回合談判開始，談判回合又回到用談判地點命名。第七回合的首次談判在東京舉行，故稱為「東京回合」，從1973年進行到1979年；第八回合的首次談判在烏拉圭舉行，故稱為「烏拉圭回合」，從1986年進行到1994年。

　　GATT的談判最初有23國參與，第二回合到第四回合參加談判國家

數起起伏伏，都沒超過40國。後來在美國推動下，許多國家加入GATT談判。1964年甘迺迪回合，參與談判國家首次呈現爆炸性成長，增加到64國，到烏拉圭回合時成長到123國。同時，GATT的談判主題愈來愈廣。從甘迺迪回合開始，非關稅貿易障礙和反傾銷首次進入貿易談判議程。東京回合不但繼續談非關稅貿易障礙，還納入政府採購和防衛措施，要達成協議已經相當不易。到烏拉圭回合幾乎所有貿易政策議題都納入談判議程，包括各式新興議題如農業、智慧財產權、服務貿易、投資和爭端解決等等，而且還將東京回合已經達成的協議重新檢討。由於參與談判的國家數目激增，不少談判主題是已開發國家有興趣而開發中國家不願碰觸的題目，談判難度較東京回合更高，談判時間長達八年之久（劉碧珍等，2012：255-256）。

1994年4月15日，參與烏拉圭回合的國家簽署《馬拉喀什設立世界貿易組織協定》（Marrakesh Agreement Establishing the World Trade Organization），建立世界貿易組織。由於WTO是正式的國際法人，和GATT只是一個多邊協定不同，兩者在集體行動方式和實質內容也有很大的差異。比如GATT的成員稱為「締約成員」（contracting party），而WTO的成員則稱為會員（member）。因為GATT沒有設立永久機構，所以它的決議稱為「締約成員全體決議」。WTO是永久性的機構，因此可以WTO決議來代表會員的意思。此外，GATT只有一個協定，就是關稅暨貿易總協定，世貿組織有非常多協定，除了以GATT於1994年最後修訂完成的版本作為基礎協定外，還有其他多項協定，涵蓋服務貿易、智慧財產權、投資、檢驗檢疫、防衛機制、技術貿易障礙等等。由於GATT是在臨時基礎上適用，各國國會不需要正式批准，世貿組織則需要各國國會批准。最後，關於爭端解決機制，GATT沒有詳細規範，而WTO則有清楚規範（江啟臣，2011：369-377；楊永明，2010：313）。WTO成立後的第一個貿易談判（也是目前為止唯一的一個談判回合）是2001年開始的杜哈回合，有153個國家參與談判。

第二節　WTO的貿易談判與爭端解決機制

　　如同GATT，世界貿易組織的主要功能是推動成員間展開貿易談判。對於貿易談判後簽署的多邊貿易協定，世界貿易組織一般規定要以成員間的共識決通過。對於貿易談判的最後結果可依照不同共識程度要求，有「單一認諾」（single undertaking）或「可變幾何」（variable geometry）兩種方式，「單一認諾」指談判範圍內所有議題必須達成共識，整體套案才算被會員一致接受。若有任何議題未達成共識，整體套案即無協議。「可變幾何」則允許複邊協定（plurilateral agreement），不強迫所有成員接受，只對接受的成員具有拘束力。杜哈回合部長會議宣言確定「單一認諾」為杜哈回合的談判準則，這被認為是杜哈回合談判進度不斷延宕的重要因素。

　　從GATT到WTO，絕大多數貿易協定都是由美國和歐洲少數貿易強權發起，再向其他締約方說明以尋求共識。其間關鍵的磋商和決策，概由少數國家在密室中進行，這被稱為綠室會議（green room meeting）。參與綠室會議的國家通常為G5（美英法德日）或是G7，再加上同樣數目的發展中國家，以凝聚各國對於貿易談判的共識，至於哪些發展中國家受邀則由發起國家視議題而定。1980年代Arthur Dunkel任職GATT秘書長期間，將綠室會議的參與擴大為邀請25～30個締約方代表。這個做法被後來的秘書長延續，到Pascal Lamy擔任WTO秘書長時期，開始向全體會員報告綠室會議討論內容，凡此皆有助於擴大WTO貿易談判的透明度和參與範圍（VanGrasstek, 2013: 203-206）。

　　對於WTO的貿易談判，議題聯盟往往扮演關鍵性的角色。議題聯盟的出現始自於烏拉圭回合，當時基於對農業議題的關注，農業出口國如澳洲、巴西等組成「凱恩斯小組」（Cairns Group），共同推動農業貿易自由化。WTO成立後，印度糾集一群開發中國家組成「志同道合小組」

（Like-Minded Group），共同反對在貿易談判中納入勞工標準。進入杜哈回合後，由巴西領導一群開發中國家組成G20[5]，向美國和歐盟施壓開放農業市場。其他經濟更為弱勢的開發中國家則組成G90，推動開發中國家的貿易議程。開發中國家透過議題聯盟，一定程度提高在多邊貿易談判的要價能力。相對而言，已開發國家的結盟方式彷彿同心圓般，從最核心的美英兩國到G7，再延伸到歐盟和經濟合作暨發展組織（Organization for Economic Cooperation and Development, OECD），由於歐盟和OECD都是高度制度化的組織，自然容易在貿易談判中凝聚共識。到杜哈回合時，因為就非農產品市場進入（Non Agricultural Market Access, NAMA）的談判，已開發國家和開發中國家的立場迥然不同，前者希望擴大開發中國家的市場開放，後者則希望限制已開發國家的產品進入本國市場，兩方為此都成立議題聯盟。已開發國家組成的聯盟稱為Friends of Ambition NAMA，開發中國家組成的聯盟則稱為NAMA 11。此外，世貿組織還有以特定產品（如Friends of Fish）或以特定貿易政策（Friends of Anti-Dumping Negotiation）為名的小組，推動特定產品貿易或特定貿易政策的談判議程。整體而言，絕大多數成員都會參加議題小組，參加數個小組的成員所在多有，小組成員身分相互重疊一定程度緩和世界貿易組織之中開發中國家和已開發國家之間的對抗（VanGrasstek, 2013: 97-105）。目前世界貿易組織有25個最為活躍的議題聯盟，分別投入農產品、非農產市場進入、貿易規則和智慧財產權等不同議題談判。同時，這些聯盟多數會組成單一的談判團隊，甚至推派一位協調人，以便在談判過程統一發聲。[6]

　　在貿易談判完成後，談判各方簽署的協議除了要各國批准外，還要具備適當的機制，調處協議引發的爭端並交付執行，方能充分落實談判成果。1995年世界貿易組織成立時建立的爭端解決機制，被認為是世界貿

---

[5] 此為 WTO 內的議題聯盟，與二十國集團高峰會的 G20 不同。

[6] 根據 2021 年 4 月世界貿易組織網站公布的訊息（World Trade Organization, 2021）。

易體系制度化的重大突破，素有「世貿組織皇冠上的明珠」（Jewel in the WTO's Crown）的美稱。其實，世貿組織的爭端解決機制緣起於GATT，其第22條和23條規定締約方發生爭端時提出諮商的權利和解決爭端的程序，1979年東京回合談判時締約方曾通過《關於通知協商解決爭端與監督諒解書》（Understanding Regarding Notification, Consultation, Dispute Settlement and Surveillance），進一步對爭端解決提供具體規範，惜因該諒解書由締約方自由決定是否加入，未能發揮顯著效果。1986年開始的烏拉圭回合，最後達成《爭端解決規則與程序瞭解書》（Understanding on Rules and Procedures Governing the Settlement of Disputes, DSU），成為世貿組織遵循的爭端解決規範。

為執行爭端解決機制，世界貿易組織設置「爭端解決機構」（Dispute Settlement Body），由總理事會（General Council）擔任。[7]世界貿易組織的爭端解決機制是強制性的，所有成員都必須接受《爭端解決規則與程序瞭解書》的管轄，一旦被其他成員提出控訴，必須參與相關程序。啟動爭端解決程序必須先經過雙邊磋商，磋商未獲致結果可請求成立專家組，至於是否設立專家組以及專家組成員名單，皆由「爭端解決機構」決定。對於專家組的報告，任一方皆可提請上訴，「爭端解決機構」設置常設的上訴機構（Appellate Body），對專家組報告進行法律審查。對於「爭端解決機構」通過的專家組報告，或上訴機構的報告，敗訴方都應該忠實執行。若敗訴方不執行，勝訴方可終止原已承諾的關稅減讓或其他義務，以此作為報復（龔柏華，2017：15-22）。

不過，上訴機構自成立以來的審查意見和積極做法，被美國認為超過成立時的授權範圍，未能有效維護成員權利。因此，自歐巴馬總統任內起，開始杯葛上訴機構成員的任命，到川普任內持續杯葛新成員的任命，以至於2019年12月上訴機構成員人數已不足三位，無法審理上訴案

---

[7] 世界貿易組織的最高決策機構為部長會議，其下設總理事會，由所有成員派代表組成，負責世界貿易組織的常態決策。

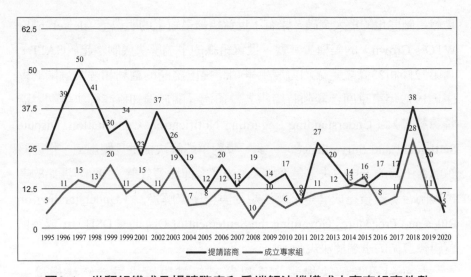

圖3-1　世貿組織成員提請諮商和爭端解決機構成立專家組案件數

資料來源：WTO Annual Report (2021: 139).

件，造成該機構陷入停擺。為解決爭端解決機制缺乏上訴機構的困境，歐盟和二十餘個WTO成員根據《爭端解決規則與程序瞭解書》第25條發起「多方臨時上訴仲裁安排」（Multi-Party Interim Appeal Arbitration Arrangement, MPIA），該安排於2020年4月向WTO通報後正式生效，並於7月完成十位仲裁員的選拔（石靜霞，2020：167-168）。雖然，對於已經參加該安排的WTO成員來說，這個臨時安排可以作為暫時性的上訴仲裁機構，不過，要能夠充分替代原有的爭端解決機構，還有待更多主要貿易國家加入。

第三節　最惠國待遇及其例外

　　GATT在前言揭示，其目標是通過互惠互利的協定，降低關稅和貿易障礙，和消除歧視性的貿易待遇。為達此目標，GATT提出兩項準則，分

別是最惠國待遇（Most-Favored-Nation Treatment）和國民待遇（National Treatment），這兩項準則充分反映GATT前言所提出的不歧視精神。而1994年修訂後的GATT被納為WTO基礎協定，因此，最惠國待遇和國民待遇可說是WTO貿易談判的核心原則。學者Chad Bown則認為，互惠同樣是GATT的核心原則，因為互惠是貿易談判進行的基本規則，且有GATT對減讓承諾撤回的規定作為根據。[8] 雖然GATT在前言中同時提到互惠和不歧視，但是，最惠國待遇和國民待遇分列於GATT第1條和第3條，而互惠原則的條款則分散於第19條和第28條，而且條文書寫也相對隱晦，既沒有使用互惠二字，也沒有像最惠國待遇和國民待遇一樣直接成為條文標題，可看出互惠原則應該是補充性原則。因此，本節將著重於最惠國待遇和國民待遇兩項。

最惠國待遇指締約國對某國的產品給予優惠、豁免等措施後，必須立即給予所有締約國同樣產品（like product）一樣的對待。按照最惠國待遇的準則，當A國給B國一定的貿易減讓後，在同一貿易談判中的C國，也可以主張獲得和B國一樣的待遇。反面來說，當B國給A國相應減讓時，也要給C國一樣的待遇，A、B兩國也可以據此要求C國。此使得貿易談判、關稅減讓得以不斷擴大其項目範圍和適用對象，最終使得所有國家都可以獲得關稅減讓的果實。換句話說，雖然談判在雙邊環境中進行，卻能得到多邊談判的結果，最終形成多邊協定，但也因此讓多國參與的貿易談判耗時甚久。因為，給一國待遇，另一國也會主張此待遇，因此需要考慮該項待遇被適用在不同國家的影響（劉碧珍等，2012：249-250）。至於國民待遇，則是指當商品跨越國境進入國內市場，即可享受

---

[8] Chad Bown（2009: 15-16）認為，互惠原則可見於 GATT 第 19 條和第 28 條的規定，要求一方若修改承諾，另一方可相應修改原本的減讓承諾。這可分為按 GATT 程序與不按 GATT 程序兩種途徑。若一方按 GATT 程序對另一方課予比原先承諾更高的關稅，此時，受影響國可以要求展開談判，對其他領域原本承諾的減讓進行相應調整。但是，若一方不按 GATT 程序對另一方課予比原先承諾更高的關稅，此時，受影響國可要求啟動爭端解決機制以獲得補償。

與國內商品完全同等的待遇。相對於最惠國待遇處理「邊境措施」，國民待遇是「邊境內措施」。其次，最惠國待遇對「同樣產品」的規定較為嚴格，而國民待遇含括的範圍不只同樣產品，還包含「直接競爭或可替代物品」。同時，最惠國待遇僅僅針對外國產品的待遇，國民待遇卻是比較「對外國產品」與「對國內產品」的待遇（Horn & Mavroidis, 2001: 238）。國民待遇和最惠國待遇的適用範圍，都不限於貿易優惠，也牽涉「貿易限制」，貿易優惠與貿易限制都必須受到最惠國待遇和國民待遇的規範。

　　一般認為最惠國待遇減少市場扭曲而增進自由貿易，從而可以促進全球福祉。要仔細檢視最惠國待遇的福利效果，可以先考量國家為什麼會制定歧視性關稅。假設A國從B、C兩國進口產品，此時在沒有最惠國待遇的情況中，A國會考量關稅收入以及國內消費需求而做出關稅決定。倘若國內對B國的產品需求較高，則有動機課徵較高的關稅（Horn & Mavroidis, 2001: 245-247）。進而言之，若國內消費需求差異不大，則可能不會制定歧視性關稅。在最惠國待遇下，情況則可能轉變為對有效率的出口國有利，對無效率的出口國以及進口國不利（Horn & Mavroidis, 2001: 247-249）。若論及最惠國待遇與貿易自由化兩者關係，批評者認為最惠國待遇提高了減讓成本，尤其大國可能不願意對小國減讓，因為大國所付出的成本與收益不成比例。除此之外，最惠國待遇也可能造成搭便車效應，各國可以等待其他國家談判結果，而不是自己先提供優惠。不過，支持者則指出最惠國待遇由於減讓成本高，使貿易協定更具可信度不易被破壞。同時，最惠國待遇也可以鼓勵原本的局外人加入既有協定，因為可以獲得關稅減讓（Horn & Mavroidis, 2001: 251-252）。

　　考察歷史，最惠國待遇的概念出現於十一世紀，當時法國和西班牙商人要求西非的阿拉伯王子給予兩國和威尼斯及義大利諸城邦一樣的待遇。十五至十六世紀間因為商業盛行，愈來愈多國家採用最惠國待遇，特別是英國和主要貿易對象簽署的商業條約，都會納入最惠國待遇，到

十七世紀已經成為商業條約的普遍實踐，十八世紀正式出現「最受優惠外國」（Most Favoured Foreign Nation）這個名詞（United Nations, 1970: 159-160）。絕大多數商業條約採用的最惠國待遇都是無條件最惠國待遇，然而，1776年獨立的美國卻長期採用有條件最惠國待遇。1778年的《美法貿易條約》是美國對外簽署的第一個貿易條約，條約中規定雙方給予對方的優惠條件不會無條件適用於其他國家。此後類似的條款大量出現於美國對外簽署的貿易條約，也被拉丁美洲和日本廣泛使用，甚至當條文本身沒有書寫是否附帶條件時，只要涉及美國就會被解釋為有條件最惠國待遇。因此，有條件最惠國待遇又稱為「美式解釋」（American Interpretation）最惠國待遇（Viner, 1924: 101-102）。

1820～1860年間，最惠國待遇以有條件、無條件兩種形式交錯出現，直到1860年英國與法國簽定《柯登—查瓦利條約》。《柯登—查瓦利條約》激發各國簽署類似的商業條約，由於該條約採用無條件最惠國待遇，此後無條件最惠國待遇成為多數國家的實踐（Rubin, 1981: 221-222）。只是美國仍持續採行有條件最惠國待遇，直到羅斯福總統時代才有所改變。這個改變的背景是美國國會於1930年通過《斯慕特—霍利關稅法案》（Smoot-Hawly Tariff Act），對進口商品課徵高關稅，造成經濟大蕭條的狀況持續惡化。因此當羅斯福執政時，要求國會授權總統與他國談判關稅減讓，國會因此通過1933年《關稅法》與1934年《互惠貿易協定法》。在打開外國市場的目標號召下，美國轉而採用無條件最惠國待遇，後來甚至在GATT談判中領導各國，讓無條件最惠國待遇成為GATT的基石（Rubin, 1981: 222）。可是，到冷戰時期，美國要求共產國家加入GATT組織時，必須向原本的成員國進口相當數量產品，才能適用最惠國待遇，以避免對市場經濟國家不公平。[9] 同時，美國也經常將人權議題作

---

[9] 非市場經濟國家由於政府既是收取關稅也是實際購買外國產品的進口者，因此減少關稅不會增加進口的動機。除此之外，非市場經濟國家往往透過配額或進口限制保護市場，因此關稅減少不會改變其保護措施（Lansing & Rose, 1984: 340）。

為共產國家享有最惠國待遇的前提，這讓最惠國待遇再次成為附帶條件的
外交工具（Lansing & Rose, 1984: 341-344）。不只是冷戰時期，後冷戰時
期美國對於非市場經濟國家的市場開放措施，同樣為將最惠國待遇服務於
外交政策目標提供鮮活的例證，這也是下一節的重點。

🌐 第四節　非市場經濟國與世界貿易體系

　　按照自由貿易的想像，私有企業按照價格機制作決策，關稅減讓
帶來進口品降價會讓私有企業擴大購買進口品，從而促進貿易流通。然
而，共產國家奉行計畫經濟，並以國有企業為主要經濟行為者，若同樣適
用最惠國待遇，會否對於私有企業為主的國家構成不公平，不無疑問。
1927年拉脫維亞和蘇聯簽訂貿易條約，由於蘇聯期望獲得最惠國待遇，以
彰顯其與西方國家平等的地位，拉國遂要求蘇聯承諾相當金額的採購，
以對應於拉國提供的最惠國待遇，這在當時被認為是一項創舉（Domke
& Hazard, 1958: 56-57）。1930年，英國和蘇聯簽署貿易條約，受到貿易
局主席Walter Runciman質疑。他的理由即是共產國家政府既是生產者又
是消費者，降低關稅雖降低進口品價格。卻不必然增加進口（Friedmann,
2020: 438）。

　　第二次世界大戰後，因應共產勢力擴張，美國採行圍堵策略，於
1949年通過《出口管制法》，禁止美國和其盟國與共產國家貿易。對於剛
開始發展的世界貿易體系，美國的出口管制體制帶來新的挑戰。GATT創
始國之一的捷克斯洛伐克於1948年建立共產政權，根據美國的出口管制規
定，美國自己和其盟國都不能和捷克進行貿易，那麼，美國如何面對在
GATT中的捷克呢（Grzybowski, 1980: 539, 547）？為貫徹出口管制規定，
美國曾和當時還在GATT內的捷克數度交鋒，但GATT並未驅逐捷克，只
是美國撤銷原先對捷克的關稅優惠（McKenzie, 2008: 88-90）。後來美國

決策者改變想法，認為這些共產國家需要美國的產品和科技，透過貿易可以促使東歐共產國家脫離蘇聯控制。故此，美國開始和這些共產國家交往，接納他們進入GATT。南斯拉夫自然是非常理想的對象，因為當時南斯拉夫的領袖狄托（Josip Broz Tito）主張獨立自主，希望走出一條和蘇聯不一樣的道路，其他東歐國家如波蘭、匈牙利、羅馬尼亞也受到程度不一的影響。

要接納共產國家進入GATT，無可避免會碰到國有經濟體系和私有經濟體系進行貿易要如何互惠的問題。而解決這個問題的方法，則要看個別國家外貿體制改革的情況。南斯拉夫最早進行外貿體制改革，也由於政治上的特殊性，早在1950年即被接納為GATT觀察員，並於1961年申請成為正式締約方。此後除了進行外貿體制改革，由生產者協會承擔貿易責任，還對上百項產品承諾關稅減讓，終於1966年成為GATT正式締約方（Grzybowski, 1980: 547）。波蘭的模式則有所不同，因為波蘭不願意進行外貿體制改革，所以採取定額進口承諾方式作為入會協議。1960年艾森豪總統對波蘭提供最惠國待遇，進一步提升波蘭以固有體制加入GATT的決心。在甘迺迪回合期間，波蘭與GATT展開入會談判，既有締約方同意由波蘭承諾每年進口比例，和定期接受審查，終於在1967年成為GATT締約方（Grzybowski, 1980: 547-548）。隨後，匈牙利和羅馬尼亞也採取類似模式入會。基本上，對於波蘭、匈牙利和羅馬尼亞的入會，原本的締約方採取的做法有兩項共同元素，第一是原有締約國對申請國進口品的數量限制採取逐步減少的做法，第二則是對於申請國保留採取防衛措施和撤回關稅減讓承諾的權利（Grzybowski, 1980: 549）。從波蘭加入GATT的過程可以看出，冷戰時期共產國家要加入GATT，必須先通過美國這關。美國是世界最大經濟體，且美國的意向對其他國家有關鍵影響。而一國是否獲得美國接受入會，法律上則經由美國授予該國最惠國待遇來展現。如果該國沒有得到美國的最惠國待遇，無法享有與美國其他貿易夥伴同等待遇，自然難以通過GATT其他締約方的接受。因此，美國是否給予最惠國

待遇，既決定該國出口品能否進入美國市場，又是該國能否進入GATT的領先指標。

經過1960年代與東歐共產國家的成功交往，1970年代美國將目光投向蘇聯。當時美國尼克森政府積極推動和蘇聯的限武談判。作為與蘇聯談判的籌碼，尼克森政府也打算與蘇聯簽署貿易協定，向蘇聯開放美國市場，雙方於1972年簽署貿易協定。為能有效執行美蘇貿易協定，尼克森向國會提出貿易改革法案，希望獲得授權向蘇聯提供最惠國待遇。然而，在數個參議員的倡議下，最後於1974年通過的貿易法，除了授權行政部門進行貿易談判，也要求接受最惠國待遇的非市場經濟國必須維持自由的移民政策，即這些國家必須允許國民移出國家。對非市場經濟國的最惠國待遇一次可長達三年，但每年都需要更新（McLarty, 1999: 159-164）。這項被稱為Jackson-Vanik修正案的條款，主要的目的在於讓蘇聯境內的猶太人得以離開蘇聯。但該條款受益者遠不止猶太人，蘇聯、東歐許多異議人士都借助這項條款得以離開共產政權統治的母國。只是，對於雙邊貿易來說，這樣會有一個負面影響，即因為最惠國待遇需要每年更新，對於雙邊貿易帶來相當大的不確定性（Lansing & Rose, 1984: 341-342）。

成立於後冷戰時代的WTO，雖不再受到冷戰時期美國出口管制的限制，但鑑於部分國家特殊的經濟體制，在接納新會員時仍要求這些會員以非市場經濟國身分入會。究竟何謂非市場經濟國？基本上，某國是否為非市場經濟國由個別國家認定，在美國是由商務部認定。美國政府對非市場經濟國的界定是「其成本和價格結構不是根據市場原則，以致其商品出售價格無法反映公平價值」。具體來說，美國商務部認定非市場經濟國有六項標準，分別是該國貨幣是否能自由兌換、該國工資是否由勞資雙方商定、該國是否允許合資或外資企業投資、該國對生產工具的控制程度是否合理、該國政府對資源分配和企業生產的價格與產量控制是否合理，以及其他相關因素（Telep & Lutz, 2017: 703）。若是某國被認定為非市場經濟國，當該國被課徵反傾銷稅時，可不採認該國國內價格或成本，因為這些

國家國內經濟並非市場經濟，其價格或成本可能受到政府干預。為避免非市場經濟國地位對企業的衝擊，非市場經濟國企業可透過產業市場導向測驗（market-oriented industry test）主張特定產業排除非市場經濟國認定方法（NME methodology）（Waston, 2014: 6）。根據2019年1月的公告，美國商務部認定的非市場經濟國為白俄羅斯、喬治亞、吉爾吉斯、中國大陸、亞美尼亞、亞塞拜然、摩爾多瓦、塔吉克、烏茲別克、越南、土庫曼（Morrison, 2019）。

　　從上述名單可看出，美國認定的非市場經濟國若非前共產國家，就是目前仍由共產黨統治的國家或地區。事實上，本世紀以來，美國陸續將多個前共產國家移出非市場經濟國名單，這些包括於2002年認定俄羅斯為市場經濟國、2003年認定羅馬尼亞為市場經濟國和2006年認定烏克蘭為市場經濟國。這些國家有的很早就加入世貿組織，如羅馬尼亞於1995年加入世貿組織，有的則晚於美國改變其非市場經濟國地位後才加入世貿組織，如俄羅斯於2012年加入世貿組織。中國大陸雖於2001年進入世界貿易組織，但在入會議定書第十五項同意，其出口品於涉及傾銷控訴時，若不能證明市場經濟條件存在，可不以中國大陸國內價格認定，但若中國大陸能證明其國內存在根據進口國法律的市場經濟條件，或市場經濟條件在特定產業存在，該條款可終止或對該產業不適用。該條款被認為將中國大陸定位為非市場經濟國，且因該條款聲明將於十五年後失效，一般期待到2016年中國大陸將自非市場經濟國畢業，只是美國對此解釋為該條款保證中國大陸非市場經濟地位維持十五年（Telep & Lutz, 2017: 696-697）。自2006年起，中國大陸即向美國申請變更為市場經濟國，但是到2016年，美國和歐洲仍不願改變中國大陸的非市場經濟國地位，主要的原因認為來自中國大陸的出口品價格過低，特別是鋼和鋁，都因受到政府補貼而導致供給過剩。為此，中國大陸於2016年12月向世界貿易組織請求與歐盟及美國展開雙邊諮商，並於諮商未成後申請由專家小組裁決，但最後於2019年6月申請擱置裁決程序，目前仍維持非市場經濟國地位（Miles, 2019）。

第五節　結論

　　雖然，戰後英美原本要設立的ITO因為美國國會反對功敗垂成，但是在臨時基礎上成立的GATT，透過數次貿易談判樹立威望，不斷擴大參與談判成員，並逐步降低工業製成品關稅，還將非關稅貿易障礙、反傾銷、防衛措施、政府採購、智慧財產權、農業、服務貿易等等議題都納入談判議程，這些新興貿易議題的談判成果後來成為WTO成立的基礎法律。當然，WTO不只承接GATT的談判成果，還提升原有貿易體制的制度化，包括貿易談判制度化和爭端解決的制度化。WTO時代的貿易談判除延續GATT時代的議題小組模式外，還擴大綠室會議的會員參與，擴大會議過程的透明度，將會議結果置於更大的會員監督之下。與談判程序相比，爭端解決的制度化更高，透過設立兩級爭端解決機構和明文化的爭端解決程序，WTO的爭端解決機制被認為是WTO皇冠上的明珠。可惜近年成員任命受到美國杯葛，自2019年12月起已陷入停擺。

　　WTO的核心原則是不歧視原則，具體展現為WTO第一條的最惠國待遇，最惠國待遇可溯及十一世紀歐洲和非洲的商業交易，十七世紀後在國際商業條約中日益常見，十八世紀後美國採行的有條件最惠國待遇和英國採行的無條件最惠國待遇並行於國際，到二十世紀三〇年代美國才放棄有條件最惠國待遇的做法。透過最惠國待遇，讓兩國間談判的關稅減讓得以不斷擴大其項目範圍和適用對象，最終使得所有國家都可以獲得關稅減讓的果實。換句話說，雖然談判在雙邊環境中進行，卻能得到多邊談判的結果，這是GATT可以不斷擴大並獲致成功的關鍵。然而，面對經濟體制不同的國家，應否及如何適用最惠國待遇，成為多邊貿易體制的難題。冷戰之初，美國曾經採取全面排斥的做法，阻擋共產國家進入GATT。後來，為鼓勵東歐國家與蘇聯分道揚鑣，並激勵共產國家放鬆政治控制，美國對部分共產國家提供最惠國待遇。這成為後冷戰時代美國促進轉型經濟國家

政經改革的法律基礎，也為世貿組織中非市場經濟國成員相關安排提供先例。不過，無論是後冷戰時期敦促轉型經濟國家政經改革，或是世貿組織中的非市場經濟成員待遇，都不僅是為避免因為經濟體制不同而造成不公平競爭，而是將最惠國待遇的准駁服務於主導國家的外交政策目的。

參考書目

石靜霞（2020）。〈WTO多方臨時上訴安排：基於仲裁的上訴替代〉。《法學研究》，第42卷第6期，頁167-185。

江啟臣（2011）。〈國際貿易與金融〉。收於張亞中、左正東編，《國際關係總論》，頁363-394。

楊永明（2010）。《國際關係》。台北：前程出版社。

劉碧珍、陳添枝、翁永和（2012）。《國際貿易導論》。台北：雙葉書廊。

龔柏華（2017）。《WTO二十週年：爭端解決與中國》。香港：開明書店。

Anonymous (2021). A Fraying System. *The Economist, 441*(9266), 4-6.

Bown, Chad P. (2009). *Self-Enforcing Trade: Developing Countries and WTO Dispute Settlement*. Washington, DC: Brookings Institution Press.

Domke, Martin & John N. Hazard (1958). State Trading and the Most-Favored-Nation Clause. *The Journal of International Law, 52*(1), 55-68.

Friedmann, W. (2020). *Law in a Changing Society*. Berkeley: University of California Press.

George, Susan (2007). Alternative Finance: The World Trade Organization We could Have had. *Le Monde Diplomatique*, January. https://mondediplo.com/2007/01/03economy.

Gilpin, Robert (2001). *Global Political Economy: Understanding the International Economic Order*. Princeton, N.J.: Princeton University Press. 中文譯本：陳怡仲、張晉閣、許孝慈譯（2004）。《全球政治經濟：掌握國際經濟秩序》。台北：桂冠。

Grzybowski, K. (1980). Socialist Countries in GATT. *The American Journal of Comparative Law, 28*(4), 539-554.

Horn, Henrik & Petros C. Mavroidis (2001). Economic and legal aspects of the Most-Favored-Nation clause. *European Journal of Political Economy, 17*(2), 233-279.

Lansing, Paul & Eric C. Rose (1984). The Granting and Suspension of Most-Favor-Nation Status for Nonmarket Economy States: Policy and Consequence. *Harvard International Law Journal, 25*(2), 329-354.

McKenzie, Francine (2008). GATT and the cold war: Accession debates, institutional

development, and the western alliance, 1947-1959. *Journal of Cold War Studies, 10*(3), 78-109.

McLarty, Taunya L. (1999). MFN Relations with Communist Countries: Is the Two-Decade Old System Working, Or Should It Be Revised or Repealed. *University of Richmond Law Review, 33*(1), 153-226.

Miles, Tom (2019). China pulls WTO suit over claims to be a market economy. Reuters. June 17 2019. https://www.reuters.com/article/us-usa-china-wto-eu-idUSKCN1TI10A.

Morrison, Wayne M. (2019). *China's Status as a Nonmarket Economy (NME)*. (CRS Report No. IF10385). Washington, DC: Congressional Research Service.

Rubin, Seymour J. (1981). Most-Favored-Nation Treatment and the Multilateral Trade Negotiations: a Quiet Revolution. *Maryland Journal of International Law, 6*(2), 221-241.

Santana, Roy (2017). 70th Anniversary of the GATT: Stalin, the Marshall Plan, and the Provisional Application of the GATT 1947. *Journal of Trade Law and Development, 9*(2), 1-20.

Telep, Jeffrey M. & Richard C. Lutz (2017). China's Long Road to Market Economy Status. *Georgetown Journal of International Law, 49*, 693-708.

United Nations (1970). *Yearbook of the International Law Commission 1969 Volume II*. New York: United Nations.

VanGrasstek, Craig (2013). *The History and Future of the World Trade Organization*. Geneva: World Trade Organization.

Viner, Jacob (1924). The Most-Favored-Nation Clause in American Commercial Treaties. *Journal of Political Economy, 32*(1), 101-129.

Waston, K. William (2014). *Will Nonmarket Economy Methodology Go Quietly into the Night?*. (Cato Institute Policy Analysis No. 763). Washington, DC: Cato Institute.

World Trade Organization (2021). Groups in negotiations. https://www.wto.org/english/tratop_e/dda_e/negotiating_groups_e.htm.

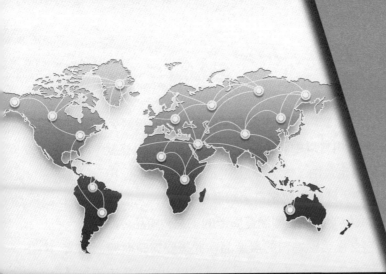

Chapter 4

貿易政策

　　美國川普政府時代，頻繁將關稅武器化，運用加徵關稅威脅以迫使貿易對手讓步。2018年7月川普以中國大陸違反美國貿易法301條款中關於技術轉移智財權保障的規定為由，對於來自中國大陸價值340億美元的商品加徵25%的關稅，中國大陸同步對來自美國價值340億美元的商品加徵25%的關稅。美國加徵關稅的商品範圍涵蓋廣泛的工業製成品，而中國大陸加徵關稅的商品則包含從美國進口的農產品。此後雙方時而擴大加徵關稅清單，時而進入貿易談判，到2019年9月，美國以中國大陸未依承諾購足美國農產品為由，將還沒納入加徵清單的所有中國大陸商品都加徵15%關稅。2020年雙方達成第一階段貿易協定，美國同意將最後階段加徵關稅減半，中國大陸同意擴大採購美國農產品和能源產品。川普政府的貿易戰對象不僅限於中國大陸，2018年3月，川普曾以威脅美國國家安全為由，啟動《國際緊急經濟權力法》（*International Emergency Economic Power*）的授權，對來自歐盟的鋼鋁進行加徵關稅，歐盟隨即對來自美國的電單車等商品課徵報復性關稅，雙方直到2021年10月方達成協議，撤銷部分關稅措施。2019年5月，美國同樣以威脅國家安全為由，威脅對所有來自墨西哥的商品加徵5%關稅，並逐月提高，以此要求墨西哥阻止非法移民進入美國，在2019年6月10日關稅生效前雙方順利達成協議，墨西哥同意加強管制移民，美國則暫停加徵關稅。

　　川普能夠一次次發動貿易戰，主要還是依靠美國具有全世界最重要市場的條件，而且，25%的關稅絕大多數企業難以承受，必然帶動相當數量企業移回美國。對於貿易對手來說，則是難以承受之重。以墨西哥為例，若最後真加徵到25%關稅，估計墨西哥GDP會萎縮4%，或者墨西哥披索（peso）要貶值59%（Anonymous, 2019）。事實上，在貿易戰期間，人民幣匯率的確大幅貶值，一度跌破1美元兌換7元人民幣的歷史新低，引發美國將中國大陸認定為匯率操縱國。雖然美國有時會援引國家安全作為開啟貿易戰的合理化根據，但貿易戰的結束則和國家安全沒有直接關係，主要還是看對手國的經濟實力來決定雙方讓步的程度和速度。而對

手國要如何反制貿易戰，又視美國國內不同團體受到雙邊貿易的影響程度。如中國大陸以對美國農產品加徵關稅或增加採購作為報復和談判的籌碼，正是看準農業州在川普所屬的共和黨內具有強大影響力，而這的確對美國國內政治發揮一定效果。從貿易戰開始起，美國商界屢屢發表公開聲明，要求停止貿易戰，其中也獲得農業團體聲援，並呼籲國會介入，對川普關稅政策有效制衡。畢竟，美國憲法將關稅權賦予國會，國會雖授權行政部門，但還是能夠監督，有時還能改變行政部門的決定。

　　正如貿易戰所揭示，貿易政策可從與權力競爭的關聯性、不同社會團體基於各自偏好對貿易政策的競爭、政治制度對團體利益表達提供的機會，以及貿易政策對國內政治的影響四個層面加以理解。本章以貿易政策為主題，以下先說明貿易政策的類型，以及貿易政策和國家安全的關聯性。接著從社會層面和制度層面分析貿易政策如何產出，最後闡述貿易和貿易政策如何影響國內政治。

🌐 第一節　貿易政策的經濟與安全意義

　　貿易政策是非常艱澀但有趣的主題，也是國際政治經濟學最熱門的問題。國際貿易與我們的生活息息相關，我們許多日常生活用品都從國外進口，本國廠商也出口為數眾多的產品。因此，貿易政策對一般人的生活有相當大的影響。簡而言之，貿易政策可分為關稅和非關稅貿易措施兩種。關稅指商品進出國界要繳交的賦稅，各國採取的進口關稅有從量稅、從價稅、調節關稅以及關稅配額。從量稅是按進口數量課徵關稅；從價稅則按進口價格課徵關稅；調節關稅隨進口品價格做反向調整，以維持進口品的國內價格不變；關稅配額則指對配額內進口課以較低關稅，對配額外進口課以較高關稅（劉碧珍等，2012：107-109）。非關稅貿易措施包含所有關稅以外影響貿易流動的措施，非關稅貿易措施（Non-

tariff Measures）的範圍非常廣泛，有時容易和技術性貿易壁壘（Technical
Barrier to Trade）兩者混淆。非關稅貿易措施一般可分為三類，分別是對
進口的管制措施、對出口的管制措施和對國內經濟的管制措施（Staiger,
2018: 35）。因此，非關稅貿易措施除了一般人熟悉的配額、反傾銷、反
補貼措施等貿易救濟措施外，還包括如原產地證明、海關程序與其他貿易
便捷化措施，以及食品安全檢驗、動植物防疫檢疫措施和智慧財產權、競
爭政策、環境、勞動、政府採購等等邊境內措施。其中，與產品安全性相
關的標準和技術性規定，即歸入技術性貿易壁壘的範疇。

　　雖然，從GATT到WTO皆以貿易自由化為目標，致力將非關稅貿易措
施關稅化，然後再尋求將關稅降低。經歷多次貿易談判，到1970年代初期
工業製成品關稅已大幅下降。然而，1970年代晚期興起的新保護主義主要
透過非關稅貿易措施，如1980年代大量採用的自動出口設限措施。[1]1990
年代世界貿易組織成立後，禁止以數量限制貿易流動，從而杜絕自動出
口設限的使用後，反傾銷稅（anti-dumping duty）成為最常見的貿易管制
措施（劉碧珍等，2012：128-129）。反傾銷稅和平衡稅（countervailing
duty）可以放在一起理解，反傾銷稅是對傾銷行為課徵懲罰性關稅，平衡
稅是對補貼行為課徵懲罰性關稅。根據WTO反傾銷協定和補貼與平衡稅
協定，構成制裁條件的傾銷必須是對手有傾銷事實、本國產業有受害、傾
銷是受害的主因。至於構成制裁條件的補貼則是對手國政府有補貼、企業
有得到好處，以及補貼有特定對象（劉碧珍等，2012：139-145）。對照
兩者，可發現傾銷控訴只需針對民間行為，又不涉及較為抽象的「特定對
象」認定，較補貼控訴更形容易。此外，自烏拉圭回合談判起，防衛措施
（safeguard measures）成為已開發國家和開發中國家高度關切的貿易救濟
措施，所謂防衛措施指面對進口品大量增加暫時停止原本對會員國的關稅
減讓，符合WTO規定的防衛措施必須具有緊急性，以防止本國產業遭受

---

[1] 自動出口設限指經進出口國雙方同意，由出口國自願限制出口數量。類似的措施還
　有自動出口擴張，指經進出口雙方同意，由進口國自願擴大進口數量。

傷害為目的。同時，採取防衛措施的國家必須對貿易對手提供補償。

究其本質而言，採取貿易政策就是一種市場干預，這種市場干預是否合理需要從經濟學理論尋求支持。對於國際貿易分工的解釋，以Eli Heckscher和Bertil Ohlin兩位瑞典學者命名的「H-O定理」是廣為接受的貿易理論，也被稱為新古典貿易理論。「H-O定理」認為兩國間貿易會根據兩國要素稟賦不同而進行，一國對於密集使用其所擁有較為豐富之要素的商品具有比較利益，因而會出口該項商品。比如一國是資本豐富國，對資本密集財具有比較利益，也就會出口資本密集財。同樣的，若一國是勞動豐富國，則會出口勞力密集財。對於「H-O模型」之下國際貿易的利益分配，「Stolper-Samuelson定理」提出商品出口會帶動該商品所密集使用的要素價格提升。因此，一國若出口勞力密集產品，該國勞動所得會提升，勞工受益（劉碧珍等，2012：40-54）。一國若出口資本密集財，該國資本所得會提升，資本家受益。如此來看，貿易對於一國擁有的豐富要素是有利的，對於該國相對稀缺的要素則是有害的。因此，貿易政策應該運用貿易獲得的整體福祉提升，補償因為貿易受害的稀缺要素。

在「H-O模型」描繪的圖像中，兩國間的貿易是產業與產業之間的貿易。然而，1970年代以後，由於工業先進國家間產業內貿易的快速成長，以規模經濟為基礎的貿易現象受到廣泛關注。這種規模經濟分為內部規模經濟和外部規模經濟，前者指個別廠商透過自身擴大規模以降低成本，後者必須透過整個產業規模擴大方能降低成本。當產業具有規模經濟特質時，容易形成只有少數廠商可以生存的寡占市場結構，而且，處於寡占結構的少數廠商彼此具有「策略互依」（strategic interdependence）的特性，即任何廠商決定其價格或生產策略時，必須審慎評估對手反應，方有可能獲得優勢。在這種市場結構下，政府介入支持本國廠商，有助於本國廠商在全球市場取得優勢地位。解釋基於規模經濟驅動貿易的理論稱為新貿易理論（以有別於H-O模型的傳統貿易理論），而基於新貿易理論，政府應該幫助企業在全球寡占市場取得優勢，這樣的貿易政策稱為「策略

性貿易政策」（strategic trade policy）（劉碧珍等，2012：67-74）。

當然，國際貿易不只會改變國家之內和國家之間經濟利益的分配，對於國家之間的軍事實力對比和國家外在安全環境也會帶來深刻影響。[2] 對於貿易和安全的拔河，過去的研究重點在於貿易是否帶來和平，傳統自由主義者對此正面期待，當代政治經濟學者更相繼以實證研究予以肯認（Polachek, 1980: 55; Oneal & Russett, 1997: 268）。[3]然而，現實主義抱持懷疑態度，如Joanne Gowa和Edward Mansfield提出貿易的「安全外部性」（security externality）概念[4]，認為貿易提升資源使用效率，增加貿易參與國的軍事能力。鑑於國際無政府狀態所隱含國家訴諸武力之可能性，貿易帶來的所得提升，在盟友之間會創造安全的外部經濟，而在敵國之間則造成安全的不經濟（security diseconomy）。正因為如此，政治軍事同盟之內的國家間，比較容易推進自由貿易，特別是在兩極體系之中，比較容易發展為自由貿易聯盟（Gowa & Mansfield, 1993: 408）。換言之，對於現實主義者來說，即便貿易可以化解衝突，但敵國之間根本不容易開展貿易，自然談不上用貿易化解衝突。

自由主義者和現實主義者的辯論，提出兩個重要的問題，指引後來的研究。第一，政治關係是否會影響貿易關係？第二，兩國間若簽署自由貿易協定，是否會透過影響貿易，進而影響兩國政治關係？就政治關係對貿易關係的影響，雙方對於對方抱持善意或敵意，以及兩國是處於合作還是衝突關係極其重要（Pollins, 1989: 477-478; Keshk, Pollins, & Reuveny, 2004: 1155），而兩國政體特質的相近程度，包括是否分享相同的政治經濟價值（如民主和市場），或是否採取相近的外交政策，也被認

---

[2] 以下關於貿易與安全關係的討論，來自於左正東（2012：83-84）。左正東（2012）。〈中新自由貿易協定的貿易安全連結〉。《政治學報》，第 54 期，頁 83-84。

[3] 當然，也有學者經過實證檢驗，認為貿易和戰爭兩者未必相互排斥，甚至貿易有可能提高戰爭的可能性（Barbieri & Schneider, 1999: 394-398）。

[4] 該文源自於 Joanne Gowa 於 1989 年的另一篇文章，詳見 Gowa（1989）。

為對兩國貿易關係具有正面影響（Dixon & Moon, 1993: 5; Bliss & Russett, 1998: 1144-1145）。就自由貿易協定對兩國政治關係的影響，既有的實證研究肯定軍事聯盟和自由貿易協定對貿易促進的正面效果（Mansfield & Bronson, 1997: 94）。而且，自由貿易協定有助於增加商業自由化、減少投機、提高簽約國和第三國談判的籌碼，使協定簽署國珍惜雙邊關係而不致走向衝突（Mansfield & Pevehouse, 2000: 775-776）。另外，學者也發現，自由貿易協定可以創造兩國領袖的常態互動，有助於增加雙方互信和減少衝突（Bearce & Omori, 2005: 659）。這些研究顯示安全關係影響貿易關係的程度遠多於貿易關係影響安全關係的程度，而認為貿易關係影響安全關係有時候只是為特定貿易政策提供合理化的說法。

🌐 第二節 社會層面的貿易政策分析

簡而言之，貿易政策可看作主張保護和反對保護兩股力量競爭的結果，但並非是單純的人多人少就可以決定政策走向。其實，如果需求保護的人少，貿易保護所帶來的利益集中於少數人，反而有助於保護需求者努力推動保護。反過來說，倘若需求保護的人多，貿易保護帶來的利益分散於多數人，反而沒有人有意願投入推動貿易保護的工作，這是從集體行動邏輯可以推演得到的結果。一般而言，自由貿易的受利者是消費者，自由貿易的受害者是生產者，前者人數明顯要比後者多得多，因此，貿易保護政策要比自由貿易政策容易推行。倘若再進一步分析，每個人可以扮演不只一個角色，在資本主義的生產過程裡，每個人都可以被界定為多重角色，既是生產者又是消費者，這讓利益分析非常複雜。

要探究不同團體對於貿易政策的偏好，H-O定理和Stolper-Samuelson定理關於貿易的所得分配效果，提供從利益偏好區分社會團體的基礎知識。H-O定理認為貿易對於一國擁有的相對豐富的要素是有利的，對於相

對稀缺的要素則是有害的,如此會認為擁有資金的雇主和擁有勞動力的勞工對於貿易政策應該擁有相反的偏好。然而,在很多例證中看到,資方和勞方對於貿易保護的態度常常是一致的,這和H-O模型基於兩要素假設的預測不同。因此,要依照貿易政策偏好區分社會團體,除了可根據H-O定理按照要素分類外,也可以按照產業分類。若按產業分類,受進口品競爭的產業在政府保護下會提高收入,自然會偏好貿易保護。至於依賴出口或在國外有重大投資或側重國外生產的產業,因為不希望受到外國報復,或者不希望外國因本國保護政策而減少購買力,或者不希望在國內市場價格優勢受到影響,故會偏好自由貿易(何思因,1994:84-87)。

若就所得到的貿易保護型態來看,勞力密集或資本勞力比低的產業,容易得到關稅保護,資本密集度高的產業,容易得到非關稅貿易保護。所以如此,乃因勞力密集產業的產品差異性低,競爭以價格取勝,而且用關稅保護簡單,用其他方法保護反而不易,因此會傾向於透過關稅改變進口貨品價格以保障國內產業。資本密集產業的產品差異度高,競爭以產品樣式功能取勝,對於價格敏感度低,因此用關稅難以保護,要用其他方法保護(何思因,1994:88)。同時,受進口競爭產業容易得到保護,出口競爭產業不容易得到自由貿易,這是因為保護主義帶來的好處很集中,而自由貿易帶來的好處是所有消費者享受,前者容易聯合起來,後者除非產業對貿易依賴高,且貿易保護已構成其生存威脅,否則不易團結起來。進一步來說,進入產業需要的技術門檻高低與保護需求成反比,進入門檻愈低的產業越需要爭取保護。產業移出門檻與保護需求成正比,越容易移出的產業越不需要保護。從上文可看出,此處所指的移出門檻是勞工的移出門檻,而因為勞方與資方利益一致,故可轉換成為整個產業對保護的需求(何思因,1994:94-95)。

關於從利益偏好進行貿易政策的政治經濟分析[5],首先,早期國際貿

---

[5] 以下兩段皆參考余淼杰的專著,詳見余淼杰(2009:21-24)。

易理論對貿易政策的分析，著重於關稅對整體社會福利的影響。但後來
的研究者發現，政府的貿易政策不僅重視整體社會福利，更加重視福利
如何分配，也就是從利益團體競爭的角度，來看待貿易政策的產出。以這
樣的觀點來看，貿易政策和一般的管制政策一樣，其產出都是來自於壓力
團體向政府遊說以尋求管制，以及政府最大化其政治支持的結果，這是
George Stigler對管制行為的政治經濟解釋（Stigler, 1971）。在Stigler的基
礎上，Arye Hillman提出「夕陽產業」模型，認為政府的關稅保護必須平
衡產業希望的保護程度和消費者對於因保護而受害所能忍受的程度。最終
來說，國內價格還是會下降，關稅保護只能減緩衰退產業的衰退速度，無
法改變衰退的結果（Hillman, 1982: 1185-1186）。

其次，Wolfgang Mayer著名的「內生關稅」論（Endogenous Tariff）
結合直接民主和H-O模型，假設選民的差別僅止於擁有資本多寡的差別，
由此推演出政府會選擇中間選民偏好的關稅政策，這是因為兩個政黨都會
向中間選民靠攏，也可稱為「中間選民」模型（Mayer, 1984: 970-985）。
Stephen Magee、William Brock與Leslie Young則認為，選民的差別除了擁
有資本多寡不同外，還有對政黨政策的訊息掌握不同，因而有具備明確
政黨偏好或對政黨偏好不明確兩種不同選民。由於政黨需要獲得具有明
確偏好的選民捐助，以向偏好不明確的選民宣傳，因此，政黨的貿易政
策將由具有明確偏好的選民決定（Magee et al., 1989；余淼杰，2009：34-
41）。Gene Grossman和Elhanan Helpman進一步提出「兜售保護」模型
（protection for sale），認為利益團體主要向現任政府遊說貿易政策，為
和其他政治團體競爭政治捐獻，政治家會向利益團體兜售自己的貿易政
策，而貿易政策的結果就是多個產業競爭的結果。因此，貿易保護程度由
政治家對政治捐獻的需求和遊說團體所能代表的選民規模兩個因素決定
（Grossman & Helpman, 1994: 833；余淼杰，2009：51-55）。上述各個模
型各有所長，都不脫從利益競爭的角度決定貿易保護的平衡點，但利益競
爭不可能在真空環境下發生，政治制度對利益表達的限制與所提供的機

會，對於利益競爭結果至關重要。如何從制度層面分析貿易政策分析，即是下一節介紹的重點。

🌐 第三節　制度層面的貿易政策分析

關於制度特徵對貿易政策的影響，大致可以分為兩條分析軸線，一條軸線探討民主制度內的差異和貿易自由化之間的關係，一條軸線探討民主制度和非民主制度推動貿易自由化的差異。首先，關於民主制度之中哪些制度特徵更有助於推進貿易自由化，學者的討論大致涵蓋選舉制度、政黨制度和行政立法關係。比如Ronald Rogowski就認為，比例代表制、內閣制、強政黨和大選舉區較能承受自由貿易帶來的衝擊，因而有助於推動自由貿易（Rogowski, 1987a: 203）。Sean Ehrlich則提出判斷制度能否有效阻隔遊說團體的一般標準是制度「接近點」（access point），也就是遊說團體可以傳送影響力的管道。他認為制度內存在愈多的「接近點」，遊說愈容易，其帶來的貿易保護程度愈高。他進一步發現，組成政府的政黨愈多、選舉區數目愈多、政黨紀律愈低，其帶來的貿易保護程度愈高，這些和憲政體制是否為比例代表制沒有關係（Ehrlich, 2007: 601-602）。

其次，關於不同政體類型對於推動自由貿易的比較，1990年代以前，學界普遍認為缺乏制度化的脆弱民主體制不利於經濟改革和貿易自由化，反而不如威權政體更有利於推動經濟改革（Geddes, 1994: 104-105）。1990年代起，政治民主化和貿易自由化之間的共伴現象日益普遍，引起學界廣泛關注。對於政治民主和貿易自由孰先孰後的問題，Daniel Rodrik就認為，政治民主化往往出現在貿易自由化之前（Rodrik, 1992）。至於民主政體和威權政體何者更能夠推行自由貿易，Helen Milner和Keiko Kubota認為，在開發中國家之間，民主政體因為能決定政權歸屬的推選人（selectorate）範圍較大，偏好自由貿易的大多數人可參

與政權歸屬的決定，因而會比非民主政體更傾向於推動自由貿易的政策（Milner & Kubota, 2005: 137-138）。相反的，Daniel Y. Kono則認為民主政體未必會比威權政體更加追求貿易自由化，因為民主政體的政府同樣要平衡要求保護的特殊利益和要求開放的一般民眾，而且，由於非關稅貿易障礙較不易為公眾注意，民主政體會採行關稅降低措施但同時大規模使用非關稅貿易障礙（Kono, 2006: 369）。然而，Charles Hankla與Daniel Kuthy則認為，威權政體也需要加以區分。制度化的威權政體因為將多元聲音納入決策過程，形同擴大推選人範圍，而且往往可以長期在位，會願意推行有利於長期成長的政策。這兩個因素讓制度化的威權政體可能比低制度化的威權政體更願意追求貿易自由化（Hankla & Kuthy, 2013: 492）。

其實，美國的經驗對於制度特徵與貿易政策的關係提供非常具有啟發的個案。誠如Rogowski所稱，大選舉區較能承受自由貿易的衝擊，因而較有助於推動貿易自由化，換個說法就是職位選區大小會影響該職位擁有者對貿易政策的偏好。用美國的權力分立架構來看，總統決定關稅時會傾向開放，而國會決定關稅會傾向保護。為什麼呢？因為總統是全國選民選出的官員，必須考慮整體國家利益，若因貿易保護與外國交惡，美國選民也會要他負責。但是，由小選舉區選出的國會議員，只需考慮選區利益。睽諸歷史，美國自立國起到1930年，貿易政策都是由國會主導，這段時期美國貿易政策也是採取高度的保護政策，到1930年「斯慕特—霍利關稅法案」（Smoot-Hawley Tariff Act）達到高峰。1934年《互惠貿易協定法》授權總統和外國簽訂貿易協定，可提高或降低關稅50%，無須國會批准，為期三年。由此開啟美國戰後將近二十年快速貿易自由化的年代（何思因，1994：103-106）。

1960年代以後，美國貿易優勢顯著下滑，出口產品競爭力大不如前，美國開始意識到要保護國內市場。1962年《貿易擴張法》是二次戰後美國推出的第一個保護主義法案，該法允許政府以國家安全為由對貿

易對手課徵關稅。[6]此外，《貿易擴張法》還設立貿易代表（U.S. Trade Representative, USTR），貿易代表可參與國會聽證，要接受國會監督，如此改變以往關稅談判由總統壟斷，國會無法介入，導致議員無法向選民交代的情況。1974年美國國會再通過《貿易法》，除設置一系列行政部門可用以採取貿易報復的條款外，又創設「快速程序」，即美國國會願意授權總統進行貿易談判，但授權時預先決定貿易談判的範圍。[7]根據1974年《貿易法》，對於未來的貿易談判，總統和國會要先展開磋商，就談判大綱達成共識，再經立法部門以法案形式確認後，總統方可根據授權展開貿易談判。談判後國會僅限於「全案通過」或「全案否決」，而不能逐項表決。對於國會來說，快速程序可以在談判前預先規定談判的方向，故國會議員可以向選民有所交代。但因為政府已獲得授權，未來通常也能得到國會接受，如此外國政府才敢於和美國談判。這是美國參與GATT東京回合談判的法律基礎，後來也成為美國行政部門和立法部門協作參與貿易談判的主要方式（何思因，1994：122-124）。從上述例證可看出，對於政治競爭所制定的遊戲規則，深刻影響不同產業、不同政黨，以及政黨內不同群體如何表達對貿易政策的偏好，進而影響貿易政策的最後決定。而美國不但提供政治制度影響貿易政策的案例，也有豐富而精彩的故事，說明貿易變化對於國內政治的影響，這在下一節會一一展示。

---

[6] 川普的貿易戰，第一波行動是對鋼鐵、鋁課稅，包括來自台灣、南韓、歐盟、日本的產品，雖然當中多數是美國的安全夥伴，但川普的行動卻是根據1962年的《貿易擴張法》，認為這些產品的進口都構成對美國國家安全的威脅。相反的，美國對中國大陸的貿易戰，冠以國安的名義課徵關稅的案例不多，反而多數以「不公平貿易行為」作為增課關稅的理由。

[7] 1934年的《互惠貿易法》是授權在一定關稅下總統可以去談判。然而，貿易談判中牽涉到的議題越來越多，如衛生檢疫、智慧財產權、投資保障等等，已經難以用關稅的範圍去釐清，故過去的《互惠貿易法》難以適用。所以，需要有一個新的授權機制，而國會又不願意讓總統獲得空白支票，遂有「快速程序」的設計。

第四節　貿易的國內政治影響及美國經驗

　　前面所談社會層面和制度層面的分析，皆以國際貿易為因變項，看社會偏好和制度特質如何影響貿易政策的選擇。但是，貿易不但可以是受社會偏好和制度特質影響的因變項，也可以是影響社會偏好和制度特質的自變項。1987年Ronald Rogowski的一篇著作 'Political cleavages and changing exposure to trade'，堪稱用貿易變化解釋國內政治變化的代表作（Rogowski, 1987b）。Rogowski的理論以H-O定理中貿易對不同要素利益分配效果為起點，進一步推論「因貿易受害的要素政治力量縮小，因貿易受益的要素其政治力量擴大」。由此再推演出「貿易變化的受益者必定致力於促進有利於己的變化，貿易變化的受害者則致力於阻礙有害於己的變化」。比如若資本家因為貿易擴大而受益，其影響力提高。或者反過來說，若勞工因貿易萎縮而受利，其影響力也提高。這種影響力的變化，會反映為最後的政治結果，因為政治創業家會組織利益相同的群體，以克服集體行動的障礙（Rogowski, 2000: 319-320）。總而言之，貿易政策固然是不同要素相互競爭的結果，但貿易本身的變化也會反過來影響國內不同要素間的政治力量對比，進而塑造國內的政治競爭和決定國家的政治版圖。

　　詳而言之，Rogowski對要素的分類除了H-O定理的勞動和資本兩要素外，再加上土地一項。他將國家依其經濟發展程度分為先進國家與落後國家，兩者的差別在於資本勞動比，資本勞動比高的屬於先進國家，資本勞動比低的則屬於落後國家。先進國家之間和落後國家之間，再按照地廣人稀或地狹人稠分類，地廣人稀之國土地勞工比高，地狹人稠之國土地勞工比低，此因十九世紀時農業仍然十分重要。不過，Rogowski沒有特別區分都市的勞工和鄉村的農民，此因農民進入都市即成勞工，留在鄉村仍是農民。根據上述兩組概念「先進／落後國家」、「地廣人稀／地狹人

表4-1　Rogowski的四種政經聯盟類型

	高土地勞工比	低土地勞工比
先進國家	階級對抗 豐富要素：土地一資本 （因自由貿易受惠） 稀缺要素：勞工 （因自由貿易受害）	城鄉對抗 豐富要素：勞工一資本 （因自由貿易受惠） 稀缺要素：土地 （因自由貿易受害）
落後國家	城鄉對抗 豐富要素：土地 （因自由貿易受惠） 稀缺要素：勞工一資本 （因自由貿易受害）	階級對抗 豐富要素：勞工 （因自由貿易受惠） 稀缺要素：土地一資本 （因自由貿易受害）

資料來源：Rogowski (2000: 320).

稠」，可分出四種國家類型，再根據三個要素間在貿易變化下的合縱連橫，勾勒出各國國內主要的政治分歧。如此可開展為資本家和地主同一陣線與勞工相抗衡的「階級對抗」，或是資本家和勞工同一陣線與地主相抗衡的「城鄉對抗」，這個主要政治分歧會進一步決定國家的政黨競爭結構和政治發展方向（Rogowski, 2000: 321）。

　　在此基礎上，Rogowski用十九世紀貿易擴張來解釋英國民權改革、美國民粹主義運動和德國俾斯麥時代的國家社會主義。他認為十九世紀的英國地狹人稠，且當時工業領先世界的英國可歸於先進國家，資本和勞力都屬於豐富要素，形成城鄉對抗的格局。由於資本和勞力都受惠於自由貿易，遂有兩者合作推動1832年《民權法案》，把部分農村的席次轉移給城市，反轉農村被過度代表而城市代表不足的結構。十九世紀美國仍處於資本不足的落後國家階段，而且勞工不足需要移民補充勞力，兩者都屬於稀有要素。相對的，美國中西部大片土地仍待開發，土地屬於豐富要素。因此，十九世紀晚期美國功敗垂成的農民運動主要是推動自由貿易，卻遭遇勞工和資本家結盟捍衛保護主義政策。至於十九世紀晚期的德國仍處於落後國家階段，加上地狹人稠，因此資本和土地同為稀有要素，而勞動力則

為豐富要素。俾斯麥透過貿易保護政策，阻擋外國商品和農產品進入德國，建立「鐵麥結合」（marriage of iron and rye）的帝國執政基礎，又推動社會保險相關立法（如失業救濟、退休金、醫療保險等）緩和勞工的反抗（Rogowski, 2000: 322）。

同樣的，Rogowski也用二十世紀初期的貿易萎縮作為自變項，來解釋美國羅斯福時代的新政，以及西歐和日本的法西斯主義。首先，到1930年代美國已成為先進國家，資本和土地同為豐富要素，但因當時貿易萎縮，屬於稀有要素的勞工權力驟升，遂能改變過去自由放任的政策，推動許多保護勞工的社會立法。其次，1930年代德國已成為先進國家，資本和勞工同樣是豐富要素。但因貿易萎縮，屬於稀有要素的地主權力驟升，讓具有強烈保守特質的興登堡和希特勒勝選取得政權，而納粹政權的早期政策也明顯惠及鄉村階層。第三，1930年代的日本仍處於落後國家階段，加上東亞國家地狹人稠的特質，資本和土地皆屬於稀有要素，在貿易萎縮的情況下權力上升，壓制蓬勃發展的勞工運動，這是當時日本軍國主義興起的階級基礎（Rogowski, 2000: 325）。

雖然Rogowski提出諸多歷史證據，但沒有觸及十九世紀中期的美國，而二十一世紀美國貿易政策和政黨競爭，則在Rogowski的研究問世後，這些沒有被Rogowski的研究所涵蓋的歷史發展，有些與Rogowski的模型不盡相合，值得深入探討。首先，Rogowski沒有提到南北戰爭，但南北戰爭的爆發和雙方對貿易政策的相反立場聯甚深。南北戰爭發生前，北方財富主要來自於東北部的工商業，而當時的兩項主要產品（鋼鐵和紡織）分別面臨產能過剩和來自英國的激烈競爭，正需要政府課關稅保護。相反的，南方主要依賴棉花出口，出口地又以英國為最大宗，自然不希望因為美國課徵關稅受到英國報復（Moore，譯本1987：92、99-101）。換句話說，南北雙方會走向戰爭，對於自由貿易的不同立場至為關鍵。至於十九世紀晚期農民運動的功敗垂成，Paul Krugman認為受到鄉村和都市間的隔閡、農民和移民間的隔閡，以及貧窮白人和黑人間的

隔閡，讓農民和勞工無法團結，再加上眾多移民和南方黑人沒有投票權
（Krugman，譯本2008：34-41），未必如Rogowski所稱，因為勞工和資
本家聯手對抗農民。

　　進入二十一世紀，伴隨中國大陸加入世貿組織後對美出口激增，嚴
重衝擊美國製造業，特別是原本受到限額保護的紡織業，因為世貿組織要
求限額保護必須於2005年失效，引發紡織業全面恐慌。為此，美國紡織
業多個團體於2004年下半年聯合向國會議員遊說，要求限制中國大陸的服
裝進口。面對紡織業的壓力，尋求連任的小布希總統於選前同意受理紡織
業實施防衛機制的請求。獲得連任後，在上百位國會議員壓力下，小布
希政府和中國大陸訂定新的紡織品進口協定，規定從2005～2008年自中
國大陸輸入紡織品每年成長不超過7.5%（王勇，2007：179-187）。按照
Rogowski的推論，貿易擴張時作為美國豐富要素的資本家和地主應該可
以克服勞工的反對，擴大自由貿易的範圍。然而，向來和資本家親近的共
和黨卻為紡織業延長保護，自是受到紡織業位於共和黨關鍵票倉的南北卡
羅萊納州所影響。足見，除了階級對抗或城鄉分歧外，產業所在的地理區
位對於貿易政策的政黨分歧也具有深刻影響。

　　從地理來看貿易政策的國內分歧，也於十餘年後川普競選美國總統
時再次印證。2016年川普以廢除跨太平洋夥伴貿易協定和懲罰中國大陸
不公平貿易行為號召，得到鐵鏽帶工人轉向支持，贏得總統選戰。中國
大陸商品席捲全球，造成歐美國家製造業工人失業的現象，已有「中國
衝擊」（China Shock）之說。經濟學者David Autor等人的研究估計，從
1999～2011年，因為中國大陸進入世界貿易組織導致美國製造業失業人
口近一百萬人，占同時期製造業失業人口20%（Autor et al., 2016; Lipton,
2018）。「中國衝擊」導致製造業工作職位從美國中心地帶流失，特別是
東部的中心地帶（也就是一般所稱的鐵鏽帶），新的工作機會則集中於東
西兩岸。雖然東西兩岸也面臨製造業流失，但仍有來自新興服務業為數眾
多的工作機會彌補。就業機會的地理位置變化造成政治光譜向右極偏移的

選民增加，溫和的中間選民日益減少，導致在競爭激烈的國會選區共和黨優勢顯著成長，總統選舉共和黨得票顯著成長（Caporaso, 2022; Autor et al., 2019；Autor et al., 2020）。從二十一世紀美國貿易政治的例證中看出，個別要素固然會因其稟賦特質而展現對貿易政策的偏好，地理因素卻會影響不同要素間的聯盟。但這究竟是因為美國特殊的選舉制度（以選舉人票而非總票數決定選舉結果），還是可以普世皆準的定理，還有待於更多國家案例的觀察和研究。

第五節　結論

　　作為一種市場干預，貿易政策必須具備經濟的合理性。從經濟層面看，貿易會導致本國豐富要素獲益而令稀缺要素受害，貿易也有助於提供擴大規模的市場，讓部分企業基於規模經濟取得寡占地位。因此，政府會採取補償稀缺要素的貿易政策，也希望協助企業在全球寡占市場取得優勢。此外，國際貿易也會影響國家的外在安全環境。研究者關心貿易是否有助於創造和平，但現實經驗則顯示友好關係有助於貿易。這是因為兩國貿易會因雙方是友是敵而增進或減損本國安全，同時，兩國若政體相近和外交政策相近，自然容易促進雙邊貿易關係。這些皆顯示安全關係影響貿易關係遠多於貿易關係影響安全關係，而後者更多時候是為特定貿易政策提供合理化的說法。若要探究不同利益團體對貿易政策的偏好，可依要素或產業有所不同。以要素言，稀缺要素反對貿易而豐富要素贊成貿易。以產業言，受進口品競爭產業偏好貿易保護而依賴出口產業則偏好自由貿易。至於利益團體偏好如何轉為貿易政策，夕陽產業模型認為保護政策由夕陽產業希望保護程度和消費者忍受程度的平衡決定，中間選民模型認為因為政黨向中間選民靠攏，貿易政策也會由中間選民決定，兜售保護模型認為貿易保護會受政治人物對政治捐獻的需要和遊說團體的選民規模兩個

因素決定。這三種模型各有所長，都不脫從利益競爭的角度決定貿易保護的平衡點，但利益競爭不可能在真空環境下發生，因此，要全面理解貿易政策，還需要探究政治制度對利益表達的限制與所提供的機會。

關於制度特徵對貿易政策的影響，大致可以分為民主制度內的差異和貿易自由化之間的關係以及民主制度和非民主制度推動貿易自由化的差異兩個方面的研究。關於民主制度之中哪些制度特徵更有助於推進貿易自由化，學者的研究認為比例代表制、內閣制、強政黨和大選舉區較能承受自由貿易帶來的衝擊。關於不同政體類型對於推動自由貿易的比較，學者的研究則聚焦於決定政權歸屬的推選人，推選人範圍愈大，偏好自由貿易的大多數人愈能決定政權歸屬，愈容易走上自由貿易，這可得出民主政體比非民主政體更傾向推動自由貿易的結論。更進一步說，貿易不但可以是受社會偏好和制度特質影響的因變項，也可以是影響社會偏好和制度特質的自變項。基於要素稀缺或豐富時的貿易政策偏好，十九世紀貿易擴張可以解釋英國民權改革、美國民粹主義運動和德國俾斯麥時代的國家社會主義，二十世紀三〇年代的貿易萎縮同樣可以解釋美國羅斯福時代的新政，以及西歐和日本的法西斯主義。運用同樣的方法看二十一世紀的美國貿易政治，則發現地理因素是要素稟賦之外的重要因素，但這究竟是因為美國特殊的選舉制度還是可以普世皆準的定理，則有待於更多國家案例的觀察和研究。

參考書目

王勇（2007）。《中美經貿關係》。北京：中國市場出版社。

左正東（2012）。〈中新自由貿易協定的貿易安全連結〉。《政治學報》，第54期，頁81-105。

何思因（1994）。《美國貿易政治》。台北：時英出版社。

余淼杰（2009）。《國際貿易的政治經濟學分析：理論模型與計量實證》。北京：北京大學出版社。

劉碧珍、陳添枝、翁永和（2012）。《國際貿易導論》。台北：雙葉書廊。

Anonymous (2019). Bully for you. *The Economist, 431*(9146), 70-71.

Autor, David, David Dorn & Gordon Hanson (2016). The China shock: Learning from labor-market adjustment to large changes in trade. *Annual Review of Economics, 8*, 205-240.

Autor, David, David Dorn, & Gordon Hanson (2019). When work disappears: Manufacturing Decline and the Falling Marriage Market Value of Young Men. *American Economic Review: Insights, 1*(2), 161-178.

Autor, David, David Dorn, Gordon Hanson, & Kaveh Majlesi (2020). Importing political polarization: the electoral consequences of rising trade exposure. *American Economic Review, 110*(10), 3139-3183.

Barbieri, Katherine & Gerald Schneider (1999). Globalization and Peace: Assessing New Directions in the Study of Trade and Conflict. *Journal of Peace Research, 36*(4), 387-404.

Bearce, David H. & Sawa Omori (2005). How Do Commercial Institutions Promote Peace?. *Journal of Peace Research, 42*(6), 659-678.

Bliss, Harry & Bruce Russett (1998). Democratic Trading Partners: The Liberal Connection, 1962-1989. *Journal of Politics, 60*(4), 1126-1147.

Caporaso, James (2022). Commerce, jobs and politics: the impact of the USA–China trade on USA domestic politics. *International Trade, Politics and Development*.

Dixon, William J. & Bruce E. Moon (1993). Political Similarity and American Foreign Trade Patterns. *Political Research Quarterly, 46*(1), 5-25.

Ehrlich, Sean D. (2007). Access to protection: Domestic institutions and trade policy in

democracies. *International Organization, 61*(3), 571-605.

Geddes, Barbara (1994). Challenging the conventional wisdom. *Journal of Democracy, 5*(4), pp. 104-118.

Gowa, Joanne & Edward D. Mansfield (1993). Power Politics and International Trade. *American Political Science Review, 87*(2), 408-420.

Gowa, Joanne (1989). Bipolarity, Multipolarity, and Free Trade. *American Political Science Review, 83*(4), 1245-1256.

Grossman, Gene M. & Elhanan Helpman (1994). Protection for Sale. *The American Economic Review, 84*(4), 833-850.

Hankla, Charles R. & Daniel Kuthy (2013). Economic liberalism in illiberal regimes: Authoritarian variation and the political economy of trade. *International Studies Quarterly, 57*(3), 492-504.

Hillman, A. L. (1982). Declining industries and political-support protectionist motives. *The American Economic Review, 72*(5), 1180-1187.

Keshk, Omar M. G., Brian M. Pollins, & Rafael Reuveny (2004). Trade Still Follows the Flag: The Primacy of Politics in a Simultaneous Model of Interdependence and Armed Conflict. *Journal of Politics, 66*(4), 1155-1179.

Kono, D. Y. (2006). Optimal obfuscation: Democracy and trade policy transparency. *American Political Science Review, 100*(3), 369-384.

Krugman, Paul (2007). *The Conscience of a Liberal*. New York: W. W. Norton. 中文譯本：吳國卿（2008）。《下一個榮景：當經濟遇上政治》。台北：時報出版社。

Lipton, Gabe (2018). The Elusive "Better Deal" with China. *The Atlantic*. August 15 2018. https://www.theatlantic.com/international/archive/2018/08/china-trump-trade-united-states/567526/.

Magee, Stephen P., William Brock, & Leslie Young (1989). *Black Hole Tariffs and Endogenous Policy Theory*. Cambridge: Cambridge University Press.

Mansfield, Edward D. & Jon C. Pevehouse (2000). Trade Blocs, Trade Flows, and International Conflict. *International Organization, 54*(4), 775-808.

Mansfield, Edward D. & Rachel Bronson (1997). Alliances, Preferential Trading Arrangements, and International Trade. *American Political Science Review, 91*(1), 94-107.

Mayer, Wolfgang (1984). Endogenous tariff formation. *The American Economic Review, 74*(5), 970-985.

Milner, Helen V. & Keiko Kubota (2005). Why the move to free trade? Democracy and trade policy in the developing countries. *International organization, 59*(1), 107-143.

Moore, Barrington (1966). *Social Origins of Dictatorship and Democracy: Lord and Peasant in the Making of the Modern World.* Boston, MA: Beacon Press. 中文譯本：拓夫、張東東譯（1987）。《民主和專制的社會起源》。北京：華夏出版社。

Oneal, John R. & Bruce M. Russett (1997). The Classical Liberals Were Right: Democracy, Interdependence, and Conflict, 1950-1985. *International Studies Quarterly, 41*(2), 267-293.

Polachek, Solomon William (1980). Conflict and Trade. *Journal of Conflict Resolution, 24*(1), 55-78.

Pollins, Brian M. (1989). Does Trade Still Follow the Flag?. *American Political Science Review, 83*(2), 465-480.

Rodrik, Dani (1992). The rush to free trade in the developing world: Why so late? Why now? Will it last?. NBER Working Paper No.3947. Cambridge, Mass: National Bureau of Economic Research.

Rogowski, Ronald (1987a). Trade and the variety of democratic institutions. *International Organization, 41*(2), 203-223.

Rogowski, Ronald (1987b). Political cleavages and changing exposure to trade. *American Political Science Review, 81*(4), 1121-1137.

Rogowski, Ronald (2000). Commerce and Coalitions: How Trade Affects Domestic Political Alignments, In Jeffry A. Frieden & David A. Lake (eds.), *International Political Economy: Perspective on Global Power and Wealth* (pp. 318-326). London: Routledge.

Staiger, R. W. (2018). Non-tariff measures and the WTO. In Ben Zissimos (eds.), *The WTO and Economic Development* (pp. 1-56). Cambridge: MIT Press.

Stigler, George J. (1971). The theory of economic regulation. *The Bell Journal of Economics and Management Science, 2*(1), 3-21.

Chapter

5

區域經濟整合

2016年6月英國公投決定脫離歐盟後，英國社會對脫歐決定依然意見分歧，而且，對於脫歐的態度已經成為英國社會的主要分歧。不過，英國政府沒有因此而對區域整合採取全然拒絕的態度。相反的，脫歐後的英國與歐盟以外的國家積極展開自由貿易協定談判。這樣的企圖心在脫歐公投後即已展現，當時保守黨政府設置國際貿易部，為脫歐後的各項貿易協定談判做準備。一方面，對於原本以歐盟成員身分簽署的自由貿易協定，多數以暫時沿用原有協定的方式延續，對於需要更新的協定則適時更新。另一方面，英國不但參加跨太平洋夥伴全面進步協定（Comprehensive and Progressive Agreement for Trans-Pacific Partnership, CPTPP）的談判，並展開和美國及印度的自由貿易協定談判，雖然後兩者都涉及複雜的技術問題，如美歐間原有的食品安全標準差異，或印度複雜的貿易保護政策，但能夠開啟與兩國的貿易談判，都展現英國對於參與亞太地區貿易網絡的強烈興趣（Anonymous, 2022）。短短五、六年間，英國的積極行動已有顯著成果，截至2022年初英國共累積38個簽署完成的區域貿易協定，領先所有個別國家，儼然成為自由貿易的領航者。

　　歐盟本是全球區域整合的典範，但是，英國社會對於脫歐的情感糾葛並沒有阻擋英國尋求與其他國家簽署自由貿易協定，這是因為自由貿易與否不是英國脫歐議題的核心，脫歐成為主要的社會分歧更多涉及倫敦和布魯塞爾間的權力移轉，以及這個權力移轉在英國當下的文化意涵。換句說，區域整合計畫固然以經濟利益極大化的為目標，但不能忽略其背後深刻的政治與文化意涵。此外，自由貿易協定涉及複雜的技術性議題，往往需要冗長的談判時間，更說明投入談判所展現的主事者決心。本章先回顧區域整合的歷史，並介紹學界關於區域整合的研究成果，從歷史和理論來看區域整合過程涉及的經濟因素和政治因素。接著本章說明世貿組織對自由貿易協定的相關規定，以及自由貿易協定的重要議題，就自由貿易協定極其複雜的程序性問題和技術性問題，嘗試提供簡單的整理。

第一節　區域整合的歷史

　　自1990年代自由貿易協定快速增加以來，一般的看法認為區域經濟整合和世界貿易組織下的貿易談判是推進全球貿易自由化的兩條路徑，前者是在特定地理範圍內提供優惠貿易待遇，後者則是全球範圍內的普遍貿易開放。然而，回顧長時間帶的歷史，要讓本國商人在海外獲得優惠待遇常常是透過帝國擴張，直到十八、十九世紀推動貿易自由化的方式才改為仰賴雙邊貿易條約，而且這些條約通常由特定地理範圍內的國家間簽署。相對而言，1947年之後關稅貿易總協定以全球為範圍，透過最惠國待遇將兩國間的貿易優惠盡可能普遍化，反而是例外（World Trade Organization, 2011: 48-49）。WTO成立後，雙邊和多邊自由貿易協定又超過全球貿易談判，成為貿易自由化的主要方式。事實上，從1992年開始，每年簽署區域貿易協定的數量就不斷提升，到2009年達到最高，然後每年簽署數量慢慢下降，但整體數量仍持續上升，到2021年新簽署的區域貿易協定又爆量增長，成為歷來單年新增最高的一年，遠超過前一波最高峰2009年的新增數量。

　　十九世紀最早的區域整合計畫出現在德意志的城邦之間，1820年代晚期德意志出現三個關稅同盟，分別是巴伐利亞和符騰堡關稅同盟（Bavaria-Württemberg Customs Union）（1827）、普魯士和黑森關稅同盟（Prussia-Hesse-Darmstadt Customs Union）（1828）以及中德商業同盟（Central German Union）（1828）。1834年巴伐利亞符騰堡關稅同盟和普魯士黑森關稅同盟合併，加上其他一些新加入的城邦，成為德意志關稅同盟（Deutscher Zollverein），並在其後的二十年將德意志全境城邦盡皆納為成員（Ploeckl, 2010）。相對而言，英國採取不同的貿易自由化策略，先是於1840年代起推出大量的單邊貿易自由化措施，進一步尋求和歐洲大陸國家間的合作，終於1860年和法國簽署Cobden-Chevalier Treaty。

《伊登條約》的互惠關稅減讓和非歧視性原則，激發部分歐陸國家通過雙邊貿易條約加入貿易自由化行列。然而，隨著新興統一的義大利與德意志紛紛以高關稅保護國內市場，處於快速工業化初期的美國也維持保護主義，再加上殖民地擴張競爭，貿易自由化的浪潮漸緩（World Trade Organization, 2011: 49-50）。換個角度來看，十九世紀的區域整合是德國為抗衡英國的發展策略，而雙邊貿易條約則是英國為突破德國區域整合的擴張策略。兩者皆有優惠貿易措施的特質，但相較於德國的整合計畫限定於德意志的地理範圍，英國的貿易條約在地理範圍更具備擴張性和意圖超越締約雙方的非歧視性。

二十世紀三〇年代是另一個區域整合興盛的時代，這源自於1880年代以降西方國家在世界各地建立殖民帝國，開啟殖民母國對殖民地原物料和市場的控制。1929年經濟大蕭條後全球興起保護主義浪潮，各個殖民母國紛紛將殖民地納入優惠關稅範圍，1932年英國和其殖民地間建立的「帝國關貿優先權」（Imperial Preferences）[1]開創先河，取消英國與帝國外國家的自由貿易協定，象徵英國放棄長期採取的非歧視性貿易政策（World Trade Organization, 2011: 50）。其他殖民帝國隨之仿效，推動帝國內的經濟整合。與此同時，荷蘭、丹麥、挪威、瑞典建立荷蘭和北歐經濟同盟（Dutch-Scandinavian Economic Pact），德國推動建立「帝國馬克貨幣區」（Reichsmark Bloc），透過和東南歐國家簽訂雙邊協定，將這些國家納入德國的經濟範圍，以實現德國經濟的自給自足，類似的做法也可見於當時日本企圖建立的大東亞共榮圈。然而，德國的做法引發部分東南歐國家的疑慮，這些新興獨立國家不希望再度陷入被外國控制的命運，致力於經濟獨立，避免國家資產流入外國控制，這是二十世紀經濟民族主義的濫觴。

---

[1] 一說認為「帝國關貿優先權」來自 1903 年張伯倫（Joseph Chamberlain）的倡議，希望以此對抗採取保護主義的德國和美國。

　　二次戰後，全球接連出現三波區域整合的浪潮。[2]第一波是1950～
1960年代以歐洲為中心的區域整合浪潮，西歐國家除了陸續推動歐洲
煤鋼共同體（European Coal and Steel Community）和歐洲經濟共同體
（European Economic Community）外，也和所屬殖民地建立優惠貿易安
排。歐洲整合運動激發在整合運動外的瑞典、挪威和瑞士等國建立相對
的貿易集團「歐洲自由貿易協會」（European Free Trade Association），
並刺激非洲、南美洲和南亞建立類似的區域聯盟。第二波區域整合浪潮
始於1980年代中期，可見於歐洲、美洲、亞洲、非洲新一波的區域整合計
畫。當時歐洲推動單一市場計畫，正逢東歐國家推動市場自由化，兩者為
歐洲整合提供新的動力，到1992年《馬斯垂克條約》簽署和歐洲共同體建
立邁向高峰。與此同時，美國、加拿大、墨西哥陸續簽署雙邊自由貿易協
定，繼而於1994年簽署《北美自由貿易協定》（North American Free Trade
Agreement, NAFTA），一個由世界最大經濟體領導的巨型市場隨之誕生。
另外，1990年代初期中南美洲出現三個自由貿易區，分別是1991年阿根
廷、巴西、烏拉圭、巴拉圭建立的南錐共同體（MERCOSUR），1993年
薩爾瓦多、宏都拉斯、瓜地馬拉、尼加拉瓜重建的中美洲自由貿易區[3]，
和同年玻利維亞、厄瓜多、哥倫比亞和委內瑞拉建立的安地斯自由貿易
區，這三個自由貿易區相互競爭，成為中南美洲貿易自由化的推動力量。

　　與中南美洲相似，非洲的發展也呈現次區域整合先行的趨勢。除
了1975年建立的西非經濟共同體（Economic Community of West African
States）外，1990年代起陸續又有三個整合計畫，分別是1992年建立的南
部非洲發展共同體（Southern African Development Community）、1994年
建立的東南非共同市場（Common Market for Eastern and Southern Africa）

---

[2]　三波區域整合浪潮的介紹，參考 World Trade Organization（2011: 52-53）。

[3]　薩爾瓦多、宏都拉斯、瓜地馬拉和尼加拉瓜曾於1960年建立中美洲共同市場（Central
　　American Common Market），但因宏都拉斯和薩爾瓦多爆發戰爭，加上債務危機與
　　部分國家採取保護主義措施，該共同市場於1980年代中期暫停運作。

和2000年重建的東非共同體（East African Community）。[4]與美洲和非洲的整合計畫相較，1980～1990年代亞太地區的區域整合計畫地理範圍和整合企圖相對有限，主要是1983年建立的紐澳緊密經濟關係貿易協定（New Zealand - Australian Closer Economic Relation Trade Agreement）和1992年的東協自由貿易區（ASEAN Free Trade Area），其他無論是1985年成立的南亞區域合作聯盟（South Asian Association for Regional Cooperation）還是1989年成立的亞太經濟合作組織（Asia Pacific Economic Cooperation, APEC），都只是區域協作和對話機制，沒有進行實質整合的企圖。

　　始自於2000年的第三波區域整合浪潮，和第二波浪潮幾乎是接連而來。2000年以後，雙邊與多邊自由貿易協定出現爆炸性成長，以多邊自由貿易協定來說，1990年以前全世界有19個多邊自由貿易協定，但到2010年，全世界的多邊自由貿易協定成長到100個上下，其中有50個左右是2000年以後簽署。雙邊自由貿易協定的成長更為驚人，1990年以前全世界只有3個雙邊自由貿易協定，但到2010年全世界已有超過100個雙邊自由貿易協定，其中70個左右是2000年以後簽署。雖然第三波區域整合浪潮到2010年後逐漸趨緩，每年簽署區域貿易協定的數量不再成長，區域貿易協定的總數量還是不斷上升。截至2022年3月中，全球已生效的區域貿易協定共有354個。以區域來看，歐洲是區域貿易協定簽署最多的區域，簽署貿易協定數量超過150個。其次是東亞，簽署貿易協定數量100個，再來是南美洲，簽署區域貿易協定數量約70個左右。若排除歐盟（46）和歐洲自由貿易協會（33）兩個積極簽署區域貿易協定的國家群，個別國家簽署區域貿易協定最多的分別是英國（38）、智利（31）、新加坡（27）、土耳其（24）和墨西哥（23）。[5]

---

[4] 東非共同體本由肯亞、烏干達、坦尚尼亞、蒲隆地、盧安達、南蘇丹和剛果民主共和國於1967年組成，為期十年，後因坦尚尼亞和烏干達的衝突，於1977年解散。2000年重建的東非共同體則由坦尚尼亞、烏干達和肯亞三國發起。

[5] 以上統計來自世界貿易組織區域貿易資料庫，查詢時間為2022年3月17日（World Trade Organization. n. d. c）。

　　二十一世紀以來，東亞地區成為全球區域經濟整合和自由貿易協定簽署最為活躍的地區。在東亞國家之間，以新加坡、日本和韓國簽署雙邊自由貿易協定最為積極。至於多邊自由貿易協定，2002年以後，中國大陸、日本、南韓、紐澳、印度先後和東南亞國家協會提升經貿合作關係，簽訂經濟夥伴架構協定，建立5個「東協加一」的自由貿易協定。2015年，由美國領導的跨太平洋夥伴協定（Trans Pacific Partnership Agreement, TPP）完成簽署，其中包含日本、越南、馬來西亞、汶萊和新加坡五個東亞國家，後來美國退出，該協定另於2018年重新簽署，成為「跨太平洋夥伴全面進步協定」（CPTPP）。到2020年，東南亞國家協會對外簽署的4個「東協加一」更整合為「區域全面經濟夥伴協定」（Regional Comprehensive Economic Partnership, RCEP）。[6]整體而言，2000年後的區域整合浪潮，有兩個重要特質，第一，前兩波的區域整合浪

表5-1　各國自由貿易協定簽署數量排行前十名及其簽署國地理位置

（截至2022年4月）

	總數	歐洲	美洲	亞洲	非洲	大洋洲	跨洲多邊協定
英國	38	11	7	10	9	1	0
智利	31	3	13	10	0	1	4
新加坡	27	3	4	14	0	3	3
土耳其	24	10	1	8	4	0	1
墨西哥	23	3	15	2	0	0	3
秘魯	21	3	10	4	0	1	3
南韓	20	3	6	7	0	2	2
日本	18	3	3	10	0	1	1
巴拿馬	18	3	12	3	0	0	0
印度	17	0	2	13	1	0	1
澳洲	17	0	3	9	0	4	1

附註：第十名與第十一名數量相同

資料來源：WTO RTA Database, http://rtais.wto.org/UI/publicPreDefRepByCountry.aspx

---

[6] 後來印度退出談判，RCEP成為只有4個東協加一共15個國家簽署的貿易協定。

潮之中，相關的自由貿易協定簽署國絕大多數都在同一個地理區域，但
2000年後的雙邊自由貿易協定簽署國很多不在同一個地理區域，如南韓的
第一個自由貿易協定夥伴便是南美洲的智利，相似的案例不勝枚舉。其
次，前兩波的區域整合浪潮之中，有部分整合計畫以邁向政治統合為最終
目標。但是，2000年後的自由貿易協定浪潮，無論雙邊或多邊協定都沒有
邁向政治統合的企圖，絕大多數甚至也沒有要建立單一市場，目的只是降
低關稅壁壘和非關稅貿易障礙。可以說，當前大多數的區域經濟整合都是
純粹的貿易自由化方案。

第二節　區域經濟整合的理論

　　對於區域整合的理論探討，向來有經濟取向和政治取向兩種觀點
（Bowles and MacLean, 1996: 319-348）。經濟取向的理論關切區域整合
所帶來的福利效果。對此，最經典的著作莫過於1950年Jacob Viner提出的
「貿易創造」（Trade Creation）和「貿易轉移」（Trade Diversion）兩種
區域整合的貿易效果。按照經濟學家的推演，兩國之間貿易障礙的減少會
促進專業化生產和生產效率提升，進而帶來兩國社會福祉的提升。以此而
論，如果區域整合帶來的是區域內國家之間「貿易創造」的效果，將有助
於成員國福祉提升，反過來說，若是區域整合帶來的是貿易從原本具有
生產效率的區域外國家移轉至較不具生產效率的區域內國家，則會造成區
域內國家的福祉降低（Viner, 1950）。循此而論，區域整合的經濟效果也
可以從整合之前的區域內貿易和區域外貿易的比例觀察而得，若整合前區
域內貿易比例低，整合後帶來「貿易移轉」效果的可能性較高，其造成福
利降低的可能性較高。反過來說，若整合前區域內貿易比例高，整合後帶
來「貿易創造」效果的可能性較高，其所帶來的福利提升效果也較明顯
（Meltzer, 1991; Bowles and MacLean, 1996: 319-348）。

　　當然，經濟取向的理論觀點容易忽略形成區域整合的過程問題，也假設決策者以整體經濟福祉為推動整合計畫時的主要政策目標，並有能力判斷經濟整合計畫所帶來的經濟福利變化（Bowles and MacLean, 1996: 324, 330; Brada and Méndez, 1993: 183）。這個假設和事實有顯著的差距。在很多情況下，決策者並非理性，既無法在對於整合計畫經濟效益所做的不同研究之間做出正確判斷，也往往無法抗拒利益團體的壓力，避免對經濟福祉有所扭曲的整合計畫（Gilpin, 2000: 345-346），這令政治取向的研究觀點格外重要。作為政治取向的研究觀點，二次戰後對區域整合的研究不少以歐洲整合的成功經驗為基礎，強調化解歷史宿怨和保持區域自主是推進歐洲整合發展的重要動力（Mitrany, 1966）。且此一進程一旦展開，將可因為功能合作所帶來的外溢效果，帶動區域整合鞏固深化，這被認為是歐洲整合成功的關鍵（Haas, 1970: 627-628）。鑑於九〇年代以來日益蓬勃的區域主義浪潮，國際關係新自由主義學者們將視野轉向國內政治，認為如何平衡提升總體經濟福祉和包容具有政治實力的產業利益，以及如何克服各國國內反對力量以促進全球的自由化改革，對於區域貿易集團的形成至為重要，同樣重要的因素則為國內制度對於不同利益和決策者偏好如何轉化為最終政策的塑造效果（Mansfield and Milner, 1999: 602-608）。

　　此外，部分學者嘗試從建構主義來理解和詮釋區域主義的發展，特別對於區域範圍的界定和區域制度形成和政經發展模式的選擇，建構主義所提供的解釋都令人耳目一新。如Gordon MacLeod 主張區域成為財富累積中心反映的是生產活動的去區域化（de-terrorization）和再區域化（re-terrorization），而去區域化和再區域化之所以可行，也是基於以集體詮釋和社會互動來重新理解區域之界定（MacLeod, 2001: 805, 811-812）。另一方面，Amitav Acharya則強調長期的社會互動有助於塑造規範和認同，進而創造強烈的區域意識，這是東協組織所以日益壯大並成為東亞區域經濟整合中心的基礎（Acharya, 1997: 320）。Acharya的觀點，具有相當的

啟發性，也帶動一波以建構主義研究東協的風潮。不過，鑑於晚近以來諸多雙邊自由貿易協定既無政治整合的企圖，且為地理遙遠和文化相異的兩造所簽署，塑造區域認同的地理與文化因素是否能解釋蓬勃發展的自由貿易協定，不無疑問。只是，這絕非表示經濟因素足以解釋雙邊自由貿易協定形成的全部。事實上，由於國家是簽訂自由貿易協定的主體，而國家行為背後的驅動力量政治因素所扮演的角色絕對不亞於經濟因素，即便是經濟因素，也需要從權力的觀點來理解。以下分別從國內政治、強權競爭和全球貿易談判三個方面，探討影響一國自由貿易協定策略的重要因素。

　　第一，對於簽訂自由貿易協定的政治因素，大致可以分為外交政策的需要、官僚部門的立場，以及確保國內改革。從外交政策的考量來看，國家簽訂自由貿易協定往往為了增進與夥伴國之間的關係（Capling, 2008: 33; Dent, 2003: 16-17），或是共同抗衡其他多邊或雙邊自由貿易協定，像是當北美自由貿易區與歐盟經濟整合日漸成熟時，東亞開始出現洽簽自由貿易協定的風潮（Kawai, 2005: 36; Findlay, 2004: 78）。運作完善的自由貿易協定，能提高其成員國在區域或全球的地位，提高成員國的議價籌碼，迫使其他國家在經貿談判上的讓步（Dent, 2007: 466-467; Kawai, 2005: 37）。其次，國家對於自由貿易協定的簽署偏好，也可能受到國內官僚部門立場不一的影響，無論是要進行多邊或是雙邊談判（Corning, 2009: 650），或是要給予哪一個合作國家較多的優惠等（Krauss, 2003: 314-315），都與國內不同部門之間的角力有關（Pempel & Urata, 2006: 76）。另外，有些國家會希望透過自由貿易協定的談判和簽署，學習他國的經濟制度，從而加速國內經濟改革，特別是迫使保護主義盛行的部門進行改革，裨利於將國家政策制度化（Dent, 2003: 14），像日本與澳洲運用自由貿易協定迫使國內農業部門對外開放，即是著名案例（Capling, 2008: 32; Manger, 2005: 806; Pempel and Urata, 2006: 77）。

　　第二，對於國際強權競爭與自由貿易協定的關係，學者已注意到自由貿易協定對於地緣政治平衡的重要性（Desker, 2004: 14）。在東亞地

區，中國大陸與日本在東亞的競爭關係，使日本在中國大陸與東協國家簽訂自由貿易協定後，馬上積極與東協展開談判（Corning, 2009: 642-643; Sally, 2006: 315; Terada, 2003: 270; Yoshimatsu, 2005: 228-230; Capling, 2008: 34; Desker, 2004: 13; Yue, 2004: 15），並因而改變過去對農業部門的保護立場（Yoshimatsu, 2006: 494-495），學者Kawai總結東亞的區域整合情況，認為這是中國大陸和日韓三方皆希望與東協進行合作之下的骨牌效應（domino effect）結果（Kawai, 2005: 40）。同樣的，強權政治也會對自由貿易協定帶來影響。有時大國會對他國簽不簽署自由貿易協定進行干涉，如美國說服澳洲必須與日本進行經濟合作（Capling, 2008: 34-35; Walton, 2006: 603）。大國也可能本身就是簽署國，把自由貿易協定當作國內政策之延伸，將自我利益和與貿易無關的議題納入自由貿易協定之中（Desker, 2004: 6），或是以此拉近與其他國家的關係。大國也有可能透過簽署自由貿易協定來展現國力與區域影響力，並透過自由貿易協定所建立的網絡關係來加強既有的聯盟體系，像是小布希時代美國的自由貿易協定策略，因為不希望拉丁美洲國家施行保護主義，而將美洲自由貿易區的簽訂列為優先目標，比對於北美自由貿易區更加重視（Carranza, 2004: 323）。而且，不僅大國有意主導，小國也有意跟隨，以避免經濟危機發生時必須獨自面對的窘境（Stubbs, 2002: 449）。正因如此，大國的態度對自由貿易協定的進展扮演相當關鍵的角色，像是2007年時美國政府因為國會對於貿易協定談判的快速授權程序到期，一度無法參與跨太平洋戰略經濟夥伴協定（Trans-Pacific Strategic Economic Partnership Agreement, TPSEP），也延緩了此一協定的進程（Dent, 2007: 451）。

　　第三，從全球貿易談判的角度來看，學者普遍認為WTO杜哈回合的談判不斷延宕，使各國採取其他方式來加速貿易自由化，造成自由貿易協定如雨後春筍般出現（Capling, 2008: 31; Dent, 2007: 452; Aggarwal & Koo, 2005: 190; Aggarwal & Ravenhill, 2001: 2; Desker, 2004: 4）。Desker認為，雖然WTO談判較符合不歧視的精神，但在效率上不及自由貿易協

定（Desker, 2004: 8-11），而且，自由貿易協定是一種次多邊的談判，相較於WTO架構下的多邊談判所需付出的代價少，複雜程度也較低，可以避免搭便車的合作者（Aggarwal & Koo, 2005: 193）。此外，WTO在實踐上形成一種以強權政治為基礎的運作模式，不易滿足小國與非政府組織的需要。因此，小國特別需要透過自由貿易協定來促進發展。只是，即便在簽訂自由貿易協定上，小國同樣因為缺乏規模經濟，處於一定程度的競爭劣勢（Low, 2003: 101, 105）。國家在選擇自由貿易協定的夥伴時，會傾向與經濟實力較好之國家進行談判（Corning, 2009: 650-651）。進入合作夥伴的市場以及透過合作夥伴增加進入第三國市場的機會，也是選擇自由貿易協定夥伴的重要因素。像是日本希望透過與新加坡的合作來提高與東協國家的合作機會（Pempel and Urata, 2006: 77）或是中國大陸希望透過與泰國之間的合作與讓利來吸引東協其他國家與之合作（Chantasasawat, 2006: 98）。

正如前述，區域整合既有經濟利益極大化的目標，也需處理所涉及的政治與文化意涵，現有的研究對於經濟因素和政治因素的互動，已提供豐富的線索。然而，在宏觀的政治經濟脈絡之下，區域整合還需要處理複雜的程序性和技術性問題，下面兩節分別介紹。

第三節　WTO與區域經濟整合

關於區域經濟整合的類型，一般參考匈牙利裔學者Bela Blassa提出的「經濟整合四階段」，認為經濟整合的演化是從「優惠貿易協定」，到「自由貿易區」，再到「關稅同盟」和「共同市場」，最後達到「經濟同盟」，成為完全經濟整合。優惠貿易協定只是涵蓋若干產品的協定，而自由貿易區的涵蓋面則是全面性的。GATT的條文就用「自由貿易區」一詞，強調全面性的關稅優惠。「優惠貿易協定」如美國早期對於從菲律賓蔗糖

進口的優惠，或是像歐洲國家對於非洲國家的關稅優惠，那都是單方面、限定在特定商品的。關稅同盟的成員國間不只降低關稅與非關稅障礙，還要採取共同一致的對外關稅。共同市場除了貨品貿易、服務貿易外，還要進一步打破要素移動限制，讓人員資金自由流通，形成要素的單一市場。最後，經濟同盟指會員國在共同市場的基礎上，進一步採取共同的貿易、貨幣、財稅政策，甚至發行共同貨幣，消弭各自市場運作的差異，達到完全整合的經濟體（劉碧珍等，2012：278-281）。此外，區域經濟整合依照其整合程度又可分為淺度整合和深度整合。淺度整合強調所有的整合措施都是「邊境措施」，即產品或要素進入一國時該國所加諸的限制，如果只針對邊境措施進行自由化，即稱為「淺度整合」。至於產品或要素進入一國後所面臨的各項管制措施則稱為「邊境內措施」，若區域經濟整合要求成員國對「邊境內措施」也要大幅改變，這就進入「深度整合」的範圍。如果用這個分類來看現有的區域經濟整合計畫，絕大多數都屬於淺度整合，因為大部分的貿易協定都只處理邊境措施（洪財隆，2017：38）。

世界貿易組織對於區域經濟整合的規範，主要是GATT第24條和1979年GATT通過的授權條款（Enabling Clause）。GATT第24條規定，「若為推動關稅同盟或自由貿易區，可捨棄最惠國待遇的限制」。從本質來看，關稅同盟或自由貿易區與世貿組織的根本原則最惠國待遇是相互牴觸的，區域經濟整合能夠成為最惠國待遇的例外，主要考量在GATT成立以前已經存在部分區域性的貿易安排，如美國對菲律賓的特殊關稅優惠。也因為GATT的例外規定，GATT成立後，類似的區域貿易組織持續出現（Rubin, 1981: 224）。同樣的，1979年通過的授權條款是針對已經行之有年的普遍優惠關稅（Generalized System of Preference, GSP），對於後者賦予永久合法地位。普遍優惠關稅制度本是對低度開發國家提供關稅優惠，這不符合最惠國待遇原則。1965年時，GATT締約國用附加條款規定為滿足開發中國家需要可採取非互惠原則。1971年時，GATT再通過決議，免除最惠國待遇對普遍優惠關稅的限制，但豁免期間以十年為限。直

到1979年東京回合通過授權條款，讓普遍優惠關稅制度可以永久豁免最惠國待遇的限制（Congressional Research Service, 2021: 3-4）。其實，自GATT成立以來，開發中國家對國際貿易現狀抱怨不斷，他們認為GATT無法改變已經存在的區域貿易安排，而且開發中國家和已開發國家間差距顯著，GATT的不歧視原則實質上對開發中國家構成歧視。為舒緩開發中國家的不滿，已開發國家遂採取普遍優惠關稅制度，讓開發中國家透過向已開發國家出口商品追求經濟發展。雖然，普遍優惠關稅制度被認為是最惠國待遇的例外，但當這個例外在1979年變成永久規定時，已開發國家對最惠國待遇的看法也隨之動搖，認為區別性的貿易安排是對開發中國家和已開發國家都有吸引力的制度，不應再限於少數例外，而是應該考慮改變最惠國待遇作為GATT根本原則的地位（Rubin, 1981: 225-226）。

因此，自由貿易協定要符合WTO規範，必須綜合GATT第24條和授權條款來看。按照GATT第24條的規定，設置自由貿易區必須符合三項條件，一是不能對非自由貿易區成員國採取更嚴格的貿易障礙，只能夠消除自由貿易區成員國之間的貿易障礙。二是自由貿易區必須對絕大多數貿易消除障礙。所謂「絕大多數」，雖然GATT沒有明確規定，一般認為是90%。三是若成員國為成立自由貿易區簽署過渡協定，必須於一段合理時間內完成，而根據1994年的釋義書，所謂一段合理時間是十年。其次，1979年GATT通過的「授權條款」，其中規定「開發中國家之間，優惠貿易協定不必納入絕大部分的貿易」，排除GATT第24條「絕大多數」的自由化門檻要求，以滿足需要適時保護國內市場、無法完全自由化的開發中國家。許多開發中國家簽署的區域貿易協定都以「授權條款」為基礎，當中非常多貿易協定其關稅減讓範圍遠低於90%。[7]回過來想，為什麼GATT

---

[7] 2020年9月，WTO審查的四個開發中國家簽署的區域貿易協定，分別是南方共同市場與非洲關稅同盟間的優惠貿易協定、東協南韓自由貿易協定、印度阿富汗優惠貿易協定和埃及加入東南歐共同市場，根據WTO公布的訊息，南方共同市場與非洲關稅同盟的優惠貿易協定關稅減讓範圍不到70%，印度阿富汗優惠貿易協定的關稅減讓範圍則是50%（World Trade Organization, 2020）。WTO, "WTO members review

要規定自由貿易區必須消除「絕大多數」的貿易障礙呢？因為這可提高簽署自由貿易協定的門檻，從而避免自由貿易區過度浮濫，或成為讓少數部門交換保護，以滿足特定政治目的的工具。同時，對於過渡協議則要求在通報時，提出計畫與降稅時間表，以落實合理期間內完成絕大部分貿易自由化的規定（洪財隆，2017：38）。

　　要貫徹WTO對自由貿易協定的規範，需要有相應的執行程序，這正是WTO設置透明化機制的目的。WTO成立後，凡自由貿易協定簽訂後，都必須交由WTO審查。1996年到2006年間，WTO採取「事後審查制」，以確保自由貿易協定具備足夠的透明度和符合WTO規範。[8]當時將自由貿易協定分三種類型，一是貨品貿易，一是服務貿易，一是開發中國家間基於授權條款的自由貿易協定。貨品貿易的自由貿易協定提交貨品貿易理事會（Council for Trade in Goods），而且一定要審查。服務貿易的自由貿易協定提交服務貿易理事會（Council for Trade in Services），但不一定要審查，只有當會員國請求時才會進行審查。開發中國家的自由貿易協定，則提交貿易與發展委員會（Committee on Trade and Development），同樣可以不必審查。至於實際的審查工作，則由「區域貿易協定委員會」（Committee on Regional Trade Agreement）負責。根據GATT第24條和服務貿易總協定（General Agreement on Trade in Services, GATS）第5條，「區域貿易協定委員會」對送審自由貿易協定的系統性議題進行審查，所謂系統性議題指該自由貿易協定對整個全球貿易體系帶來的影響。審查分為三個部分，一是對WTO相關條款的法律分析，二是將送審自由貿易協定和其他自由貿易協定進行比較，三是就該自由貿易協定的時空條件和經濟面向進行辯論。在經過三個途徑的審查後，由秘書處進行報告，再由委

---

four regional trade agreements between developing countries," WTO, September 29, 2020, https://www.wto.org/english/news_e/news20_e/rta_29sep20_e.htm

[8] 以下對 1996 ～ 2006 年間自由貿易協定審查的介紹來自世界貿易組織（World Trade Organization, n. d. a）。

員會透過諮商討論同意後，再送交相關的理事會決定是否採納。

　　然而，由於WTO成員間缺乏共識，從1996年到2006年沒有任何一件自由貿易協定審查完成，WTO遂於2006年建立新的透明化機制，將事後審查改為事前通報，最初稱作暫行機制，到2015年變成常設機制。[9]這個新的機制要求成員進入自由貿易協定的兩個時點應向WTO祕書處通報，這兩個時點分別是貿易協定談判前和協定簽署後施行前，而且，無論是貨品貿易、服務貿易或是開發中國家間的自由貿易協定，都必須要通報。進行談判前的通報稱為「早期通知」（Early Announcement），協定簽署後的通報稱為「通知」（Notification）。貨品貿易和服務貿易由區域貿易委員會調查，開發中國家間的自由貿易協定由貿易與發展委員會調查。根據委員會的調查，WTO祕書處提出事實報告。事實報告提出後的一年內，其他成員國可以提問批評。這個過程稱為考量（Consideration）而非如2006年前的程序稱為審查（Examination），以強調是資訊透明化而不是由其他成員決定個別成員自由貿易協定的命運。同時，對於違反WTO的自由貿易協定，WTO成員也可訴請爭端解決機制進行仲裁。不過，由於大多數WTO成員都有簽署數量不一的自由貿易協定，再加上搭便車的心理，會員一般會避免出面質疑其他成員的自由貿易協定。因此，真正受到指控違反WTO的個案相當有限（洪財隆，2017：86-88）。

第四節　區域貿易協定的重要議題

　　自2016年以來，全球陸續通過兩個巨型區域貿易協定和一個中大型區域貿易協定，為全球各地區的區域經濟整合創造強大的示範作用。這兩個巨型貿易協定分別是2018年簽署的跨太平洋夥伴全面進步協定

---

[9] 以下對 2006 年以後自由貿易協定透明化機制的介紹參考（World Trade Organization, n.d.b）。

（CPTPP），和2020年簽署的區域全面經濟夥伴協定（RCEP），一個
中大型協議則是2020年簽署的美墨加貿易協定（U.S.-Mexico-Canada
Agreement, USMCA）。這三個貿易協定涵蓋的內容除了貨品貿易、服
務貿易、投資外，大概包含下列諸項：原產地證明、海關程序與貿易促
進、食品安全檢驗與動植物防疫檢疫措施、技術貿易壁壘、臨時入境、
貿易救濟、智慧財產權、電子商務、中小企業、競爭政策、政府採購。
另外，CPTPP和USMCA還有金融、電信、勞動、環境、透明反貪等，而
USMCA則特設總體經濟政策和匯率政策專章。

　　區域貿易協定的專業問題不勝枚舉，舉其大者有原產地規則、非關
稅措施和競爭政策。首先，原產地規則（Rule of Origin, ROO）為區分進
口貨物的來源，用以認定該貨品國籍的規則。根據1974年《京都公約》
和GATT的《原產地規則協定》（Agreement on Rules of Origin），產品若
完全在一國內生產，即以該國為原產國。若生產過程涉及兩國或兩國以
上，則以使產品內容發生實質轉型的所在國為產地國。更進一步說，實質
變更又分為依關稅稅則號列變更發生地、依特定生產程序發生地和依附加
價值百分比決定三種方式。在自由貿易協定中規定原產地規則具有三個可
能的效果，一是避免非協定成員國借道成員國，享受成員國間優惠關稅的
搭便車行為，這樣的行為稱為「迂迴貿易」（trade deflection）行為；二
是運用複雜的原產地規則增加協定成員國的出口成本，降低其運用協定優
惠的誘因；三是要求遵守原產地規則可促進協定成員間的產業連結，用以
扶植國內關鍵性中間原材料產業（林培洲，2004：253-257）。

　　早期的自由貿易協定如北美自由貿易協定對原產地要求的比例高達
50～60%，後來的自由貿易協定下降到40%左右，造成本地產業恐慌，遂
提出不同的應對策略。一是嚴格規定特定產品的認定範圍，讓廠商必須向
協定成員國採購，以此促進協定成員國的產業成長。如TPP談判時對紡織
業規定「從紗開始」（yarn forward），從上游紡紗階段開始就要求區內
原產。一是採取「區域累積原則」（regional cumulation），從任何一個

成員國進口的原物料和中間零組件,都可算成本國產品的成分,如此鼓勵成員國間建立產業鏈,特別是具有跨國生產供應鏈特質的產業,更是主要受惠產業(洪財隆,2017:78-79)。當然,若原產地規則過於嚴格,可能造成企業的額外負擔,特別是中小企業,結果反而影響自由貿易協定的使用率(洪財隆,2017:79-81)。

其次,隨著全球平均關稅率大幅下降,以及眾多自由貿易協定將超過成員間90%貨品關稅歸零,非關稅措施日益成為影響國際貿易的主要關鍵。非關稅貿易措施包括在進口方面的技術性措施(檢驗檢疫、技術性障礙、裝運前檢查等)和非技術性措施(價格管制、數量限制、進口許可證、補貼、反傾銷措施)等,以及在出口方面的出口補貼、配額等,往往會對貨品貿易流通、交易價格與經濟效果造成影響。根據聯合國貿易暨發展會議(UN Conference on Trade and Development, UNCTAD)對於非關稅措施的分類研究,各國採取的非關稅措施以檢驗檢疫採用的情況最為普遍,其次是技術性貿易障礙,這兩項即超過六成,而先進國家運用檢驗檢疫的情況又甚於發展中國家(王文娟,2016:36-40;UNCTAD, 2012:1-52)。

從1945年到2020年各國簽署的650個左右的區域貿易協定中,超過半數有檢驗檢疫和技術性貿易障礙的條款或專章,其中有42個自由貿易協定要推動檢驗檢疫法規的全面調和(full harmonization),但只有3個自由貿易協定要推動技術性貿易障礙的全面調和,另有38個自由貿易協定要推動技術性貿易障礙的部分調和。究其原因,一是東歐國家為加入歐盟而將檢疫檢驗法規全面向歐盟現有法規調和,一是因為「食品安全檢驗與動植物防疫檢疫措施協定」(WTO Agreement on the Application of Sanitary and Phytosanitary Measures)比「技術性貿易障礙協定」(WTO Agreement on Technical Barriers to Trade)的規範明確程度更高。根據WTO的檢疫檢驗協定,所謂的「檢驗檢疫」國際規範指國際食品法典委員會(Codex Alimentarius Commission)、國際植物保護公約(International Plant

Protection Convention, IPPC）、世界動物衛生組織（World Organisation for Animal Health, OIE）的標準，除非是基於科學理由，方能採取更為嚴格的措施。但是，WTO的技術性貿易障礙協定雖然要求採取國際標準，卻沒有指明何謂國際標準，哪個國際組織制定的標準可稱為國際標準（UNCTAD, 2020: 4）。

再來，競爭政策本為國內事務，但如企業併購、具有網絡外部性特質產業的個別企業或聯合壟斷，往往具有跨境影響，足以影響貿易自由化帶來的成果。因此，二次戰後國際貿易組織談判時即嘗試建立應對反競爭企業行為的合作架構。目前，在世貿組織架構下，競爭政策散見於GATT1994、服務貿易總協定（General Agreement on Trade in Services, GATS）、與貿易有關的智慧財產權協定（Agreement on Trade-Related Aspects of Intellectual Property Rights, TRIPs）、與貿易有關的投資措施協定（Agreement on Trade-Related Investment Measures, TRIMs）以及政府採購協定（Agreement on Government Procurement, GPA）（OECD, 2019: 5-6）。自由貿易協定對競爭政策的規定，大抵有三種途徑，一是歐洲途徑（European Approach），包括歐盟和歐洲自由貿易協會（European Free Trade Association）簽署的自由貿易協定，都在協定中規定禁止特定的反競爭行為，這些規定通常符合歐盟或歐洲自由貿易協會本身的規定，但不會對成員間如何合作協調作出安排；二是北美自由貿易區途徑（NAFTA approach），在自由貿易協定對於執行反競爭法如何協調合作作出安排，也會另章規範國有企業和壟斷經營的企業，但不規定特定的反競爭行為；三是大洋洲途徑（Oceanian Approach），比如《澳紐緊密經濟關係貿易協定》（Australia and New Zealand Closer Economic Relations Trade Agreement, ANZCERTA）只規定如何協調雙方競爭政策的執行，如調查、研究和避免重複（OECD, 2019: 5-6）。

最後，美國川普總統任內和墨西哥、加拿大重啟談判，將《北美自由貿易協定》改為《美墨加貿易協定》。其中第32條第10款規定「如果任

何一個締約國和非市場國家簽訂自由貿易協定,則其他締約國可以於六個月內終止本協定,改為雙邊自由貿易協定。」按照這個條款,假設加拿大和中國大陸簽訂自由貿易協定,美國和墨西哥就可將原協定改成美墨雙邊自由貿易協定。美國商務部長將此條款稱為「毒丸條款」(Poison Pill Clause)(Lawder & Freifeld, 2018)。不少人認為,這個條款是針對加拿大,因為加拿大已經和中國大陸簽訂雙邊投資保障協定,雙方有可能向前再跨一步,簽署自由貿易協定。中國大陸的出口品和墨西哥高度重疊,雙方簽署自由貿易協定的可能性較低。當然,也有可能中國大陸和美國簽自由貿協定,但於此情況墨西哥與加拿大也不可能將原本的三邊協定改為雙邊協定,因為兩國出口市場都在美國。

然而,這個條款可能會違反WTO第24條第二項「不得對非成員提高新的貿易障礙」的規定,且毒丸條款對於自由貿易協定的形成並非必要(Lan, 2020)。進一步深究,此處所謂「非市場國」所指為何?按該協定規定,「只要任一締約國將該國視為非市場經濟國」即可。因此,就算加拿大把中國大陸視為市場經濟體也不行,因為只要美國或墨西哥認為中國大陸是非市場經濟體,加拿大和中國大陸簽署自由貿易協定即會觸及本條。截至2021年底,美國認定全世界仍有11個國家是非市場經濟體,其中包括已和加拿大簽署自由貿易協定的越南。顯然,美墨加三方已注意到這個問題,遂於前述第32條之10寫道,所謂「非市場國」指「無締約國和該國已簽署自由貿易協定」,以簽訂在後的協定不能拘束之前行為的概念,讓加拿大和越南的自由貿易協定可以得到豁免。整體而論,區域貿易協定的重要議題涉及層面廣泛,本章囿於篇幅所限,只能舉其大者說明,要全面探討有待於更加專門的論著,從個別議題詳細闡述。

第五節　結論

　　二次戰後，全球接連出現三波區域整合的浪潮。第一波是1950～1960年代以歐洲為中心的區域整合浪潮，並刺激非洲、南美洲和南亞建立類似的區域聯盟。第二波區域整合浪潮始於1980年代中期，可見於歐洲、美洲、非洲和亞洲新一波的區域整合計畫。始於2000年的第三波區域整合浪潮，和第二波浪潮幾乎是接連而來。這波區域整合浪潮呈現為雙邊與多邊自由貿易協定爆炸性成長，且不像前兩波的區域整合浪潮，第三波自由貿易協定簽署國很多不在同一地理區域，且沒有邁向政治統合的企圖，甚至沒有要建立共同市場。整體而言，第三波區域整合浪潮到2010年後逐漸趨緩，每年簽署區域貿易協定的數量不再成長，但區域貿易協定的總數量還是不斷上升。對於區域整合的理論探討，向來有經濟取向和政治取向兩種觀點。經濟取向的理論關切區域整合所帶來的福利效果，如「貿易創造」和「貿易轉移」即是學者提出兩種區域整合的貿易效果。政治取向的理論不少圍繞歐洲整合的成功經驗，從功能合作的外溢效果到談判過程平衡總體福祉與產業利益，後來更援引建構主義詮釋區域主義的發展。對居於第三波區域主義浪潮核心的區域貿易協定，學者則發展出從國內政治、強權競爭和全球貿易談判三個面向的解釋途徑。

　　世界貿易組織對於區域經濟整合的規範，主要是GATT第24條和1979年GATT通過的授權條款。按照GATT第24條的規定，設置自由貿易區必須符合三項條件，一是不能對非自由貿易區成員國採取更嚴格的貿易障礙，只能夠消除自由貿易區成員國之間的貿易障礙；二是自由貿易區必須對絕大多數的貿易消除障礙；三是若成員國為成立自由貿易區簽署過渡協定，必須於一定時間內完成。其次，1979年GATT通過的「授權條款」規定「開發中國家之間，優惠貿易協定不必納入絕大部分的貿易」，排除GATT第24條「絕大多數」的自由化門檻要求，以滿足需要適時保護國

內市場、無法完全自由的開發中國家。為貫徹WTO對自由貿易協定的規範，WTO設置透明化機制，要求成員在貿易協定談判前和協定簽署後施行前，都要向WTO進行通報。至於區域貿易協定的重要議題，舉其大者有原產地規則、非關稅措施和競爭政策。關於原產地規則，早期自由貿易協定對原產地要求高達50～60%，後來下降到40%左右，造成本地產業恐慌，遂提出兩種應對策略，一是嚴格規定特定產品的認定範圍，一是採取區域累積原則。在非關稅措施之中，檢驗檢疫相關議題最受區域貿易協定關注，其次為技術性貿易障礙。不過，兩者規範清楚程度不同，WTO檢驗檢疫協定明文規定檢驗檢疫的國際規範指國際食品法典委員會、國際植物保護公約、世界動物衛生組織的標準，但技術性貿易障礙則沒有指名特定的國際標準。最後，世界貿易組織對競爭政策的規範散見於服務貿易總協定、智慧財產權協定、投資措施協定和政府採購協定，但自由貿易協定關於競爭政策有的規定反競爭行為，有的規定簽署國間的協調合作，在各個協定間差異很大。當然，區域貿易協定的重要議題涉及層面廣泛，上述介紹只是舉其大者說明，要全面探討有待於更加專門的論著，從個別議題詳細闡述。

參考書目

王文娟（2016）。〈非關稅措施的貿易保護效果：對兩岸經濟合作架構協議之意涵〉。《遠景交流基金會季刊》，第17卷第1期，頁33-72。

林培洲（2004）。〈比較國際區域貿易協定之優惠原產地規則兼論東亞經濟整合對我國之影響〉。《貿易政策論叢》，第2期，頁251-283。

洪財隆（2017）。《邊緣戰略：台灣和區域經濟整合的虛與實》。台北：允辰文化。

劉碧珍、陳添枝、翁永和（2012）。《國際貿易導論》。台北：雙葉書廊。

Acharya, Amitav (1997). Ideas, Identity, and Institution-Building: from the ASEAN Way to the Asia-Pacific Way. *Pacific Review, 10*(3), 319-346.

Aggarwal, V. K. & Ravenhill J. (2001). Undermining the WTO: the Case against "Open Sectoralism." *Asia-Pacific Issues, 50*, 1-6.

Aggarwal, V. K. & Min Gyo Koo (2005). Beyond Network Power? The Dynamics of Formal Economic Integration in Northeast Asia. *The Pacific Review, 18*(2), 189-216.

Anonymous (2022). A More Flexible Approach. *The Economist, 442*(9285), 25-26

Bowles, Paul & Brian MacLean (1996). Understanding Trade Bloc Formation: The Case of the ASEAN Free Trade Area. *Review of International Political Economy, 3*(2), 319-348.

Brada, Josef C. & José A. Méndez (1993). Political and Economic Factors in Regional Economic Integration. *Kyklos, 46*, 183-201.

Capling, Ann (2008). Preferential Trade Agreements as Instruments of Foreign Policy. *The Pacific Review, 21*(1), 27-43.

Carranza, Mario E. (2004). Mercosur and the End Game of the FTAA Negotiations: Challenges and Prospects after the Argentine Crisis. *Third World Quarterly, 25*(2), 319-337.

Chantasasawat, Busakorn (2006). Burgeoning Sino-Thai Relations: Heightening Cooperation, Sustaining Economic Security. *China: An International Journal, 4*(1), 86-112.

Congressional Research Service (2021). *Generalized System of Preference (GSP): Overview and Issues for Congress.* (CRS Report No. RL33663). Washington, DC:

Congressional Research Service.

Corning, Gregory P. (2009). Between Bilateralism and Regionalism in East Asia the ASEAN Japan Comprehensive Economic Partnership. *The Pacific Review, 22*(5), 639-665.

Dent, Christopher M. (2003). Networking the Region: the Emergence and the Impact of Asia-Pacific Bilateral Free Trade Agreement Projects. *The Pacific Review, 16*(1), 1-28.

Dent, Christopher M. (2007). Full Circle Ideas and Ordeals of Creating a Free Trade Area of the Asia-Pacific. *The Pacific Review, 20*(4), 447-474.

Desker, Barry (2004). In Defence of FTAs- from Purity to Pragmatism in East Asia. *The Pacific Review, 17*(1), 3-26.

Findlay, Christopher (2004). China and the FTA Route to Reform. *Taiwanese Journal of Australian Studies, V*, 73-96.

Gilpin, Robert (2000). *Global Political Economy: Understanding the International Economic Order*. Princeton: Princeton University.

Haas, Ernst (1970). The Study of Regional Integration: Reflections on the Joy and Anguish of Pretheorizing. *International Organization, 24*(4), 606-646.

Kawai, Masahiro (2005). East Asian Economic Regionalism Progress and Challenge. *Journal of Asian Economics, 16*(1), 29-55.

Krauss, Ellis S. (2003). The US, Japan, and Trade Liberalization: from Bilateralism to regional Multilateralism to Regionalism +. *The Pacific Review, 16*(3), 307-329.

Lan, Gil (2020). The "Poison Pill" in the USMCA: The Erosion of WTO Principles and Its Implications under a US-China Trade War. *Vanderbilt Journal of Transnational Law, 53*(4), 1265-1326.

Lawder, David & Karen Freifeld (2018). Exclusive: U.S. Commerce's Ross eyes anti-China 'poison pill' for new trade deals. *Reuters*. October 6 2018. https://www.reuters.com/article/us-usa-trade-ross-exclusive-idUSKCN1MF2HJ

Low, Linda (2003). Policy Dilemmas in Singapore's RTA Strategy. *The Pacific Review, 16*(1), 99-127.

MacLeod, Gordon (2001). New Regionalism Reconsidered: Globalization and the Remaking of Political Economic Space. *International Journal of Urban and Regional Research, 25*(4), 804-829.

Manger, Mark (2005). Competition and Bilateralism in Trade Policy: The Case of Japan's Free Trade Agreements. *Review of International Political Economy, 12*(5), 804-828.

Mansfield, Edward & Helen V. Milner (1999). The New Wave of Regionalism. *International Organization, 53*(3), 594-626.

Meltzer, A. (1991). U.S. Leadership and Post-War Progress. Paper present at the Symposium of Pol-icy Implications of Trade and Currency Zones. August 22-24. Kansas City: Federal Reserve Bank of Kansas City. https://www.kansascityfed. org/research/jackson-hole-economic-symposium/policy-implications-of-trade-and-currency-zones/.

Mitrany, David (1966). *A Working Peace System*. Chicago: Quadrangle.

OECD (2019). *Competition Policy, Trade and the Global Economy: An overview of existing WTO elements, commitments in regional trade agreements, some current challenges and issues for reflection*. Paris: Organisation for Economic Cooperation and Development.

Pempel, T. J., & Shujiro Urata (2006). Japan: a New Move Toward Bilateral Trade Agreements. In Vinod Aggarawal & Shujiro Urata (eds.), *Bilateral Trade Agreements in the Asia-Pacific* (pp. 75-94). London: Routledge.

Ploeckl, Florian (2010). The Zollverein and the Formation of a Customs Union. Oxford Economic and Social History Working Papers _084. Oxford: University of Oxford, Department of Economics.

Rubin, Seymour J. (1981). Most-Favored-Nation Treatment and the Multilateral Trade Negotiations: a Quiet Revolution. *Maryland Journal of international Law, 6*(2), 221-241.

Sally, R. (2006). Free Trade Agreements and the Prospects for Regional Integration in East Asia. *Asian Economic Policy Review, 1*(2), 306-321.

Stubbs, Richard (2002). ASEAN plus Three Emerging East Asia Regionalism. *Asian Survey, 42*(3), 440-455.

Terada, T. (2003). Constructing an "East Asia" Concept and Growing Regional Identity: from EAEC to ASEAN+3. *The Pacific Review, 16*(2), 251-77

UNCTAD (2012). Classification of Non-Tariff Measures: 2012 Version. New York & Geneva: United Nations. http:// unctad.org/en/PublicationsLibrary/ditctab20122_ en.pdf.

UNCTAD (2020). *How to Encode Non-Tariff Measures in Regional Trade Agreements?*. New York: United Nations.

Viner, Jacob (1950). *The Customs Union Issue*. New York: Carnegie Endowment for International Peace.

Walton, David (2006). Future Directions in Australia–Japan Relations: an Australian Perspective. *Australian Journal of International Affairs, 60*(4), 598-605.

World Trade Organization (2011). *World Trade Report 2011: WTO and Preferential Trade Agreements: From Co-existence to Coherence*. Geneva: World Trade Organization.

World Trade Organization (2020). WTO members review four regional trade agreements between developing countries. https://www.wto.org/english/news_e/news20_e/rta_29sep20_e.htm.

World Trade Organization (n. d. a). Committee on Regional Trade Agreement, Historical Background on Committee Work (1996-2006). https://www.wto.org/english/tratop_e/region_e/historical_background_rta_e.htm.

World Trade Organization (n. d. b). Transparency Mechanism for RTAs. https://www.wto.org/english/tratop_e/region_e/trans_mecha_e.htm.

World Trade Organization (n. d. c). Regional Trade Agreements Database. http://rtais.wto.org/UI/publicPreDefRepByCountry.aspx

Yoshimatsu, Hidetaka. (2005). Political Leadership, Informality, and Regional Integration in East Asia: the Evolution of ASEAN Plus Three. *European Journal of East Asian Studies, 4*(2), 205-232.

Yoshimatsu, Hidetaka. (2006). The Politics of Japan's Free Trade Agreement. *Journal of Contemporary Asia, 36*(4), 479-499.

Yue, Chia-slow. (2004). Economic Cooperation and Integration in East Asia. *Asia-Pacific Review, 11*(1), 1-19.

Chapter

6

跨國企業與國際投資

2021年9月，墨西哥政府勒令美國孟特拉（Monterra）能源公司在墨西哥的儲油槽關閉，孟特拉公司則根據美墨加貿易協定尋求國際仲裁。本案緣起於2014年墨西哥政府開放外國企業投資能源業，孟特拉隨後向墨西哥投資建設儲油設備，以進口美國原油在墨西哥銷售。然而2018年歐布拉多（López Obrador）當選墨西哥總統後，一反前任政府的開放做法，大力扶持本國石油業，對陷入債務困境的國營墨西哥石油公司（Petróleos Mexicanos, Pemex）傾力援助，對於外資則嚴格審計加強限制，終有2021年9月孟特拉儲油槽被迫關閉之事。2010年代後期到2020年代初期，外國投資受挫於地主國法規和政策限制的情況日益頻繁，原因之一是部分國家扶持本國產業，要求外資配合或根本排除外資。如法國要求Google和本國航太公司泰雷茲（Thales）合作建立主權雲端服務（Sovereign Cloud），或如印度為和美國電子商務巨擘亞馬遜抗衡而建立電子商務開放網路（Open Network for Digital Commerce）。原因之二則是地緣政治衝突延燒為經濟制裁，如美國禁止華為參與5G建設，並要求美國盟邦採取同步行動。由於保護主義興起和地緣政治衝突上升，全球市場日益分裂化，企業愈來愈依靠國內市場獲利，以美國的情況來說，企業海外獲利占整體獲利比例於2018年時還有24%，到2021年第三季時已降到18%（Anonymous, 2022）。

　　跨國企業跨越不同主權和管轄權，本來需要調適法令規範和管制環境的差異，特別是因為政府換屆帶來的政策變動，更是跨國企業經常需要面對的不確定性。保護主義興起固然加劇全球市場的分裂，但並未改變當代主權國家體制所形成的多元管制結構。倒是地緣政治風險升高，導致以國家安全為名的投資審查大行其道，而新興科技和軍事競賽的緊密連結，更讓技術移轉成為主權國家政府和跨國企業相互角力的熱門議題。以本章先介紹國際投資的現況，繼而回顧解釋國際投資的相關理論，並探討學界關於政策不確定性的相關研究。再來說明關於國際投資的管制措施，最後著墨於跨國投資的國家安全審查和技術移轉議題。

🌐 第一節　跨國企業與國際投資的現況

　　跨國企業意指具有特定國家國籍的企業，在一個以上的其他國家設有子公司並享有部分或全部經營權。跨國企業通常是透過對外直接投資的方式，取得在被投資國的生產、服務或相關設施的部分或全部所有權。當然，對外直接投資的目的產業可以是農業、製造業或服務業，投資形式則可以透過併購和企業聯盟取得既有企業的控制權，也可以透過創設新的企業或建置新的生產設施（Gilpin，中文譯本2004：337-338）。

　　在跨國企業的海外活動類型之中，海外銷售以數量最大宗居冠，再來是海外資產持有，比例最低的是海外僱用。因此，外來投資進來後不一定購買本國資產，更不一定會僱用本國人士。對此，聯合國貿易暨發展會議（UNCTAD）用「跨國性指數」（transnationality index）來衡量跨國企業的跨國活動。「跨國性指數」計算跨國公司海外銷售、僱用和資產持有的比例。通常的做法是調查前100大跨國企業的「跨國性指數」，來看全球大企業跨國活動的變化。2010～2017年，前100大跨國企業的「跨國性指數」維持在65%上下，2019年後跌到60%。這未必是跨國經營的潮流逆轉，而可能因為新興市場跨國企業擠進前100大跨國企業，他們的跨國性比老牌的跨國公司低很多（如沙烏地阿拉伯的國家石油公司和中國大陸的國家電網公司），這也受到一些巨型跨國企業重組（如通用汽車、艾克森美孚、空中巴士等）和拋售海外資產，讓一些海外資產較少的科技和製藥公司擠進前100大跨國企業（United Nations Conference on Trade and Development, 2021: 23-25）。

　　自2008年金融危機以來，全球對外投資每年都維持在1.2兆美元以上，流向已開發國家的投資波動很大，流向開發中國家的金額則相對平穩。多數年度流向已開發國家的投資都超過流向開發中國家，少數的例外情況是2014、2018、2019三年，這三年流向已開發國家和開發中國家的外

來投資金額大抵相近。2020年受到新冠肺炎疫情影響，流向已開發國家的投資大幅減少58%，流向開發中國家的投資受惠於亞洲強勁的恢復動能，外來投資微幅減少8%。整體而言，2020年全球對外投資降到1兆美元，比2019年減少5,000億美金，跌到2005年以來的最低點。

對外投資可分為新設投資（greenfield）[1]、跨國併購（merger & acquisition）和國際項目融資（international project finance）。以過去十年的表現來看，新設投資的金額在三個類別之中一直最高，但2018年後急劇下降。跨國併購在2013年後經歷噴發式成長，雖然2018年大幅下降，但到2019～2020年又相對持平。國際項目融資自2014年後總金額大抵都低於跨國併購，同樣在2018年後急劇下降。在新冠疫情下，新設投資受到的影響最大，且持續萎縮，即使流向開發中國家的新設投資也減少42%。跨國併購和國際項目融資受到的影響相對較小，2020年第四季後已經超過2019年規模，而流向開發中國家的投資，在跨國併購領域沒有減少反而上升（United Nations Conference on Trade and Development, 2021: 2-4, 8）。

再以產業類別來看，過去對外投資主要流向製造業，但近幾年服務業對外投資逐漸增長，自2017年起服務業的投資金額已經超過製造業投資金額。服務業的對外投資與製造業的對外投資性質有很大不同，早期服務業幾乎沒有對外投資，後來服務業開始進行跨國投資，主要是對在海外投資的製造業提供服務，並以銀行、金融、銷售是大宗。晚近越來越多的跨國服務業則不是如此，比如電子商務就是一種新興的跨國服務業，因應電子商務而衍生的需要有倉儲、物流相關服務，這些都是純粹的服務業。至於流向開發中國家的製造業，仍以天然資源相關產業為大宗，但在亞洲已有相當比例投資流向需要高技能的產業。就個別國家和地區來看，吸收外資最多的國家（地區）和對外投資最多的國家（地區）重疊性非常高，而且以已開發國家居於多數。以2020年來說，吸收外來投資前五名

---

[1] 「新設投資」的英文是 greenfield investment，意指要將綠草地剷除蓋上大樓，也就是說該項投資「不是合併」、「不是併購」，不是購買已有的產能，而是新增產能。

表6-1 2020年全球前十大投資目的國和來源國

目的國（地區）	投資金額（億美金）	來源國（地區）	投資金額（億美金）
美國	1,560	中國大陸	1,330
中國大陸	1,490	盧森堡	1,270
香港	1,190	日本	1,160
新加坡	910	香港	1,020
印度	640	美國	930
盧森堡	620	加拿大	490
德國	360	法國	440
愛爾蘭	330	德國	350
墨西哥	290	南韓	320
瑞典	260	新加坡	320

資料來源：UNCTAD (2021: 5, 7)

表6-2 2011～2020 全球各區域外來直接投資流入變化　　單位：億美金

	2011	2012	2013	2014	2015	2016	2017	2018	2019	2020
東亞	2,320	2,140	2,236	2,695	3,206	2,901	2,804	2,757	2,565	3,020
東南亞	859	1,124	1,184	1,295	1,142	1,137	1,546	1,459	1,810	1,359
南亞	443	323	356	414	512	542	516	522	591	709
西亞	646	618	561	443	485	504	498	562	555	625
中亞	198	177	148	138	98	133	87	67	79	65
東歐	811	831	751	626	206	692	645	618	745	336
北歐	1,099	1,446	1,116	1,076	2,712	3,233	1,694	557	1,749	842
南歐	1,403	1,187	1,036	1,196	728	892	970	1,146	833	266
西歐	2,525	1,398	1,449	738	3,664	3,315	2,081	1,389	765	-556
北美洲	2,692	2,421	2,708	2,607	5,113	4,955	3,177	2,617	3,092	1,802
加勒比	26	18	15	35	34	34	43	27	39	25
中美洲	346	309	583	422	466	417	454	448	438	331
南美洲	1,638	1,678	1,267	1,153	1,065	907	1,065	1,024	1,126	518
北非	75	155	127	119	123	138	132	153	137	101
東非	119	156	163	151	142	128	129	133	117	94
中非	24	37	-19	84	179	48	11	25	44	71
南非洲	55	58	92	68	32	29	26	61	52	32
西非	190	162	142	120	101	117	101	80	119	97
大洋洲	651	665	613	632	308	522	484	714	437	242

資料來源：UNCTAD, Bilateral FDI database on flows and stocks, https://unctadstat.unctad.
org/wds/TableViewer/tableView.aspx?ReportId=96740

是美國、中國大陸、香港、新加坡和印度,而對外投資前五名則是中國大陸、盧森堡、日本、香港和美國(United Nations Conference on Trade and Development, 2021: 5,7, 9-10)。整體而言,2010年代晚期到2020年代初期,除了新冠疫情的短期影響外,跨國企業的跨國經營程度下降,且不涉及設備採購和人力僱用的跨國併購超過新設投資,這些都反映國際投資逐漸轉向於無足性的新趨勢。

🌐 第二節　國際投資的理論

對於國際投資行為的原因,學界已經累積豐富的研究成果。根據新古典貿易理論的假設,如果兩國間沒有要素移動,就會以商品貿易進行交換。如果兩國無法貿易,就會以要素移動來代替。按此,作為生產要素的資本移動與商品貿易的效果相當而應該彼此互斥。然而,睽諸第二次世界大戰後的國際貿易發展,一方面產業內貿易躍居國際貿易大宗,一方面商品貿易和跨國投資呈現同步成長。凡此說明,會出現大量的跨國企業,可能源自於不完全競爭的市場特質和企業本身的獨特經驗。固然,市場的不完全競爭特質可能因為政府保護措施所致,企業的經驗也可能來自於長期累積的海外市場經驗(Gilpin,中文譯本2004:339-340)。只是,這些個別原因無法說明全球產業內貿易大幅成長和對外投資大幅擴張同步並進的現象。要探索更有力的解釋,得從二次戰後快速的科技進步尋找答案。

對於企業向外投資行為,1960年代Reymond Vernon提出「產品循環論」和Stephen Hymer提出的「無形資產說」,都是極具開創性的理論探索。「產品循環論」認為所有的商品都有一定的生產週期,從創新、成長、到最後標準化。在不同的階段,產品會適合在不同的地方生產消費。創新階段的產品在科技最領先、工資最高的美國生產消費,到成長期會流向其他高所得國家如西歐和日本,這些地方不但開始消費新產品,也

會接手部分新產品的生產。到標準化期，成本是競爭優勢最關鍵因素，產品大量轉移到低工資國家生產（Vernon, 1966）。Vernon的理論，充分解釋1960年代美國企業海外投資的區位選擇，但對於來自西歐和日本快速增加的對外投資，以及企業本身特質的變化，則缺乏足夠的關照。相對而言，「無形資產說」，就是從企業特質如何影響對外投資嘗試提出解釋。他認為若企業擁有具備公共財特性的無形資產（如專利或品牌），這些資產在多國共享不會減損其在母國的價值，自可向外投資以便創造最大價值（Hymer, 1960）。

進入1970年代，Richard Caves提出「專屬資產論」，其概念與Hymer的無形資產說相近，但更著重該資產對於企業的專屬性（appropriability）。企業資產的專屬性來自長時間累積，如果不及時進入新市場，該新市場會出現新的廠商，進而發展出同樣的資產，抵銷原本擁有專屬資產的企業未來進入該新市場的競爭優勢（Caves, 1971）。在Hymer和Caves的基礎上，Peter Buckley和Mark Casson提出「內部化說」，認為若企業持有的資產因為夥伴尋找、定價問題或交易風險等問題，不適合於企業間交易或在公開市場販售，擁有該資產的企業會轉向透過內部擴張來實現跨國交易（Buckley & Casson, 1976）。1980年代，John Dunning提出綜合理論，用「專屬優勢」（ownership advantage）表達無形資產和專屬資產兩項對外投資的驅動因素，用「區位優勢」（location advantage）表達產品循環論所提出的生產區位特性，用「內部化優勢」（internalization advantage）表達基於交易內部化需要而產生的對外投資驅動因素。Dunning的綜合理論統合從二次戰後到1970年代近三十年對外投資經驗的理論探索，用上述三種優勢解釋對外投資行為，這成為後來研究國際投資最重要的理論，並以三種優勢的頭一個字母稱呼Dunning提出來的綜合理論（OLI Paradigm）（Dunning, 1980）。

國際投資發生後，下一個值得探究的問題便是外來投資是否有助於地主國經濟發展。1960年代Hymer曾提出警告，來自已開發國家的跨國企

業，由於組織龐大、具備高度機動性和掌握壟斷性權利，可以輕易掌握地主國的資源進行掠奪，並在跨國企業內部創造一種科層式的核心邊陲結構，塑造或延續先進國家與後進國家之間的依賴與不平等發展（Hymer, 1960）。由於Hymer英年早逝，以及他強烈的馬克思主義色彩，致使他先驅性的研究成果有很長時間被學界忽略（Gilpin，中文譯本2004：348-350）。不過，對於外資不利於或無助於地主國經濟發展的悲觀論者後繼有人。悲觀論的理由主要有二，一個理由是外來投資可能在地主國造成雙元經濟（Stewart, 1976），或創造僅存於有限地理範圍的飛地式經濟（Gallagher & Zarsky, 2007），兩者皆缺乏和其他地區的有效連結，不足以推動整個經濟體的進步和成長。另一個理由是外來投資可能對本國企業造成不公平競爭，或是因為資本累積過度依賴外資，可能對地主國帶來過高風險，又或者是對地主國的社會文化帶來衝擊，反而不利於經濟發展（張宇燕、李增剛，2008：326-328）。

當然，認為外資有助於地主國經濟發展的樂觀論者所在多有，而且往往從條件論論述外資如何有助於經濟發展。比如著名的「巴格瓦蒂假說」（Bhagwati hypothesis），認為出口導向體制較進口替代體制更能促進外資對地主國經濟發展的貢獻（Kohpaiboon, 2003）。其他有助於外資對本地經濟成長貢獻的條件還有如友善的投資環境和優質的人力資本（Iamsiraroj, 2016）。同時，愈來愈多的研究關注地主國的政治條件，看這些政治條件如何影響外資對本地經濟發展發揮貢獻。比如在南撒哈拉非洲，良善治理被認為是充分實現外資對成長貢獻的關鍵因素（Adeleke, 2014: 111; Ajide, Adeniyi & Raheem, 2014）。其實，政體類型和外來投資的關係一直是政治經濟學家關心的課題。[2]相當多的研究肯定民主政體對外來投資的促進作用，包括提升政府穩定性、避免國內衝突和保障民眾權益，對於吸引外來投資都有顯著貢獻（Busse & Hefeker, 2007）。民主

---

[2] 本段以下的回顧參考 Guerin & Manzocchi（2009）。

政體如果帶來良好的制度，對吸引外資的幫助更為直接，而民主國家之間較為相近的制度距離，也會有助於民主國家之間的資本流動（Bénassy-Quéré et al., 2007）。而且，民主國家不會隨意徵收外資，這對吸引外資穩定外資信心也有相當助益（Jensen, 2006）。不過，也有研究指出，若排除財產權保護因素，開發中國家的民主化反而導致資本流入降低（Li, 2009）。同時，外來投資與民主化之間的關係，也可能是外來投資促進民主化，而不是民主化促進外來投資（Méon & Sekkat, 2007）。另外，許多國際投資流向天然資源豐富的開發中國家，若特別考量天然資源因素，可發現只有當天然資源出口在地主國整體出口一定比例以下，民主化對外來投資才具有顯著的正面促進作用。換句話說，對於天然資源出口大國，是否民主和能否吸引外資，沒有直接關係（Asiedu & Lien, 2011）。

回溯國際投資的發展趨勢，對外直接投資自1980年代起快速成長，許多開發中國家改變早期限制外資流入的政策，外來投資也成為很多開發中國家主要的外來資本來源（Milner, 2014: 1-2）。然而，自2010年以降，許多國家對於外來投資的政策轉趨嚴格。比如，隨著外資流入在國內引起的爭議越來越大，部分國家經常以國家安全為理由限制中國大陸企業對本國企業的併購（Tingley et al., 2015: 33-36）。[3]除了國家安全理由外，國內利益團體對政府外資政策常有不可忽視的影響力。部分研究者借鑑國際貿易理論中的H-O模型，指出由於外資流入帶來生產效率提升以及提供高技術勞工就業機會，因此國內勞工傾向於支持開放外資的政策，國內企業則反對開放（Danzman, 2020: 280）。不過，在現實生活相反的情況經常發生。Erica Owen借助異質企業理論，指出儘管外資流入帶給高技術勞工就業機會，但由於跨國企業的高生產效率，使國內企業面臨出走或倒閉的風險，而流失的工作機會造成非技術勞工失業，因此勞工不一定都會贊成對外資開放（Owen, 2015: 1746-1748）。至於勞工團體能否發揮對政策影響力，

---

[3] 事實上，根據研究，美國在以國家安全為由反對中國大陸企業併購國內企業時，有時會以互惠、國內產業經濟表現作為衡量，「國家安全」有時僅僅為名義上的理由。

還要取決於工會密度與工會集中度（Owen, 2015: 1754-1755）。[4]

　　Danzman則指出國內企業經濟對於外資的偏好視其資金取得能力而定，當政府對國內金融體系控制力較強，與政府有緊密關係的國內企業由於取得信貸較為容易，會反對開放外資的政策；反之，當金融體系改革使國內企業信貸獲取不易，則國內企業會變得比較願意支持對外資開放的政策以獲取資金（Danzman, 2020: 284-287）。至於政府管制外資的措施，除本國立法和政策外，還可透過簽署雙邊投資條約（Bilateral Investment Treaties, BITs）與優惠貿易協定兩者來吸引外資流入。BITs的簽署本質上是國家讓渡部分主權以吸引外資，讓渡主權一事特別顯現於透過第三方仲裁條款來保障跨國企業的投資（Pandya, 2016: 461）。但也因為BITs限制國家主權，愈來愈多國家轉而用優惠貿易協定的方式來鼓勵外來投資。雖然有時候優惠貿易協定也賦予跨國企業在受到政府徵用等情況下訴請第三方仲裁，但很少允許企業在沒有政府支持下直接提起訴訟（Milner, 2014: 6）。

　　對於國際關係研究者，國際投資蘊含的權力意義是至為重要的課題。基本上，國家中心論的觀點認為，跨國企業的競爭力受其母國的政治、經濟、文化方面影響。母國的制度、母國的價值以及母國的政經實力，會充分反映在跨國企業的投資行為與在投資目的地享有的地位（Gilpin，中文譯本2004：351-352）。但是，要將外資所具備的先天優勢落實在具體的投資個案，還需要其他條件配合，這些相關條件包括地主國的能力、跨國企業間的競爭程度和經濟不確定性的排除。首先，地主國是否有足夠能力，對跨國企業能否達成談判目標至為關鍵。一個來自已開發國家的跨國企業到開發中國家投資，能否依其想法進行而不是被迫接受地主國的想法，端視地主國對跨國企業的依賴程度。如果地主國具備足夠能力，對跨國企業

---

[4] 工會密度指的是加入工會的勞工數量比例，越高的工會密度提高勞工群體在面對社會其他階級團體的相對地位，工會集中度則指工會之間的協調，通常少量但大型的工會，相比於多量但小型工會更能協調工會之間意見的分歧。

依賴程度自然較低，也較能夠有效貫徹自己的意志。地主國需要具備的能力主要是管理稅收和管理外籍企業的能力，而前來投資的跨國企業要能夠充分的掌握地主國的能力範圍，知道地主國能管理到什麼程度，才能夠精準要價（Tarzi, 2000: 157-159）。比如在勞力密集產業，因為很多國家都有龐大的勞動力，且跨國企業所需要的投入是很容易移動的固定資本，這讓跨國企業成為具有較高要價地位的一方（Oatley, 2019: 193）。

其次，如果跨國公司數量很多，彼此競爭激烈，那地主國就能提高要價，相反的，若跨國公司數量很少，跨國公司就處於相對有利地位。其實，合理的價格沒有絕對標準，最後的交易價格一定是談判的結果，而這會牽涉到跨國公司間的競爭（Tarzi, 2000: 157, 159-160）。過去二十年，諸多國家爭相對外來投資提供優惠措施，讓跨國企業處於極為優勢的談判地位（Oatley, 2019: 193-194）。

第三，關於經濟不確定性的排除，Vernon提出的「過時談判」（obsolescing bargain）概念（Vernon, 1981: 521; 1971），精確掌握不確定性對雙方談判權力變動的影響。所謂「過時談判」指跨國企業和地主國間的談判，在決定投資前原本有利於跨國企業，然一旦決定投資後跨國企業投入的資產成為地主國手中的人質，地主國會要求跨國企業做出更多有利於地主國的承諾，於是原本的談判成果形同過時（Eden et al., 2005）。Vernon用「過時談判」來描述石油出口國如何擺脫對跨國石油公司資本和科技的依賴，這是因為企業的部分資產會在投資後價值遞減。如果一個公司的資產之中，價值遞減的投資占整體投資的比例高，那麼該公司在談判過程中便會處於不利的位置。在這種情況下，前來投資的跨國企業會希望所有的要價在開始時得到支付；但地主國則希望在經營後再支付，而屆時因為對方已經投資，撤回的代價〔也就是企業已經支付的沉沒成本（sunk cost）〕過高，地主國可以有更高的要價。另外，經濟不確定還牽涉投資成功的機會，這又可細分為固定投資的規模、比重、技術複雜性與行銷複雜性，這幾個因素都會影響到跨國公司跟地主國談判的成敗。當然，地

主國也需要提供一定條件。地主國必須提供的條件常常有兩項，一是土地，一是執照，這些也有不確定性存在（Tarzi, 2000: 157, 160）。

最後，潛在權力要轉換為有利的談判結果，還需要看談判的任一方在實際談判中願不願意、能不能夠使用潛在權力，以達成對自己有利的結果。這裡講的意願和能力，涉及地主國菁英對外資的態度以及決策過程的競爭性。首先，如果地主國菁英對外資很友善、希望爭取外國企業來投資，自然會願意讓外資取得有利條件。其次，決策過程的競爭性涉及有效影響政府外資政策的人數多寡，競爭性愈高個別團體愈不容易有效影響政府決策。通常來說，會影響政府外資政策的除了企業界和工商團體外，也包括不同的社會團體。本國的企業界和工商團體與前來投資的跨國企業之間對於投資機會可能彼此競爭，但對於經商環境的改善則有共同利益。相對而言，地主國的勞工團體和環境健康等社會議題倡議團體，常常處於企業界的對立面。若他們無法參與決策過程，也會削弱地主國政府對跨國企業的談判地位（Tarzi, 2000: 157-158, 162-163）。

第三節　投資全球化的管制

二次戰後對於外來投資的管制，最初來自於新興獨立的開發中國家，這些國家在殖民時代被殖民者掌握本地重要經濟資源，一旦實現獨立自然希望能奪回對於本地經濟資源的控制權，實現政治自主和經濟發展。對於公用事業、金融保險和資源開採等具有壟斷性的行業或工業生產必需的原料，許多新興獨立的發展中國家採取國有化政策，將殖民時代留下來的跨國企業收歸國有。然而，鑑於跨國企業對本地帶來的稅收和就業機會，絕大多數發展中國家不會全面拒絕跨國企業進入，而是採取一定的管制措施，擴大跨國公司對地主國的經濟貢獻。開發中國家採取的措施包括限制跨國企業100%持有本地分公司，或從經營方面提出具體要求，如

本地採購、出口實績、投入研發活動，或限制跨國公司進入本地資本市場。當然，對於跨國公司的管制也因為地主國採取的發展策略不同而不同，若地主國採取出口導向的工業化策略，對外來投資的管制會較為寬鬆，相反的，若地主國採取進口替代的工業化策略，對外來投資的管制會較為嚴格（Oatley, 2018: 184-188）。

戰後多數時期，已開發國家對外來投資相對寬鬆，只是針對有限的特定關鍵產業（如航空、廣電和國防相關產業）排除外國企業參與。不過，日本和法國算是例外，兩國對外來投資都採取許可制。而且，日本對外來投資一向以鼓勵技術授權優先，其次合資經營，若外資以100%持股進入日本，則會想辦法讓來日本的跨國公司向本地公司進行技術轉讓。即便如此，1960年代以後，隨著日本追趕上西方先進國家，日本也逐漸放寬對外資的限制（Oatley, 2018: 188-191）。二次戰後法國則是沿襲戰前規定，透過外匯管制和相應的行政程序對外來投資進行管制。雖然戴高樂總統於1966年簽署的法律廢除外匯管制，但該規定授權法國經濟部管制侵害法國國家利益的外來投資，實質上強化原有的投資管制（Torem & Craig, 1967: 669）。

進入1980年代以後，諸多發展中國家紛紛放寬對外來投資的管制。當然，個別國家的原因都不同。部分東南亞國家受到當時原物料價格崩跌，原本的出口收入驟減，從而決定放寬外資管制，緩解短期的經濟困境。中南美洲國家則是遭遇外債危機，在沉重的償債壓力下，接受債主國要求，推動結構改革。整體而言，1980年代的外資政策自由化，既是對1970年代國有化潮流和種種不利外資政策的反省，也是否定發展中國家長期偏好的進口替代政策，轉而擁抱出口導向的工業化策略（Oatley, 2018: 188）。到1990年代以後，放寬外資管制已成為開發中國家的主流，再加上已開發國家對外資友善的長期政策，歡迎外資看似成為全球的普遍實踐。Thomas Oatley認為，有三個因素解釋全球外資政策的自由化浪潮，第一，過去開發中國家排斥外資，因為自身經濟缺乏足夠的多元化，可能

受巨型外資控制本國經濟。第二，戰後多數時期，諸多開發中國家以計劃經濟或干預市場為主要的發展策略，自然會控制外資進入。第三，諸多已開發國家本身是對外投資大國，基於互惠考量，自然會歡迎外來投資。進入1990年代後，諸多開發中國家本身的經濟體已相當多元化，且在世界銀行和國際貨幣基金會的敦促和建議下，紛紛轉向市場化的發展策略，部分開發中國家更成為對外投資大國。凡此皆鞏固開發中國家歡迎外資的政策體制（Oatley, 2018: 194-197）。

從過去二十年的趨勢來看，歡迎外資的政策體制已經出現逆轉的跡象。聯合國貿易暨發展會議發布的世界投資報告，每年將各國採取的限制外資措施和放寬外資措施加總作為分母，再以限制措施和放寬措施為分子，如此來看限制措施和放寬措施在全球外資政策的比例。根據2021年的世界投資報告，從2001年以來限制措施和放寬措施的對比一路拉近，從2001年大約2：98，到金融海嘯前後來到25：75，此後雖在2014～2015年短暫拉開到15：85，其後又持續拉近，到2020年來到41：59。而且，當前已開發國家關於外資的新措施絕大多數是限制性措施，而開發中國家關於外資的新措施則多數是放寬管制的措施（United Nations Conference on Trade and Development, 2021: 109-111）。從這個趨勢可以看出，已開發國家本是過去推動投資自由化的主力，如今成為嚴格檢視外來投資的主力。反而是過去對外資抱持懷疑態度的開發中國家，如今成為推動投資自由化的主力。

具體來說，跨國投資管制涉及幾個重要課題。首先是創辦權（right of establishment），創辦權是跨國公司能否在這個國家經營這些行業，開放外來投資第一個要處理的就是創辦權。其次是國民待遇，也就是外資所受的規範，是否和本地企業一樣，是否受到歧視性待遇。再來是規範透明性問題，也就是對於外來投資者的相關政策，應該公告周知讓投資者知曉（Gilpin，中文譯本2004：367-368）。有些自由貿易協定對法規調和有所規定，要求締約國對非關稅措施、服務業監管和投資監管法規確保制定

程序的透明和參與機會，並以國際準則為基準，促使本國法規和國際接軌（李淳，2013）。最後，有些國家對外來投資要求技術轉移，2018年美國對中國大陸發起貿易戰，強制技術轉移再度成為外資管制的熱門課題。根據OECD的研究報告，關於國際技術轉移的措施是否構成強制技術轉移，端視技術轉移是否成為進入市場的條件、是否違反不歧視原則、是否缺乏透明性，以及和國有企業是否是被要求技術移轉的外商的競爭者（Andrenelli et al., 2019: 9）。

當然，課稅問題始終是外來投資的重大問題，通常因為停留期間長短而有不同稅率，如何計算停留期間遂成為重要問題。同時，移轉訂價（transfer pricing）也是常引發爭議的問題。所謂「移轉訂價」指在同一企業內的關係企業相互間為記帳目的，從事交易所訂定之價格或利潤，藉由人為的壓低或抬高交易價格，以實現收入或資本在營利事業與關係企業間的移動（Organisation for Economic Cooperation and Development, 2004: 721）。這是基於稅務目的的會計做法，有可能造成生產地的稅收流失和當地附加價值被低估。不過，在關係企業間交易，本來就和市場交易有所不同，不能認為移轉訂價一定是逃稅行為。對此，OECD租稅協定範本第9條提出「常規交易原則」（Arm's Length Principle），主張如果關係企業在其商業和財務關係上，人為地加上獨立企業之間不會加上的條件，那麼那些本來沒有這些條件就可以計入某關係企業的利潤，因這些條件而沒有計入的，應當計入該關係企業的利潤並據此徵稅。這被多數國家採用，成為對移轉訂價課稅的普遍做法（Organisation for Economic Cooperation and Development, 2017: 35；福田稅務諮詢顧問公司，無日期）。

當前跨國企業碰到的問題主要是在於跨國企業的投資如何被保障，很多的自由貿易協定都會處理這個問題。2015年通過的TPP（2018年後成為CPTPP）中設置「投資人地主國爭端解決」（Investor-State Dispute Settlement）機制，讓締約國的投資人遇有和另一締約國的地主國政府發生糾紛時，可以向國際仲裁提請仲裁解決，這個機制被認為可以讓投資人

尋求獨立的國際仲裁，甚至回到母國仲裁，從而保障海外投資人免於地主國的主權和政治風險。這個條款受到很多非政府組織抗議，認為這樣的機制會讓開發中國家政府處於不利地位，削弱地主國政府保護本國環境的能力。不過，並非所有的自由貿易協定都如此規定。比如2020年底簽署的RCEP，並未提供具體的爭端解決機制，而是要求簽署國於兩年內完成投資人爭端解決機制的協商。

其實，早在1950年代，投資人地主國爭端解決機制的概念已經出現。過去，投資爭端必須循當地國的司法管道體系尋求救濟，如果無法獲得滿意解決，再尋求本國的外交保護。但是，這畢竟是私人企業，不可能用國家豁免來解決，只能運用母國政府的壓力進行「政治解決」。政治解決會出現兩個問題，一是和母國政府關係密切的企業才會得到保護，一是把司法問題政治化，反而對投資者帶來更多的不確定性。因此，開始有國家跟國家之間簽定雙邊投資條約以保障投資者權益。1959年，德國和巴基斯坦簽署雙邊投資條約，這是戰後首個雙邊投資條約。1960年代，很間多國家陸續簽署雙邊投資條約。1965年世界銀行推動簽署《解決國家與他國國民間投資爭議條約》（Convention on Settlement of Investment Disputes between States and Nationals of Other States），並於1966年設立國際投資爭端解決中心（International Center for Settlement of Investment Disputes, ICSID），隸屬於世界銀行集團。目前，《解決國家與他國國民間投資爭議條約》有155個締約國、166個簽署國。國際投資爭端解決中心的仲裁員和調解員由成員國預先推薦，遇有爭端需要仲裁或調解時，國際投資爭端解決中心的行政委員會主席會從各成員國推薦的名單中挑選仲裁員和調解員。從1970～2020年，國際投資爭端解決中心共受理786件案件，該中心成立的頭三十年受理案件數量甚低，加起來不超過30件。2000年後受理和決定案件大幅增加。2019～2020年是國際投資爭議解決中心處理案件數最高的兩年，都超過300件（International Centre for Settlement of Investment Disputes, 2020: 20, 29）。投資人與國家爭端案件不只在ICSID處理，也

有可能在其他平台尋求解決。根據聯合國貿易暨發展組織的統計，1987～2020年基於條約發起的投資仲裁案件共有1,104件，其中37%最後仲裁決定有利於國家，29%有利於投資人（United Nations Conference on Trade and Development, 2021: 129-130）。

眾多投資爭端，往往涉及地主國的政府介入市場，特別是石油、天然氣、礦業、電力等天然資源產業。天然資源的初始投資很大，但後期的營運投資比較小，所以有很嚴重的「過時談判」的問題，這是爭端出現的重要原因。通常，投資爭端也涉及法律制度的不健全。根據Miller和Hicks的調查，最常被告的兩個國家是阿根廷與委內瑞拉，這兩國都在南美洲。此外，所有投資爭端案件有三分之一的案件在仲裁前均得到解決，亦即在進入仲裁之前雙方已先和解。然而在真正進入仲裁階段後，地主國往往獲勝。從這個結果觀之，如果訴請仲裁，在仲裁開始前跟地主國政府和解才是上策，因為真正進入仲裁後，勝訴者通常都是地主國政府，勝率幾乎高達兩倍（Miller & Hicks, 2015: 6-12）。同時，真正能夠進入國際仲裁的都是大企業，只有具備相當規模的企業才有能力處理仲裁相關的複雜程序。因此，仲裁能夠解決的投資爭端其實相對有限。

從1980～2020年，全球共有2,646個已經生效的國際投資條約，包括雙邊投資條約和在國際條約中包含投資保護條款。然而，近幾年終止生效的國際投資條約持續增加，包括雙邊協議終止和單邊決定終止的數量都不少。以2020年來說，有24個國際投資條約經雙邊協議終止（其中有20個是歐盟國家取消其內部的所有雙邊投資條約），10個國際投資條約被單邊終止，該年終止的國際投資條約超過新簽署的國際投資條約（United Nations Conference on Trade and Development, 2021: 122-123）。不可諱言，這個趨勢反映不少國家對現有爭端解決機制的看法趨於負面，部分國家廢除已經簽署生效的雙邊投資條約（如印尼和南非），有些國家則退出《解決國家與他國國民間投資爭議條約》（如委內瑞拉和厄瓜多）。同時，爭端解決機制也受到非政府組織的批判，認為現有的爭端解決機制

給予投資者特殊權利，不但對本國企業不公，也傷害國家主權（Miller &
Hicks, 2015: 1-2）。為平衡投資者保護和地主國管制兩方面的利益，聯合
國貿易暨發展會議組織於2012年的世界投資報告推出「永續發展的投資政
策架構」（Investment Policy Framework for Sustainable Development），
號召用包容性成長和永續發展吸引外來投資的概念建立新一代投資政策體
制（United Nations Conference on Trade and Development, 2015: 10-11）。
2015年的世界投資報告提出三階段的改革路線圖，其中第一階段的五項優
先領域是主張保障地主國政府基於公共利益的管制權利、提升爭端解決機
制的合法性、促進投資、擴大投資的正面效應和提升國際投資體制的一致
性；第二階段著重於把將近2,500個上一代投資條約（即2010年前簽署的
投資條約）現代化；第三階段則是健全國際和國內層次投資體制間，以及
國際投資體制和其他國際法之間的一致性、連貫性和相互交流。聯合國貿
易暨發展組織繼而於2018年推出「國際投資體制的改革配套」（Reform
Package for the International Investment Regime），呼籲邁向第二階段的
改革進程（United Nations Conference on Trade and Development, 2018:
7-8）。這些改革建議的構想已經進入晚近簽署的巨型多邊條約之中，這
些巨型多邊條約包括CPTPP、美墨加自由貿易協定、英歐貿易合作協定、
中歐投資條約和RCEP。

🌐 第四節　國家安全審查與技術移轉議題

當1990年代Susan Strange大聲疾呼外交的本質正發生根本改變時，她
認為國家不僅要與其他國家談判，也要和跨國企業談判，國家間競爭財富
更甚於競爭權力（Strange, 2000: 60）。Strange是對的，跨國企業向外投
資，無法跳脫母國和地主國兩國關係的限制，因為兩國會競爭投資所帶來
的財富移轉。然而，Strange也不完全是對的，因為權力競爭仍然主導著

國家間關係。若母國和地主國處於緊張關係，即使跨國企業的投資會帶來財富，仍然也會受到嚴格限制，這正是晚近諸多國家以國家安全理由審查外資的重要原因。根據2021年世界投資報告，2020年全球有10個國家開始基於國家安全理由對外資建立審查機制，這些全部是已開發國家，這將具備國安審查外資機制的國家數目擴大到34個。這些國家的外資流量占全球50%，外資存量占全球69%（United Nations Conference on Trade and Development, 2021: 109-111）。當然，2020年的現象是因為部分國家在新冠疫情下基於公共衛生設置的限制措施，但是，對外來投資基於國家安全加以審查早已有之，且過去十年，加強外資審查的國家不斷增加，其中很多針對外資併購。到2018年底，已經有24個國家規定對外來投資的特別審查機制（United Nations Conference on Trade and Development, 2019: 93）。[5]同時，對於外資的特別審查，又有三種類型，一是針對特定產業，一是廣泛定義不分產業的標準（如國家安全、社會基本利益等等），一是根據投資者屬性規定審查要求（如針對國有企業或本國特定企業的併購）（United Nations Conference on Trade and Development, 2019: 92-94）。

在日益增加的國家安全審查個案中，很多國家的審查對象都涉及來自中國大陸的併購案。以美國的經驗來看，具體的理由包括阻礙地主國取得特定物資、取得地主國敏感技術及在地主國進行滲透和間諜活動，都可能讓投資案被視為對國家安全造成威脅（Moran & Oldenski, 2013: 55-72）。學者邱奕宏透過對美國外資政策演變的檢視，認為外部戰略環境的緊張性、對特定國家的敵對性、國防戰略產業的敏感性與和國會關切及輿論意見，是造成美國在投資自由和國家安全的光譜中向國家安全移動，轉而加強外資審查的四項因素（邱奕宏，2017：5）。其他一些學者觀察中國大陸籍企業受到嚴格審查的案例，則發現當併購案涉及安全敏感性產

---

[5] 這24個國家為澳洲、奧地利、比利時、加拿大、中國大陸、芬蘭、法國、德國、匈牙利、冰島、印度、義大利、日本、拉脫維亞、立陶宛、墨西哥、紐西蘭、挪威、波蘭、南韓、俄羅斯、南非、英國和美國。

業、經濟蕭條產業、或美國公司在中國大陸進行併購受到限制時，往往併購案會受到明顯反對（Tingley et al., 2015）。

2018年以後，美國政府以侵害國家安全為由制裁來自中國大陸的手機製造商華為，除了禁止政府官員使用華為手機和禁止華為參與5G電信網路建設外，還透過出口管制，禁止美國主要的社交媒體平台、搜尋引擎、作業系統和晶片製造商等向華為手機提供服務或關鍵中間財，也因此引發各界對於美國出口管制的關注。其實，當前多數國家採行的出口管制措施和美國有密切關係，冷戰初期，美國透過《出口管制法》（Export Control Act of 1949），限制戰略和軍事物資出口到蘇聯集團或任何對其外交有害的國家，並要求其他國家採取同樣措施，否則將停止援助（Silverstone, 1959: 332）。為進一步協調各國的出口管制，美國與主要盟國建立針對蘇聯及東歐集團的「出口管制協調委員會」（Coordinating Committee, COCOM）和針對中國大陸的「中國委員會」（China Committee, CHINCOM），以嚴格管制盟國與共產國家間的貿易。隨著美國和蘇聯及共產集團進入低盪，原本嚴格的出口管制逐漸放鬆，遂有1979年通過更新版的《出口管理法》（Export Administration Act），並在此基礎上頒布《出口管理條例》（Export Administration Regulation），成為後來美國出口管制的主要規範（Fergusson et al., 2021: 3-5）。《出口管理條例》用控制清單（Control List）限制軍商兩用和特定敏感技術的出口、再出口及技術移轉。但是，多年來因為時勢變遷，許多內容和權限不復存在，靠美國總統以每年更新之《國際緊急經濟權力法》（International Emergency Economic Power Act）維持效力，很多新科技未能納入管制範圍（杜冠穎，2019：55-57）。

鑑於出口管制的各項問題，美國政府問責署（Government Accountability Office）於2007年提出報告，認為出口管制碰到的問題是各機關間缺乏協調、對受管制商品的職權重疊。比如一項軍商兩用的產品可能由商務部審核發照，但若是純粹的軍事科技武器使用的則是國防部，其

中還涉及國務院的職權。因此，到歐巴馬時代要求全面評估既有出口管制制度，並提出改革倡議，目標是實現單一發照機構、單一控制清單、單一執行協調機構和單一資訊系統和資料庫的出口管制制度。最終美國於2018年通過《出口管制法》（Export Control Act），加上1976年《武器出口管制法》（Arms Export Control Act），形成美國出口管制的主要法律，前者管理軍商兩用科技，後者管理軍事科技，兩者都涵蓋核能（Fergusson et al., 2021: 2-7）。2018年《出口管制法》的目的除了讓原本法律授權經常處於不確定的《出口管理條例》重新取得授權，還加強對敏感技術出口的管制密度，並將對於國防安全之「新興」及「基礎」技術列入管制清單。是否屬於該法的「新興」及「基礎」技術，是看該項科技在國外發展狀況、出口管制對該項科技在美國發展的影響，以及出口管制能否有效抑制該科技在國外的發展（杜冠穎，2019：56）。

　　美國所採取的出口管制措施是禁止中國大陸籍的企業取得美國技術，而晚近各界熱烈討論的強制技術移轉（forced technology transfer），則指稱中國大陸政府透過外資進入管制，強制要求到中國大陸投資的外商對大陸廠商進行技術移轉，這兩者都是基於科技流動的考量對外資採取的管制措施。首先，強制技術移轉包含兩方面的行為，一是企業透過商業間諜行為從競爭對手取得技術，一是政府用管制規定要求外國企業揭露技術，以向本國企業進行技術移轉（Sykes, 2021: 128）。其實，強制技術移轉的面向包含甚廣，與技術移轉相關的政策是否造成強制技術移轉的效果，可以根據兩項標準將不同政策放在一個連續的光譜上。一是政策的強制程度，也就是政府要求技術揭露或提供的政策有多強制性，是建議？宣示？還是可付諸執行的強制規定？二是對外國公司掌握自有技術的影響程度，也就是該政策有多大程度要求外國企業必須釋出自有技術，從而打破外國企業對其自有技術的絕對掌控（Andrenelli et al., 2019: 9）。

　　按照上述兩項標準，一國與外國技術的相關政策可分為三類，第一類政策是完全沒有強制技術移轉疑慮的政策。這個類別的政策主要是提升

本國技術吸收能力的政策，以及和技術相關的外資便利政策，以強化外來投資帶動的技術移轉效果，這些完全不涉及強制技術移轉。第二類政策是與技術相關的投資鼓勵措施，比如以技術移轉義務為前提的外來投資獎勵，和鼓勵本國企業併購外國企業，以取得國家工業發展計畫所需的產業技術，這些都屬於灰色地帶，要看強制程度和對外國企業技術控制的影響程度。第三個類別是具有顯著疑慮的政策，比如在外國企業註冊、認證、或許可等行政程序要求提供敏感的私有技術，而提供技術並非該行政程序本質所需要。又如與技術相關的執行成效規範，要求外來投資企業必須進行本地採購或達到一定的本地成分或要求特定的操作程序〔如將資料本地化儲存[6]或揭露原始碼（source code）〕，以及強制合資經營要求，作為進入市場的條件（Andrenelli et al., 2019: 7）。

　　進一步說，某項政策是否構成強制技術移轉，可用四個概念判斷：第一，是不是存在交換條件？如果來投資一定要提供技術移轉，如果不提供技術移轉就沒有辦法投資，這是存在交換條件；第二，是不是違反不歧視原則？所謂的不歧視原則是對於外國投資者採取歧視？對於本國投資者沒有要求對於外國投資者的條件；第三，對於外國投資者的要求，是否缺乏透明度？透明度是很關鍵的因素，因為如果投資者不瞭解相關的要求，一旦投入相當的固定投資，撤回的成本甚高，對於技術移轉的要求形同具有強制性效果；第四，政府是否在經濟中具有主導性的地位，如果該國有非常多的企業由政府控制，政府控制的企業可以影響到外國企業是否釋出技術的決定（Andrenelli et al., 2019: 8）。

　　直觀來說，一般認為強制技術移轉應該會違反國際法，特別是關於智慧財產權的保護。然而，與貿易有關的智慧財產權協定（WTO Agreement on Trade-Related Intellectual Property Rights, TRIPs）主要規範

---

[6] 資料本地化儲存指防止資料跨國傳輸的措施，包括避免資訊在境外傳輸、要求資料在境外傳輸前須取得資料主體同意，以及要求資料在本國儲存副本（Chander & Le, 2014: 1）。

智慧財產權的範圍和期限，與強制技術移轉的關聯比較間接。相反的，
TRIPs第66.2條還特別規定對於本國企業和機構應鼓勵和促進向低度開發
國家進行技術移轉（Fox, 2019）。因此，對於強制技術移轉的禁止，主
要可參考的相關規定是GATT1994第3條關於進口與本國製造間的禁止歧
視規定、第11條關於非關稅進口限制的禁止，以及與貿易有關的投資措施
協定（WTO Agreement on Trade-related Investment Measures, TRIMs），這
些涉及將商品進口以移轉製造技術為條件的政策（Sykes, 2021: 134）。

目前，中國大陸被認為屬於強制技術移轉的做法，主要是要求投資
者必須和本地業者以合資方式經營，如此本地業者可以觀摩學習外資的技
術，甚至要求外資業者對合資夥伴進行技術移轉作為合資條件。若是用合
資要求誘使外資技術移轉，在服務業可看該行業是否為中國大陸加入服務
業貿易協定的承諾所涵蓋。但涉及強制技術移轉的行業主要是製造業，
因此，更直接的法律規範則需訴諸中國大陸加入WTO的承諾以及中美第
一階段貿易協議（Sykes, 2021: 134-138）。中國大陸加入WTO的承諾和
投資與技術移轉相關處為第7條三項，其中提到「投資權不能以如技術移
轉或本地研發的業務績效為條件」。[7]但因中國大陸的長期做法只規定合
資要求，並未直接要求技術移轉，尚無法被入世承諾充分涵蓋。為彌補
法律上的缺漏，2020年中美第一階段貿易協議第2條特別規定，任何一方
不能對另一方的法人或自然人施壓進行技術移轉，且不能有要求或施壓
進行技術移轉的行為出現於併購、合資或投資過程（Economic and Trade
Agreement, 2020: Art. 2.1, 2.2）。換句話說，在2020中美貿易協議之前，

---

[7] 該項全文為：Without prejudice to the relevant provisions of this Protocol, China shall
ensure that the distribution of import licences, quotas, tariff- rate quotas, or any other
means of approval for importation, the right of importation or investment by national and
sub-national authorities, is not conditioned on: whether competing domestic sup- pliers
of such products exist; or performance requirements of any kind, such as local content,
offsets, the transfer of technology, export performance or the conduct of research and
development in China.

因為缺乏明確的國際法基礎，要以強制技術移轉為由對中國大陸採取法律行動並不容易。但這並非僅是因為法律規範的不足，而是強制技術移轉概念本身的模糊性，以及國際社會認定此概念的經驗對象過於針對性，這些恐怕是更為根本的問題。

🌐 第五節　結論

自2008年金融海嘯以來，全球對外投資每年都維持在1.2兆美元以上，流向已開發國家的投資波動很大，流向開發中國家的金額則相對平穩。多數年度流向已開發國家的投資都超過流向開發中國家，2020年受到新冠肺炎疫情影響，流向已開發國家的投資大幅減少58%，流向開發中國家的投資則微幅減少8%。在對外投資類型中，跨國併購在2013年後經歷噴發式成長，到2020年新設投資受新冠疫情持續萎縮時，跨國併購反而逆勢上升。整體而言，2010年代晚期到2020年代初期，跨國企業的跨國經營程度下降，且不涉及設備採購和人力僱用的跨國併購超過新設投資，這些都反映國際投資逐漸轉向於無足性的新趨勢。關於國際投資的研究，可分為投資原因、投資影響和國家與投資者角力三方面。對於國際投資行為的原因，以「專屬優勢」、「區位優勢」、「內部化優勢」結合的綜合理論，對於投資發生和區位選擇提供完整的解釋。對於國際投資所帶來的影響，悲觀論者和樂觀論者皆有，前者擔心外資對地主國企業帶來不公平競爭，後者認為適當的政治經濟條件有利於外資促進地主國經濟成長。對於國家與投資者角力，雖然強勢的母國會帶給跨國企業一定優勢，但要落實於具體的投資個案，還要視地主國的能力、跨國企業間的競爭程度和經濟不確定性的排除而定，其中關於經濟不確定性能否排除，「過時談判」提供具有操作性的分析概念。

二次戰後不少新興獨立的開發中國家將殖民者遺留的跨國企業國有

化，並嚴格管制外來投資，而已開發國家很多是外資母國，基於互惠對外來投資採取寬鬆政策。1980年代後，許多開發中國家放寬對外資管制，到1990年代歡迎外資成為全球浪潮。然而，2010年代已開發國家日益增加對外資的限制措施，過去普遍歡迎外資的情況已有逆轉之勢。至於跨國投資的議題，牽涉範圍相當廣泛，除了傳統關切的創辦權和國民待遇兩項議題，法規透明性和移轉定價也日益受到關注。此外，投資人地主國爭端解決機制讓投資人遇爭端時尋求國際仲裁，免於地主國的政治風險，而為投資者母國所倡議，惟因限制地主國基於追求公共利益管制外資，而為部分國家和非政府組織反對，自2012年起聯合國貿易暨發展組織呼籲改革，且改革構想獲得納入其後簽署的部分自由貿易協定。同樣可見於2010年代的發展，則是對於外來投資進行國家安全審查的國家快速增加，審查方式分為針對特定產業、針對投資者屬性、或廣泛的國家利益三種方式。此外，以國家安全為名的外資管制，還可見於美國對華為的制裁行動，當中援引的出口管制規定，本為防止軍商兩用科技對與美國處於敵對關係國家輸出，經2018年改革後，不但適用範圍擴大，且目標也擴大為抑制新興科技在國外發展。最後，關於強制技術移轉包含企業透過商業間諜行為從競爭對手取得技術和政府用管制規定要求外國企業揭露技術，以向本國企業進行技術移轉兩種型態，後者的認定涉及相當複雜的條件，如是否存在交換條件、是否違反不歧視原則、是否缺乏透明度，以及當地國政府是否在經濟中居於主導地位。不過，因為缺乏明確的國際法基礎，要對強制技術移轉的潛在個案採取法律行動並不容易。

國際政治經濟學

參考資料

李淳（2013）。〈法規調和與改革是加入TPP的必要課題〉。《台灣經濟論衡》，第11卷第1期，頁39-43。

杜冠穎（2019）。〈外國人投資與高科技出口管制法制研析〉。《科技法律透析》，第31卷第7期，頁42-71。

邱奕宏（2017）。〈外來直接投資與國家安全的衡量：探討影響美國外資政策的政治因素〉。《政治學報》，第63期，頁1-32。

張宇燕、李增剛（2008）。《國際經濟政治學》。上海：上海人民出版社。

福田稅務諮詢顧問公司（無日期）。〈移轉訂價稅制的基本原則〉。台灣移轉訂價研究中心，http://www.tp100.com.tw/modules/tinycontent3/index.php?id=4。

Adeleke, Adegoke I. (2014). FDI-growth nexus in Africa: does governance matter?. *Journal of Economic Development, 39*(1), 111-135.

Ajide, Kazeem Bello, Oluwatosin Ademola Adeniyi, & Ibrahim Raheem (2014). Does governance impact on the foreign direct investment-growth nexus in sub-Saharan Africa?. *Zagreb International Review of Economics & Business, 17*(2), 71-81.

Andrenelli, Andrea, Julien Gourdon, & Evdokia Moïsé (2019). *International Technology Transfer Policies*. (OECD Trade Policy Papers No. 222). Paris: Organisation for Economic Cooperation and Development.

Anonymous (2022). The Traveling-Salesman Problem. *The Economist, 396*(8695), 55-57.

Asiedu, Elizabeth & Donald Lien (2011). Democracy, foreign direct investment and natural resources. *Journal of International Economics, 84*(1), 99-111.

Bénassy-Quéré, A., Maylis Coupet, & Thierry Mayer (2007). Institutional determinants of foreign direct investment. *World Economy, 30*(5), 764-782.

Buckley, Peter J. & Mark Casson (1976). A long-run theory of the multinational enterprise. In Peter J. Buckley & Mark Casson (eds.), *The Future of the Multinational Enterprise* (pp. 32-65). London: Palgrave Macmillan.

Busse, Matthias & Carsten Hefeker (2007). Political risk, institutions and foreign direct investment. *European Journal of Political Economy, 23*(2), 397-415.

Caves, Richard E. (1971). International corporations: The industrial economics of foreign investment. *Economica, 38*(149), 1-27.

Chander, Anupam & Uyen P. Le (2014). Breaking the Web: data localization vs. the global internet. *Emory Law Journal, Forthcoming.* (UC Davis Legal Studies Research Paper, No. 378). Available at SSRN: https://ssrn.com/abstract=2407858.

Danzman, S. B. (2020). Foreign direct investment policy, domestic firms, and financial constraints. *Business and Politics, 22*(2), 279-306.

Dunning, John H. (1980). Toward an eclectic theory of international production: Some empirical tests. *Journal of International Business Studies, 11*(1), 9-31.

Economic & Trade Agreement, United States-China. (Jan. 15, 2020). Washington, DC: Office of the United States Trade Representative. https://ustr.gov/countries-regions/china-mongolia-taiwan/peoples-republic-china/phase-one-trade-agreement/text.

Eden, Lorraine, Stefanie Lenway, & Douglas A. Schuler (2005). From the obsolescing bargain to the political bargaining model. In Robert Grosse (eds.), *International Business and Government Relations in the 21st Century* (pp. 251-272). Cambridge: Cambridge University Press.

Fergusson, Ian F., Paul K. Kerr, & Christopher A. Casey (2021). *The U.S. Export Control System and the Export Control Reform Act of 2018.* (CRS Report No. R46814). Washington, DC: Congressional Research Service.

Fox, David M. (2019). Technology transfer and the TRIPS agreement are developed countries meeting their end of the Bargain. *Hastings Science and Technology Law Journal, 10*(1), 1-38.

Gallagher, Kevin P. & Lyuba Zarsky (2007). *The Enclave Economy: Foreign Investment and Sustainable Development in Mexico's Silicon Valley.* Cambridge, MA: MIT Press.

Gilpin, Robert (2001). *Global Political Economy: Understanding the International Economic Order.* Princeton, N.J.: Princeton University Press. 中文譯本：陳怡仲、張晉閣、許孝慈譯（2004）。《全球政治經濟：掌握國際經濟秩序》。台北：桂冠。

Guerin, Selen S. & Stefano Manzocchi (2009). Political regime and FDI from advanced to emerging countries. *Review of World Economics, 145*(1), 75-91.

Hymer, Stephen H. (1960). The international operations of national firms, a study of direct foreign investment (Doctoral dissertation, Massachusetts Institute of

Technology). Retrieved from https://dspace.mit.edu/handle/1721.1/27375.

Iamsiraroj, S. (2016). The foreign direct investment-economic growth nexus. *International Review of Economics & Finance, 42*, 116-133.

International Centre for Settlement of Investment Disputes (2020). *2020 Annual Report: Excellence in Investment Dispute Resolution*. Washington, DC: World Bank Group.

Jensen, Nathan M. (2006). Democratic institutions and expropriation risk for multinational investors. Available at SSRN: https://papers.ssrn.com/sol3/papers.cfm?abstract_id=869460.

Kohpaiboon, Archanun (2003). Foreign trade regimes and the FDI-growth nexus: A case study of Thailand. *The Journal of Development Studies, 40*(2), 55-69.

Li, Quan (2009). Outlier, measurement, and the democracy-FDI controversy. *Quarterly Journal of Political Science, 4*(2), 167-181.

Méon, Pierre-Guillaume & Khalid Sekkat (2007). Revisiting the relationship between governance and foreign direct investment. DULBEA Working Paper 07-13. Brussel: Universite Libre de Bruxelles.

Miller, Scott & Gregory N. Hicks (2015). *Investor-State Dispute Settlement: A Reality Check*. Lanham, Maryland: Rowman & Littlefield.

Milner, Helen (2014). Symposium: The Regime for the International Investment- Foreign Direct Investment, Bilateral Investment Treaties, and Trade Agreements. *World Politics, 6*(1), 1-11.

Moran, Theodore H. & Lindsay Oldenski (2013). *Foreign Direct Investment in the United States: Benefits, Suspicions, and Risks with Special Attention to FDI from China* (PIIE Policy Analyses in International Economics 100). Washington, DC: Peterson Institute for International Economics.

Oatley, Thomas (2018). *International Political Economy*. London, New York: Routledge.

Oatley, Thomas (2019). *International Political Economy*. London, New York: Routledge.

Organisation for Economic Cooperation and Development (2004). *OECD Glossary of Statistics Terms*. Paris: Organisation for Economic Cooperation and Development.

Organisation for Economic Cooperation and Development (2017). *OECD Transfer Pricing Guidelines for Multinational Corporations and Tax Administration*. Paris: Organisation for Economic Cooperation and Development.

Owen, Erica (2015). The Political Power of Organized Labor and the Politics of Foreign

Direct Investment in Developed Democracies. *Comparative Political Studies, 48*(13), 1746-1780.

Pandya, Sonal S. (2016). Political Economy of Foreign Direct Investment: Globalized Production in the Twenty-First Century. *The Annual Review of Political Science, 19*, 455-475.

Silverstone, Paul H. (1959). Export Control Act of 1949: Extraterritorial Enforcement. *University of Pennsylvania Law Review, 107*(3), 331-362.

Stewart, John C. (1976). Foreign direct investment and the emergence of a dual economy. *Economic and Social Review, 7*(2) , 173-197.

Strange, Susan (2000). State, Firms, and Diplomacy. In Jeffry A. Frieden & David A. Lake (eds.), *International Political Economy: Perspective on Global Power and Wealth* (pp. 60-68). London: Routledge.

Sykes, Alan O. (2021). The Law and Economics of "Forced" Technology Transfer and Its Implications for Trade and Investment Policy (and the US-China Trade War). *Journal of Legal Analysis, 13*(1), 127-171.

Tarzi, Shah M. (2000). Third World Governments and Multinational Corporations: Dynamics of Host's Bargaining Power. In Jeffry A. Frieden & David A. Lake (eds.), *International Political Economy: Perspective on Global Power and Wealth* (pp. 156-166). London: Routledge.

Tingley, Dustin, Christopher Xu, Adam Chilto, & Helen V. Milner (2015). The political economy of inward FDI: Opposition to Chinese mergers and acquisitions. *The Chinese Journal of International Politics, 8*(1), 27-57.

Torem, Charles & William Laurence Craig (1967). Control of foreign investment in France. *Michigan Law Review, 66*(4), 669-720.

United Nations Conference on Trade and Development (2015). *Investment Policy Framework for Sustainable Development*. New York and Geneva: United Nations.

United Nations Conference on Trade and Development (2018). *UNCTAD's Reform Package for the International Trade Regime*. New York and Geneva: United Nations.

United Nations Conference on Trade and Development (2019). *World Investment Report 2019: Special Economic Zone*. New York and Geneva: United Nations.

United Nations Conference on Trade and Development (2021). *World Investment Report*

2021: Investing in Sustainable Recovery. New York: United Nations.

Vernon, Raymond (1966). International Investment and international trade in the product cycle. *Quarterly Journal of Economics, 80*(2), 190-207.

Vernon, Raymond (1971). *Sovereignty at Bay: The Multinational Spread of U.S. Enterprises*. Torrance: Pelican.

Vernon, Raymond (1981). Sovereignty at bay ten years after. *International Organization, 35*(3), 517-529.

7

跨國移民與國際遷徙

　　2022年2月俄羅斯對烏克蘭展開軍事行動後，大批烏克蘭難民流向歐洲，戰爭爆發一個月內，流向歐洲各國的難民已超過300萬，其中波蘭即接收180萬烏克蘭難民。歐盟對於烏克蘭難民提供三年簽證，部分接收國政府也提供寄宿家庭或工作機會，緩解難民的困境。不過，讓難民輕易停留，還張開雙臂歡迎，在歐洲（以及很多其他國家）不是常態而是例外。事實上，烏克蘭難民潮之前，部分歐洲國家已有退出難民公約的呼聲，這很可能是2015年難民潮對歐洲經濟社會文化帶來劇烈衝擊所致。面對抵達國境的難民，雖然基於國際習慣法的「不遣返原則」（non-refoulement principle），地主國不能將難民送回對申請人帶來人身風險的地方，但是，歐盟規定難民必須在第一個抵達的國家提出申請，這為想驅逐難民的國家提供法律上的機會。此外，歐盟也透過補助土耳其收留敘利亞難民，避免難民在歐洲停留，這是一種將難民外部化以轉移難民責任的做法，正反映歐盟對於難民有所保留的態度（Anonymous, 2021）。

　　雖然，難民的情況相當特殊，也不是最主要的國際遷徙形式，更多的國際遷徙是基於經濟理由的工作移民。但是，難民和工作移民同樣受到國際公約、區域規則和各國法規的管制，雖然國際公約從人權角度界定遷徙者的權利，但區域規則和各國法規則基於國境管制主權，從區域和國家的社會經濟的負荷程度限縮遷徙者的權利範圍。當然，難民和工作移民也有本質的差異，接受難民停留的理由是人道的，但要大量接受難民很難不考量經濟上的影響。接受工作移民的考量是經濟的，但一旦遷徙者進入國境，也必須享有基本人權和一定的公平待遇。此外，難民和工作移民都對於移出國和移入國帶來經濟發展的機會，同時也造成社會文化衝擊，如何極大化遷徙創造的經濟機會不僅需要有效管理遷徙的品質，還需要合適應對遷徙所產生的社會文化衝擊。本章說明移民的類型和移民的現況，接著回顧關於跨國遷徙和移民政策產出的相關理論，在理論回顧的基礎上，進一步介紹移民管制的三重架構，最後談談移民與發展的相關議題。

🌐 第一節　跨國移民的現況

　　二十世紀晚期以來，跨國移民再度成為全球普遍的現象。移民的現象非常複雜，過去的看法總認為移民一定是從經濟較為貧困的地方遷徙到經濟較為富裕的地方。然而，移民有很多複雜的原因和複雜的組成。當代的移民很多是雙向的，我們應用比較平衡的觀點去看待移民的現象。移民該如何定義呢？過去的刻板印象認為移民就是取得他國永久居留權或公民身分改變。但是，根據聯合國1998年關於國際移民統計建議（Recommendations on Statistics of International Migration），移民的定義是跨越邊境移動，改變經常居住國（country of usual residence），移民可分為長期移民和短期移民，長期移民指移居其他國家超過一年，而短期移民則是移居其他國家在三個月到一年之間，但要排除基於娛樂、度假、訪問親友、商業、醫療或宗教朝聖的移動（UN Department of Economic and Social Affairs, 2020: 6-7, 9）。換句話說，聯合國對移民定義的關鍵是「居住地」，只要改變了居住地，即使沒有改變公民身分也被視為移民。

　　按照移民進入居留地的理由，全球人口移動可分為屯墾移民（settlers）、契約勞動移民（contract workers）、專門技術移民（professionals）、無身分之勞動移民（undocumented workers）及難民和申請庇護者（refugees and asylum seekers）等五種（Stalker，轉引自詹中原，2016：3）。屯墾、契約勞動、專門技術和無身分之勞動移民都是基於經濟理由，而根據1951年《難民地位公約》，難民被界定為因畏懼受到迫害而停留在其本國以外，可說是基於政治原因而產生的國際移動。不過，《難民地主公約》未能將因為自然環境惡化而被迫大規模遷徙的民眾納入，一般將這些民眾稱為環境難民（environmental refugee）。[1]雖

---

[1] Essam El-Hinnawi 將環境難民定義為：「受到環境退化影響致使一群人的生存生活品質受到嚴重影響，被迫遷徙而離開傳統居住地區」。另外，Norman Myers 認為有

然因為氣候變遷自然災害頻仍，環境難民數量急遽上升，但目前尚無國際公約規範環境難民的權益。進一步來說，難民的本質是流離失所者，而流離失所者除了跨越國境的難民外，還有停留在其本國內的流離失所者（internally displaced persons），這些國內流離失所者很多因為戰爭或暴力衝突，但也有為數眾多的國內流離失所者因自然災難而被迫遷徙。最後，在移民研究中常提到的離散族群（diaspora），則是指移民或移民的後代，其認同和歸屬感受到其遷徙經驗形塑，從而和故鄉維持連結（International Organization for Migration, 2019a: 49）。

根據國際移民組織（International Organization for Migration）出版的《2022世界移民報告》（*World Migration Report 2022*），2020年全球移民人數約2億8,100萬人，占全球人口3.6%，而2019年全球移民人數則是2億7,200萬人，占全球人口比例3.5%，兩相比較，2020年時移民的絕對人數及占全球人口比例比2019年還高，相對於2000年時全球移民人口1億5,000萬人，占全球人口比例2.8%，更是顯著提高。同時，2020年全球移工數量是1億6,900萬，比2019年的移工人數1億6,400萬還多出500萬。因此，就整體移民來看，過去二十年間移民大幅成長，而2020年的新冠肺炎疫情並未減少移民數量，只是移民成長速度大幅趨緩。明顯受到新冠疫情影響而降低的人口移動指標是移民向母國匯款數量，2020年全球匯款金額是7,020億，比2019年的7,190億略為下降2.4%（International Organization for Migration, 2021: 3-4, 10）。

2020年全世界接受移民最多的國家是美國，接受移民約5,000萬人，接著依序是德國、沙烏地阿拉伯、俄羅斯和英國。全世界向外移民最多的國家是印度，有約1,700萬人向外移民。再來依序是墨西哥、俄羅斯、中國大陸和敘利亞。就移民的區域分布來看，亞洲和歐洲接受的移民人數

六種造成環境難民的原因，分別是長期環境退化、突發性環境破壞、氣候變遷 、人為意外、武裝衝突和複合式災難（Hinnawi；Myers，皆轉引自王震宇 2013：152-153, 174）。

不相上下，各有超過8,000萬移民，北美地區接受移民則不到6,000萬。然而，若僅限於移工，歐洲（除東歐外）和北美接受的移工最多，分別有超過4,000萬和3,500萬移工，再來是阿拉伯國家，有將近2,500萬移工。以移民占國內人口比例來看，占比最高的國家是阿拉伯聯合大公國，占比最高的區域是大洋洲。至於移民匯款來源國前五名分別是美國、沙烏地阿拉伯、阿拉伯聯合大公國、瑞士和德國，而移民匯款接受國的前五名則是印度、中國大陸、墨西哥、菲律賓和埃及。不過，若用移民匯款占接受國GDP比例來看，一些小型經濟體自然名列前茅。2020年前五名分別是東加、索馬利亞、黎巴嫩、南蘇丹、吉爾吉斯，其中前三名國家移民匯款占GDP比例皆高於30%（International Organization for Migration, 2021: 10, 25, 38, 42）。

2020年初新冠疫情爆發後，絕大多數國家皆收緊邊境管制，原本頻繁的國際航班大幅縮減，國際航空旅客人數從2019年的4億5,000萬縮減到2020年的1億8,000萬（International Organization for Migration, 2021: 4）。此外，由於各國對於國內人員移動和聚集的限制，各國經濟霎時陷入萎

表7-1　2020年全球前十大移民目的國和來源國

目的國	移入人數	來源國	移出人數
美國	50,632,836	印度	17,869,492
德國	15,762,457	墨西哥	11,185,737
沙烏地阿拉伯	13,454,842	俄羅斯	10,756,697
俄羅斯	11,636,961	中國大陸	10,461,170
英國	9,359,587	敘利亞	8,457,214
阿拉伯聯合大公國	8,716,332	孟加拉	7,401,763
法國	8,524,876	巴基斯坦	6,328,400
加拿大	8,049,323	烏克蘭	6,139,144
澳洲	7,685,860	菲律賓	6,094,307
西班牙	6,842,202	阿富汗	5,853,838

資料來源：International Migration Organization (2021). p. 40; UN Department of Economic and Social Affairs (2021).

表7-2　1990～2020年間全球與區域移民占整體人口比例變化

全球與區域　　　年代	1990	1995	2000	2005	2010	2015	2020
世界	2.9	2.8	2.8	2.9	3.2	3.4	3.6
撒哈拉以南非洲	2.7	2.5	2.1	2.0	1.9	2.2	2.0
北非及西亞	6.1	5.9	5.7	5.9	7.5	8.7	9.5
中亞和南亞	2.1	1.5	1.3	1.1	1.1	1.0	1.0
東亞和東南亞	0.4	0.4	0.5	0.6	0.7	0.8	0.8
拉丁美洲和加勒比海地區	1.6	1.4	1.3	1.3	1.4	1.5	2.3
大洋洲（不包括澳、紐）	3.7	3.6	3.5	3.3	2.9	2.7	2.5
澳大利亞和紐西蘭	22.0	21.9	22.2	23.5	25.8	27.2	29.9
歐洲和北美	7.7	8.5	9.4	10.3	11.3	11.9	13.0

資料來源：UN Department of Economic and Social Affairs (2021).

縮，造成為數眾多的移工失去工作無法繼續停留在居住地。比如阿拉伯聯合大公國，失業者90%是移工，眾多失去工作的移工，又因為航班中斷或母國邊境管制，被迫留置於工作國或卡在轉機國，陷入缺乏收入甚至沒有居留許可的困境（Anonymous, 2020: 46）。不過，對於全球移民匯款降幅低於預期（匯款量遠高於預期），國際移民組織認為這反映疫情讓更多移民透過正式管道匯款和離散社群地位日趨穩固，這也受惠於某些必要工作者（essential workers）中具有高比例的移工而緩和移工整體的失業率。同時，新冠疫情也加速數位科技使用，有效提升移民管理效能（International Organization for Migration, 2021: 167-169）。至於這些新冠疫情下國際遷徙的變化，是否會成為管理跨國移民的長期趨勢，尚有待觀察。

第二節　跨國移民的理論

對於移民的研究，大抵可分為移民發生的原因、移民對移出國和移入國帶來的影響和移民政策的形成三個面向。首先，就移民發生的原因來

說，新古典經濟學的途徑從推力和拉力兩個方向分析，猶如經濟學的供給和需求，驅使個人選擇移出原居住國。推力為移出國的經濟困難或政治壓迫，而拉力則是移入國的經濟機會和政治自由等。因此，移民的根本原因是全球各國間的政治經濟不平等，為移民創造獲利條件。而且，移民的目的地不是隨意選擇，需要充分的資訊和可以移動。換句話說，新古典經濟學將移民看做一種經濟行為，是對自己人力資本的投資，而個人能否採取此一投資行為，則視移出國能否允許移出、移入國能否允許移入和資訊是否充足而定（Borjas, 1989: 463; Castles & Miller，譯本2008：30-31）。

一般來說，向外移民者以中產階級為主，足見能夠移民除了外在的供需條件外，移民者本身是否具備移動能力至為關鍵，所謂移動能力包括經濟能力和語言能力。移動能力的概念要落實為移民的行動，還需要能夠應付遷徙發展的非正式網絡，這些包括個人關係、家庭與家庭型態、友誼和社群關係、與經濟上的互助。有學者將透過非正式網絡帶動的遷徙稱為「連鎖式移民」（Chain Migration）（Price, 1963: 108-110; Castles & Miller，譯本2008: 36）。同樣的，移民相關產業是否發達齊備也很重要。移民相關產業包括移民仲介業、律師、代理人等，以及留學諮詢顧問、英語檢定等語言學歷認證機構，這些機構對有意移民者提供相關服務，決定移民的成本是否可負擔。當然，若是移民輸出國和接受國間基於殖民經驗、政治、貿易、投資和文化淵源而具有特殊關係，移民的流動會更加容易。這些介於宏觀的國家狀態與國家間關係和微觀的個人條件之間的中介因素，對移民的流動往往影響更為直接（Castles & Miller，譯本2008：36-38）。

移民對移出國和移入國會帶來什麼影響呢？從供需法則來看，勞力移動會提高移出國的工資水準，降低移入國的工資水準，直到兩者完全相同。但因勞力移動有成本，所以最後的均衡點不會在兩國工資完全一樣之處。這也會因遷徙者為技術勞工或非技術勞工有所不同，非技術勞工的流入不會擠壓技術勞工的薪資水準，反之亦然。另外，勞動力移出會導致本

國稅收減少，理論上也會減少對本國公共服務的需求。一方面，因為移出人口多為青壯年，正處於工作巔峰狀態，對公共服務需求較少，反而對稅收和國內經濟的貢獻顯著。另一方面，移民在移入國所繳納的稅金，遠比不上移民所需要的公共服務。因此，從公共收支的角度看，勞動力遷徙對移出國和移入國都帶來不利影響（張宇燕、李增剛，2008：317-320）。

　　按說，人才遷徙尋求更好的工作條件，對全球福利或個人福祉應該都是正面的。不過，二十世紀後半葉經濟學家提出的分析顯示，真實的世界遠比這個簡單的期望要複雜很多。[2]新古典經濟發展模型認為，人才外流（brain drain）會導致移出國的經濟衰退，這是因為有足夠的人才高階的工作才會留在本國，人才流失將導致國內貧窮、加大貧富差距、減緩經濟成長（Bhagwati & Hamada, 1974: 19-24）。相似的觀點也可見於內生成長理論，該理論認為人力資本的提升有助於生產力和所得提升，人才外流會降低移出國人力資本水準，從而導致經濟衰退（Barro & Martin, 1995）。然而，如果人才再生速度高於人才流失，即可帶來有益之人才流失。人才再生速度取決於教育，而移民機會則有可能刺激教育投入，這使得移民流出可望對本國帶來一定的正面效益（Mountford, 1997）。人才外移創造的正面效益還有在短期移出人才回國後，帶回新知提升國內生產力和帶動國內薪資提升，這使人才移動成為腦力循環（brain circulation）而非單純的人才外流（Johnson & Regets, 1998）。這種正向的反饋效應還包括海外匯款和帶動投資（Taylor & Adleman, 1995; Khadria, 2001）。其實，在已開發國家間的人才交換（brain exchange）日益普及，這往往會帶動移出國和移入國間的技術合作或雙向技術流動，促進已開發國家間的服務業貿易（Findlay, 2002）。

　　鑑於海外移民對移民母國的潛在貢獻，移民母國對海外移民社群自會採取相應的政策，以求能極大化海外移民的貢獻。學者 Thomas Faist 把

---

[2] 以下的分析來自（Lowell & Findlay, 2001: 1-34）。

移民母國的政策分為政治上控制與經濟上利用兩種類型。前者認為海外移民社群的政治效忠有助於母國政權的合法性,因此需要從政治上控制海外移民社群。後者則視海外移民社群為協助本國從事商業活動的利器,因此會提供海外移民雙重公民身分,擴大海外移民社群對母國推動跨國經濟合作的協助(Faist, 2000)。但是,海外移民社群也有其自主性,並會透過跨國網絡的建立,主導移民和國家的關係。比如學者Gabriel Sheffer觀察到,為了聯繫移民母國及其他同源的移民社群,移民社群的菁英會建立跨國通訊網絡,並透過這些跨國網絡進行政治交換,如要求媒體對移民活動報導、要求移民母國提供補助或協助,甚至對於移民母國或地主國政府進行批評(Sheffer, 2003: 180-188)。對於移民社群/移民母國/移民接受國的三角關係,Sheffer也發現移民團體和移民接受國社會雖可能因政治效忠對象不同滋生齟齬,但多數情況下移民團體和移民接受國領袖會體認彼此的共生關係,從而避免全面性的衝突。移民團體和移民母國間的衝突,則多因母國對於移民團體無條件政治效忠的期待,而移民母國也往往會為了自己的利益犧牲移民團體的利益。整體而言,移民社群和母國及接受國間三角關係能否和諧,關鍵在於移民母國和移民接受國間維持和諧的外交關係(Sheffer, 2003: 192-199)。

對於移民政策產出的解釋,過去學者的研究可歸納為三種模式(左正東,2007:176-178)。第一種模式認為,移民政策是利益團體互動的結果。學者Garry P. Freeman根據移民政策創造的利益和孳生的成本如何分配,將移民政策列入四個象限的矩陣圖。第一,當利益集中且成本集中時,由受益和受害兩方的利益團體主導移民政策,移民政策的衝突性高。第二,當利益集中而成本分散時,少數受益於移民的利益團體主導移民政策的形成。第三,當利益分散而成本集中時,由反對移民的利益團體和右翼政治領袖主導移民政策的形成。最後,當利益和成本同樣分散時,移民政策將由多數意志決定(Freeman, 1995: 882-887)。要進行成本利益分析之前,必須先對移民帶來的成本效益變化具有相當的認識。雖

然，不少學者將移民的成本效益歸於移民帶來的生產要素變化（Kessler, 2001），但是，移民所涉及的成本效益遠高於此。除了作為生產要素之外，移民也代表異質文化和特殊政治成分的具體存在，會引發外來移民和本地人之間，以及對於移民採取不同立場的不同本地社群之間的理念衝突（Zolberg, 1999：1277-1278）。因此，移民政策的選擇，不能忽略政黨選區利益的影響。一般來說，移民具有群聚居住的傾向，而在移民群聚的地方，移民和本地人競爭激烈。雖然移民政策通常不會成為選舉議題，但若移民所居住的區域對於全國性的選舉具有舉足輕重的影響時，全國性政黨將對此有所回應，此時也會帶來移民政策的變動（Money, 1999: 9）。

第二種模式認為，移民政策是國家對於移民經濟貢獻評估的結果，當經濟生產需要超過本國所能提供的勞動力時，國家會採取開放的移民政策。當生產模式轉變，降低經濟生產的勞動力需求時，外來勞動力可能變成本國人民失業的元凶。另外，移民人口在本國產生群聚現象之後，經常帶來的文化衝突和族群關係緊張，對國家的合法性造成嚴厲的挑戰，面對兩者相互作用，原先對於移民開放的移民接受國可能採取鼓勵或強迫移民返國的方式，減少本國的外來移民人口（Samers, 1999: 174-176）。雖然，在全球化的時代，國家的權威地位受到嚴重威脅，在對於國家主權極具象徵意義的移民管制上，國家也受到國際組織和跨國商業交易的限制，造成決定移民規範的權力部分向外流失（Sassen, 1998: 74）。不過，論其實際，無論國際規範的形成還是執行過程，國家都是最終決定者，對於專門技術移民的開放，仍是國家為了追求經濟競爭力的自主選擇（Szelényi, 2003）。

第三種模式認為，移民政策的發展是鑲嵌在特定的制度脈絡之中。James F. Hollifield從制度脈絡解釋移民政策，認為西方民主國家面對外來移民時，往往出現進退兩難的困境，一方面，二次世界大戰後的世界經濟力量迫使國家愈來愈開放其邊界，另一方面，國際體系和國內政治力量則迫使國家封閉其邊界，他稱此為「自由的困境」（Liberal Paradox）

（Hollifield, 2004: 886-887）。Hollifield將自由的困境歸因於國際體系中對於主權國家地位的獨尊，而移民的流入卻改變國家的人口組成，顛覆原有的國家認同，挑戰現存政府的合法性。然而，有兩個因素促使各國在自由的困境中，逐漸接受開放移民的價值，最終走向移民國家（Migration State）。第一個因素是看到美國和加拿大從接受移民獲得經濟安全和全球競爭力的典範，以及瞭解到不可能只開放貿易金融而不開放移民。第二個因素則是國際人權法的迅速發展，承認個人在國際法上受到保護的地位，迫使各國不得不對於境內的外國人給予一定地位的承認（Hollifield, 2004: 905-906）。從歐洲國家接受家庭移民的例子來看，基於憲法限制和對於特定族群的歷史責任，讓各國願意自我限制其主權範圍，而因為憲法限制和歷史責任在各國情況不一，導致各國對於外籍勞工和家庭移民的政策各自不同（Hollifield, 2004: 903-904）。

第三節　國際遷徙的管制

　　關於國際遷徙的管制措施，可分為國際層面和國內層面，國際層面的管制措施主要透過國際條約要求各國對於外來移工提供保護，國內層面的管制措施主要是各國對於移民的跨境遷徙加以限制，本節分別介紹國際和國內層面的管制措施，於論及歐洲國家管制移民措施時，會一併介紹歐盟對於境外移民的相關做法。

　　國際上保護移工的制度，主要透過條約和協定去規定，其中很多涉及社會安全的提供。難免有人會認為，移工沒有在本地繳稅，不應該與本地人享有一樣的社會福利。然而，移工填補本地勞工不足，對本地經濟做出很大貢獻。而且，唯有移工被相當的勞工標準和社會安全機制所保護，才能充分發揮生產貢獻，也才不會壓抑本國勞工的工資或福利（Tacon & Steinmayer, 2015: 86）。關於移工保護的國際公

約，最早見於1925年的《平等待遇（傷害補償）公約》（Equality of Treatment (Accident Compensation) Convention），要求對外國勞工提供與本國勞工同樣的傷害補償保護。此後，國際勞工組織（International Labor Organization）陸續推動1949年《移民就業公約》（Migration for Employment Convention）及其建議書和1975年《移工（補充）公約》（Convention concerning Migrations in Abusive Conditions and the Promotion of Equality of Opportunity and Treatment of Migrant Workers, or Migrant Workers (Supplementary Provisions) Convention）及其建議書等四項法律文件，要求締約國對移工提供平等待遇，保障移工的基本人權。截至2021年底，《移工（補充）公約》共有28國加入，25國批准，其中包含4個歐洲先進工業化國家（義大利、葡萄牙、瑞典和挪威）。

從現有的移工公約來看，對於外籍勞工的權利保護是從對本國勞工的權利保護延伸而來。首先，在社會安全保護方面，根據1952年的《社會安全（最低標準）公約》（Social Security（Minimum Standards）Convention），對於勞工的社會安全保護包括醫療、疾病福利、失業福利、老年福利、職業傷害、家庭福利、懷孕福利、傷殘津貼和遺屬養老金等。這已經不只是一個趨勢，或者只是一個習慣，而是透過國際條約成為國際法，並透過各國批准成為各國國內法律。除了社會安全外，保障勞工獲得最低工資是1990年代以來國際勞工組織推動「尊嚴勞動」（decent work）的重要議程，這包括致力降低每天工資低於2美元的工作貧窮、減少如無薪的居家工作或自雇等弱勢就業，以及增加勞動生產力。如果本國勞工都無法完全充分享有社會安全保障或「尊嚴勞動」的待遇，更遑論外籍勞工。當然，外籍勞工要享受社會安全保障和「尊嚴勞動」待遇，往往需要額外的附加條件，以及相應的立法配合。關於社會安全保障，如日本、南韓、泰國都要求移工提撥退休金，若移工在該國停留期間未超過相當年限，雖可領取部分已提撥退休金，但可領取的退休金相當有限，有時停留期間要求太長，造成移工實質上根本無法享受到所提撥的退休金。

至於工資保障，則視地主國是否立法將移工納入最低工資保障（Tacon & Steinmayer, 2015: 87-90）。

聯合國大會於1990年通過《保護所有移工及其家庭成員權利國際公約》（International Convention on the Protection of the Rights of All Migrant Workers and Members of Their Families），該公約於2003年生效，這是關於移工保護一個新的里程碑。該公約有兩大原則，一是禁止歧視，一是國民待遇。禁止歧視指所有移工及其家庭成員，不應因其個人條件或社會屬性而受到歧視，且此禁止歧視原則適用於完整的遷徙過程，從準備移動一直到返回原籍國或慣常居住國。國民待遇則指獲准從事有報酬活動的移工，在符合許可所附的條件下，享有與從事該項有報酬活動的就業國國民同等的待遇。同等待遇可適用的範圍包含勞動條件、選擇職業自由、社會保障和團結權（張鑫隆，2017：5-8）。不過，截至2021年底，該公約只有39個國家簽署、56個國家批准，而且簽署國和批准國都是移工輸出國，主要的移工接受國幾乎都未簽署，甚至有龐大海外就業人口的中國大陸和印度也未簽署，該公約能否發揮實質效果，尚有待觀察。

正如前述，國內層面的移民管制措施主要是對於國際遷徙的限制規定，這些規定從1970年代開始大量出現，這是因為從戰後到1970年代，國際移民快速增加，帶來大量的非法移民。為控制非法移民和限制移民數量，先進工業化國家開始著手限制國際遷徙。各國的管制策略大致分為強化懲治雇主、合法化計畫和臨時勞工許可計畫三種類型。首先，自1970年代起，歐洲多數國家相繼加強懲罰非法僱用外國人的雇主，讓雇主非法僱用的風險上升，合法勞工也能因此有更好的待遇，從而避免壓低本國勞工的薪資。雖然強化懲治方案獲得主流政黨的支持，但有執行人力不足和各部門協調的困擾。1986年美國通過《移民改革與控制法》（Immigration Reform and Control Act），強化懲治雇主方案的法律地位，但依然受到各方爭議，少數族群擔心受到就業歧視，雇主擔心增加成本，勞力密集的農業部門則擔心人力不足（Castles & Miller，譯本2008: 124-126）。這些

不同因素的顧慮，一定程度影響懲治雇主方案對打擊非法移民的執行效果。

其次，合法化計畫將原本非法的移民賦予合法身分，這是先進國家常見消除非法移民的措施，如美國在1960年代的「濕背曬乾」（drying out the wetback）方案[3]，對非法的墨西哥勞工合法化。1986年的移民改革與控制法，同樣對1982年前抵達美國的非法移民合法化，另外也對外籍的季節性移工以及來自古巴和海地的非法移民給予合法化。歐洲國家中，法國從二次戰後到1970年間數次推動合法化計畫，1981年社會黨執政後，又積極推動合法化計畫。1990年代，西班牙和義大利也數次推動合法化計畫。然而，由於不知道合法化的申請程序，或是擔心其他後果，多數非法移民沒有參加合法化計畫，而欺騙情況和因此吸引額外的非法移民，反而讓非法移民情況更為嚴重（Castles & Miller，譯本2008: 127-129）。

最後，臨時外籍勞工計畫是引進短期外籍勞工，以解決本國勞動力不足的問題。二次戰後不少西北歐國家推動客工計畫（guestworker program），招徠來自南歐的單身勞工，通過對居留時間、居留地點和工作類別有所限制的入境和工作許可，為本國產業提供補充性勞動力。計畫施行初期，雖然禁止換工作、禁止申請長期居留、也禁止家屬團聚，但隨著各國爭相引進短期勞工，上述限制逐漸放寬（Castles & Miller，譯本2008：90-94）。1973～1974年間，因為石油危機造成的經濟衰退，絕大多數西歐國家停止招募客工，直到1990年代，部分歐洲國家如德國、荷蘭、瑞典才再度招募短期外籍勞工，且南歐的義大利和西班牙也加入招募外籍勞工的行列。不過，不像過去的客工計畫，1990年代的臨時外籍勞工計畫採取季節性勞工形式，入境的勞工的停留期間比過去短很多（如

---

[3] 1942年，美國和墨西哥簽署協定，引進墨西哥勞工到美國農場工作，稱為「手臂計畫」（Bracero Program）。此後該計畫數次展延，直到1964年終止。然而，期間也曾出現大量來自墨西哥的非法移民，為此，美國曾於1954年發動「濕背行動」（Operation Wetback），將上百萬非法移民遣返墨西哥。

德國只有三個月），且數量規模較以往的客工計畫也小很多（Castles &
Miller，譯本2008：130-131）。

　　1990年代部分歐洲國家推動季節性移工計畫時，正逢歐盟形成並
推動共同移民政策之際，對於各國移民政策帶來相當的影響。從歐盟
（1980年代仍稱為歐洲經濟共同體）整體來看，自1980年代以來的移
民政策原本是循序漸進地朝向開放，從成員間人員流動形成單一市場，
到讓第三國移民入境工作居留。根據1985年的《申根協定》（Schengen
Agreement），原始簽署國和後來加入國會形成申根區，涵蓋26個歐洲
國家，申根區的人員可自由往來。1999年歐盟通過「自由、安全與司
法領域」（Area of Freedom, Security and Justice），推動歐盟國家間對
移民的共同管理。2005年歐盟執委會發表綠皮書（Green Paper on an EU
approach to managing economic migration），協助成員國放寬經濟移民的
管制措施，並提出共同的整合議程（A Common Agenda for Integration -
Framework for the Integration of Third-Country Nationals in the EU），致力
消除對移民的各種歧視，促進第三國公民融入歐洲社會。2009年歐盟執
委會發行藍卡（Blue Card）的指令生效，給予高技術勞工移民自由入出
境、一定的社會福利和申請永久居留的權利（卓忠宏，2016：59-60）。

　　然而，2010年茉莉花革命和2011年敘利亞內戰，引發大量難民湧入
歐洲，一方面促使歐盟採取緊急措施，實施短期內部邊界管制。另一方
面，直接面對移民衝擊的國家（如義大利和希臘）急需資源應對，歐盟
的政策卻限於原則性的指示，也導致邊界國家和其他歐盟國家的立場分
歧。凡此，再加上接連發生的恐怖攻擊，讓歐盟整體對移民的態度更偏
重阻絕非法移民，並重新思考其原有的移民政策架構（卓忠宏，2016：
65-68；陳仲沂，2016：143-144）。不過，德國顯然是歐盟國家中的例
外。德國前總理梅克爾於2015年宣示德國將成為移民國家，2019年更通過
《專業人才移民法》，降低非歐盟地區專業勞工進入障礙，取消對申請簽
證者的專業背景限制，並且讓具備經濟實力的申請者可以獲得六個月的居

留簽證，在德國尋找就業機會（Anonymous, 2019: 29-30）。

晚近，原本對於外來移民相當保守的日韓兩國，在高科技產業競逐全球人才的風潮下，紛紛擴大提供永久居留權以吸引尖端專業人才。再加上國內少子化造成人力短缺，兩國同時對範圍相當廣泛的中低階技術人才開放工作簽證（辛炳隆，2019：52-54）。反而是向來對外國移民最為開放的美國，在川普政府任內接連廢止「童年抵達者暫緩驅逐辦法」（Deferred Action for Childhood Arrivals, DACA）、取消難民臨時保護身分（Temporary Protected Status），並透過行政程序的調整（如增加面談要求）提高移民的門檻，以此降低部分類別移民（如親屬移民）來美的人數（Pierce et al., 2018：9）。此外，針對來自墨西哥的非法移民，川普政府還執行「移民保護協議」（Migrant Protection Protocols），要求來自墨西哥的非法或無照移民必須回到墨西哥等候美國司法程序的處理結果（所以該政策又稱為「留在墨西哥」政策）。2021年拜登政府上台後，雖嘗試恢復「童年抵達者暫緩驅逐辦法」，也試圖廢止「留在墨西哥」政策，但到2021年底皆受阻於美國法院判決而原地踏步。

🌐 第四節　移民與發展

近年來受到政治、社會等多重因素的影響，歐美國家的公共輿論對移民問題的討論日趨極端，從包容彼此差異到仇恨排外的情緒呈現兩極化傾向。然而，在全球化的世界，無論是對於原籍國或是移居國，移民在經濟、社會文化的貢獻都不容小覷。在經濟面向，許多移民會將其在移居國工作所得匯回原籍國，形成規模龐大的僑匯（remittances）。僑匯對留在原籍國的移民親屬，無論日常生活、教育和醫療都有很大的幫助，現今科技的進步也使得匯款程序大幅簡化，許多移民可透過行動支付進行匯款，凡此又促進僑匯規模的擴大。然而，移民在移居國的法律地位可能會

影響移民的匯款能力，諸如工作不穩定或處於非正式工作狀態等都會限制移民的收入（International Organization for Migration, 2019b: 172-173）。除了僑匯，原籍國也可以發行專門由其海外移民購買的債券〔即「僑民債券」（diaspora bond）〕，以動員僑民的經濟實力增加國內收入，而僑民亦可以透過直接投資母國增加經濟貢獻。對移居國來說，移民除可補充該國的人力缺口外，在有些國家，移民的創新還成為經濟成長的重要因素（International Organization for Migration, 2019b: 175-178）。在社會文化方面，移民會帶來飲食和藝術流行文化的多樣化，而西方國家常見具有移民身分的運動明星，則有助於促進反種族主義和反仇外情結。[4]除此之外，移民返回原籍國所帶來的思想交流，比如性別平等觀念的傳播，可能改變原籍國的社會文化，儼然成為與僑匯同具影響力的另類僑匯，因此可稱為「社會僑匯」（social remittance）（International Organization for Migration, 2019b: 165-169）。

　　無論是對於原籍國或移居國，移民在經濟與社會文化方面皆有很大的貢獻，但是，要讓移民充分發揮其貢獻，需要移民能夠充分融入移居國，這一直是政府決策或社會輿論討論的核心。若將移居國的移民政策視為一個光譜，則一端是最包容移民的「多元文化主義」（multiculturalism）、處於中間的「整合」（integration），以及對移民原生文化最不友善的「同化」（assimilation），這三種政策具有允許移民原生文化不同程度的並存。隨著時代的進步，許多國家的移民政策逐漸朝向中間光譜的整合，強調移民與移居國原本居民雙向互動的過程。而討論的面向包含語言、教育、移民與原籍國家庭的團聚，乃至於政治參與等（International Organization for Migration, 2019b: 189-200）。凡此皆可看

---

[4] 一個著名的例子是效忠於英國利物浦足球俱樂部的 Mohamed Salah，同時也是埃及足球國家隊成員，由於 Salah 的良好形象，改善英國民眾對伊斯蘭教的印象，從而降低他所服務球隊 Liverpool FC 當地（Merseyside）的仇恨犯罪，這被稱為薩拉效應（Salah effect）（International Organization for Migration, 2019b: 167）。

到，要讓移民融入移居國，所需要的政策涵蓋面向甚廣，也會對移居國本國人民帶來深刻影響，無怪乎竭力歡迎移民的國家要自我定位為「移民國家」。

在移民發生的各種理由之中，基於經濟理由而遷徙的移工對於經濟發展的貢獻最為直接，因為工作移民對人力資源再分配具有顯著效果，對於原籍國和移居國都會帶來正面效益。因此，國際社會除了建立保護移工權利的法律規範外，還透過各種多邊諮商機制，形塑和凝聚國家間的共識，以改善各國對於移工的政策，促進移工管理的國際合作。基本上，對於移工政策的國際合作可分為三方面，分別是保護移工、極大化移工的貢獻和資料建立與能力建立。[5] 第一，保護移工的國際合作重點在於減少移工被剝削的可能性，其中一個方法是在移工離開母國前提供講習，讓移工瞭解自身相關權益。提供講習對移工的潛在幫助很大，因為那時候移工還有選擇權，特別是要在移工繳交高額仲介費以前，讓他們有充分的訊息是非常重要的。第二，極大化移工的貢獻，也就是讓移工的經濟效益發揮到最大，這方面的國際合作有兩項重點，一是要促進匯款順利，二是要促進資格承認。從國外的工作地匯款回母國，有語言的問題，有法律、制度的問題，非常複雜。此外，銀行對於匯款可能要求有存款或相關身分證明，這些移工可能都沒有。因此，如何透過制度調和，讓移民匯款更加順利，非常重要。其次，資格的承認對移工的機會和待遇至為關鍵，目前很多國際協議都在處理資格承認的問題，其所涉及會跨境移動的職業範圍相當廣，除了醫師、律師、建築師等傳統的專業領域外，還包括相當數量的其他技術資格領域。第三，資料建立和能力建立也是國際合作的重點工作，前者指建立完整及可相容的資料，後者則指對海外的勞工管理者進行培訓。因為當海外勞工要進入到本國來時，勞工須經過本國在海外的官員審核，諸如犯罪紀錄或其他相關背景查核。本國官員的審核既要保障本國

---

[5] 亞洲地區關於移民的多邊諮商機制可倫坡程序（Colombo Process）最初即以此三方面展開多邊諮商（Tacon & Steinmayer, 2015: 121-122）。

國家安全，又要適度保障勞工權益，還要避免貪污，確保審核程序的廉潔透明，這些都需要一定的訓練（Tacon & Steinmayer, 2015: 121-122）。

在國際合作之中，經常碰到的問題是移工輸出國希望加強移工保障，但移工輸入國則擔心輸入移工難以控制，由於兩者立場南轅北轍，導致國際合作往往難以實現。因此，有些多邊諮商機制先從移工輸出國開始，等輸出國形成共識後再想辦法說服輸入國。如亞洲地區的可倫坡程序（Colombo Process），原是由南亞和東南亞的移工輸出國組成，探討保障移工權益。後來再邀請這些國家勞工在中東地區工作的地主國加入，組成阿布達比對話（Abu Dhabi Dialogue），促進輸出國和輸入國的合作。其他類似的機制還有歐洲的布達佩斯程序（Budapest Process）和布拉格程序（Prague Process）。若以全球範圍來看，聯合國自2007年起召開的「全球移民與發展論壇」，是目前探討移民與發展最大的多邊論壇，也是探索保障移工權利最重要的對話平台。然而，無論是對話機制還是多邊論壇，終究只能促進不同利益相關者的溝通，要對移工或移民帶來實質保障，還需要將對話成果轉為多邊宣言以及多邊條約，以發揮多邊倡議的規範性效果，而聯合國正是推動多邊倡議最常見也最合適的場域。

在涉及移民權利的聯合國宣言之中，2015年聯合國大會通過的2030年永續發展議程（2030 Agenda for Sustainable Development）是極具代表性的成果。列出17項永續發展目標和169項附帶目標的永續發展議程，在議程前言特別提到「正視移民對包容性成長和永續發展的正面貢獻」，呼籲國際合作確保安全、有序和常規的移民，尊重移民的人權和人性化對待，並將「執行有計畫和妥善管理的移民政策，以促進安全、有序、常規和負責任的移民與人民移動」，列入永續發展目標第十項「減少國內和國際不平等」第七項附帶目標（10.7）。此外，2030年永續發展議程其他與移民直接相關的目標，還包括增加國際學生移動（4.B）、保障移民（特別是女性移民）工作權利和提供安全工作環境（8.8）、降低僑匯成本（10.C）和改善關於移民的資料品質（17.18）。可以說，永續發展議程不再將移民

當作阻礙發展的問題,而是促進發展的機制。同時,2030年永續發展議程指出移民的跨領域重要性和移民治理所面對的挑戰,特別正視移民女性化(Feminization of Migration)趨勢和僑匯成本過高的現象,誓言要消弭成本高於5%的僑匯走廊(remittance corridor),足見永續發展議程對移民課題的重視程度(International Organization for Migration, 2018: 13-14, 19-22)。

延續永續發展議程對移民的空前重視,各國領袖自2016年聯合國大會起,即就建立移民治理的綜合架構和促進全球合作展開廣泛磋商,最終於2018年馬拉喀什(Marrakech)會議通過《安全有序和正常移民全球契約》(Global Compact for Safe, Orderly and Regular Migration)(又稱為《移民問題全球契約》),該契約順利獲得聯合國大會通過。此一全球契約矢志改善原籍國的生存環境、減少遷徙過程的脆弱性、協助社區應對移民衝擊、創造有利於移民對發展有所貢獻的條件,並倡議採取全政府(whole-of-government)、全社會(whole-of-society)的途徑以促進移民治理的政策一致性和建立廣泛的夥伴關係,以改善移民治理。雖然,這份全球契約不具備法律拘束力,如同巴黎氣候協定和永續發展目標,這份政治企圖極高的全球契約實際上難以落實於硬法(hard law)。儘管如此,這份契約仍可作為一份路線圖,提供未來具有拘束力國際協定的前例(Gowan, 2018)。然而,這也正是部分國家有所疑慮的原因,特別是這份全球契約可能擴大移民管道和要求盡量不留置非法移民的孩童,都與已開發國家希望控制移民和維持現有做法留置幼童移民的期待相左(Margesson, 2020)。美國於2017年退出談判過程,全球契約通過後,部分中東歐國家如捷克、匈牙利、奧地利、保加利亞和波蘭等皆未簽署,相似的,澳洲、巴西和以色列也以該契約會傷害邊界管理而拒絕簽署。凡此也可說明,要擴大移民對發展的貢獻,充分保障移民權利,如何拉近輸出國和輸入國的分歧立場,找到兩方都接受的平衡點,仍是最艱鉅的挑戰。

🌐 第五節　結論

　　移民的現象非常複雜，聯合國對移民的定義是居住地的改變，凡移居其他國家超過一年即視為長期移民。按照移民進入居留地的理由，全球人口移動可分為屯墾移民、契約勞動移民、專門技術移民、無身分之勞動移民及難民和申請庇護者等五種。前四種皆屬於經濟理由，最後一種的難民本只基於政治理由，但晚近又因為氣候變遷造成環境難民數量急遽上升。2020年全球移民人數約2億8,100萬人，其中移工人數為1億6,900萬。過去二十年間移民大幅成長，2020年新冠疫情並未減少移民數量，只有移民向母國匯款數量微幅下降。對於移民發生的原因，有宏觀、微觀和中介條件三個層面，移出國的經濟困難或政治壓迫、移入國的經濟機會和政治自由是宏觀條件，個人的移動能力和充分資訊是微觀條件，但人際網絡和移民產業則是中介條件。關於移民對移出國和移入國帶來的影響，雖然青壯人口輸出和人才外流會對經濟帶來不良影響，但若能促成人才再生和腦力循環，也可能帶來正向的反饋效應。至於移民政策的形成，學者的研究可歸納為利益團體模式、國家利益模式和制度主義模式，分別從利益團體互動、決策者對經濟需要的判斷和憲政主義的制度脈絡，解釋各國不同的移民政策產出。

　　關於國際遷徙的管制措施，可分為國際層面和國內層面。國際層面的管制措施包括1925年的《平等待遇（傷害補償）公約》、1949年《移民就業公約》、1975年《移工（補充）公約》和1990年《保護所有移工及其家庭成員權利國際公約》，這些條約要求各國對於外來移工提供基本人權保障和社會安全保護，並進一步要求對於移工應禁止歧視和提供國民待遇。國內層面的管制措施主要是各國對於移民的跨境遷徙加以限制，如早期為控制非法移民和限制移民數量而採取的強化懲治雇主、合法化計畫和臨時勞工許可計畫等做法。進入二十一世紀，鑑於高科技產業的激烈競

爭，各國爭相吸引高階技術人才，即便如傳統上對外來移民相對保守的德國與日韓，都積極鼓勵技術移民。反倒是傳統上歡迎移民的美國，在川普任內採行數項限制措施防堵來自墨西哥的非法移民。不只對於移入國，移民對於移出國也有廣泛的貢獻，要讓移民充分發揮其貢獻，一方面要透過適當的政策，讓移民充分融合於移居地，一方面則要促進移工管理的國際合作，以有效保護移工權益，促成移工貢獻的極大化。聯合國是促進移工管理國際合作最重要的平台，除了每年召開的「全球移民與發展論壇」外，近來通過的《2030年永續發展議程》和《安全有序和正常移民全球契約》更成為運用移民促進發展多邊倡議的里程碑，可惜後者因部分已開發國家不願簽署而受到限制，這也說明要擴大移民對發展的貢獻，充分保障移民權利，如何拉近輸出國和輸入國的分歧立場，找到兩方都接受的平衡點，仍是最艱鉅的挑戰。

參考書目

左正東（2007）。〈開放中國大陸科技和商務人才來臺的政策變遷分析〉。《遠景基金會季刊》，第8卷第2期，171-206。

辛炳隆（2019）。〈主要國家移民政策對我國之啟示〉。《台灣經濟論衡》，第17卷第1期，頁50-56。

卓忠宏（2016）。〈移民與安全：歐盟移民政策分析〉。《全球政治評論》，第56期，頁47-73。

張宇燕、李增剛（2008）。《國際經濟政治學》（第一版）。上海：上海人民出版社。

張鑫隆（2017）。〈「保護所有移工及其家庭成員權利國際公約」與我國看護移工之人權保障〉。《台灣勞工季刊》，第51期，頁4-13。

陳仲沂（2016）。〈歐盟整合架構下之認同與制度建構之探究：以歐盟移民政策為例〉。《淡江國際與區域研究》，第5卷第1期，頁117-152。

Anonymous (2019). Opening up, a crack. T*he Economist, 431*(9143), 29-30.

Anonymous (2020). Tearing up the welcome mat. *The Economist, 436*(9205), 46-48.

Anonymous (2021). Well-founded fears. *The Economist, 440*(9257), 47-49.

Barro, Robert J. & Xavier Sala-i-Martin (1995). *Economic Growth*. New York: McGraw-Hill.

Bhagwati, J. & Koichi Hamada (1974). The brain drain, international integration of markets for professionals and unemployment: a theoretical analysis. *Journal of Development Economics, 1*(1), 19-42.

Borjas, G. J. (1989). Economic theory and international migration. *International Migration review, 23*(3), 457-485.

Castles, Stephen & Mark J. Miller (2003). T*he Age of Migration: International Population Movements in Modern World*. New York: The Guilford Press. 中文譯本：賴佳楓譯（2008）。《移民：流離的年代》。台北：五南。

El-Hinnawi, Essam (1985). *Environmental Refugees*. New York: United Nations. 轉引自：王震宇（2013）。〈氣候變遷與環境難民保障機制之研究：國際法規範體系與歐美國家之實踐〉。《歐美研究》，第43卷第1期，頁149-212。

Faist, Thomas. (2000). Transnationalization in International Migration: Implication for the Study of Citizenship and Culture. *Ethnic and Racial Studies, 23*(2),189-222.

Findlay, A. (2002). From brain exchange to brain gain: policy implications for the UK of recent trends in skilled migration from developing countries. *International Migration Papers, 43*, 1-48.

Freeman, Garry P. (1995). Modes of Immigration Politics in Liberal Democratic States. *International Migration Review, 29*(4)(Winter), 881-902.

Gowan, Richard (2018). Future Implication for Marrakech Migration Pact. *Our World.* https://ourworld.unu.edu/en/future-implications-of-the-marrakech-migration-pact.

Hollifield, James F. (2004). The Emerging Migration State. *International Migration Review, 38*(3)(Autumn), 885-912.

International Organization for Migration (2018). *Migration and the 2030 Agenda for Sustainable Development*. Geneva: International Organization for Migration.

International Organization for Migration (2019a). *International Migration Law: Glossary on Migration*. Geneva: International Organization for Migration.

International Organization for Migration (2019b). *World Migration Report 2020*. Geneva: International Organization for Migration.

International Organization for Migration (2021). *World Migration Report 2022*. Geneva: International Organization for Migration.

Johnson, Jean M. & Mark C. Regets (1998). International mobility of scientists and engineers to the U.S.: Brain drain or brain circulation? *National Science Foundation Issue Brief*, 98-316, Revised Nov. 10. http://www.nsf.gov/sbe/srs/issurebrf/sib98316.htm.

Kessler, Alan E. (2001). Immigration, Economic Insecurity, and the Ambivalent American Public. *The Center for Comparative Immigration Studies(University of California, San Diego) Working Paper, 41*(September). http://www.ccis-ucsd.org/PUBLICATIONS/wrkg41.PDF.

Khadria, Binod (2001). India: country study- *Skilled Labour Migration (the ëbrain drainí) from India: Impact and Policies*. New Delhi: Jawaharlal Nehru University.

Lowell, B. L. & Allan Findlay (2001). Migration of highly skilled persons from developing countries: impact and policy responses. *International Migration Papers, 44*, 1-41.

Margesson, Rhoda (2020). *The Global Compact on Migration and US Policy*.

Washington, DC: Congressional Research Service. https://sgp.fas.org/crs/row/IF11003.pdf.

Money, Jeanette (1999). *Fences and Neighbors: The Political Geography of Immigration Control*. Ithaca, NY: Cornell University Press.

Mountford, A. (1997). Can a brain drain be good for growth in the source economy? *Journal of Development Economics, 53*(2), 287-303.

Myers, Norman (2005). Environmental refugees: An emergent security issue. *Paper Presented at 13th Economic Forum*, May, Prague, the Czech Republic. 轉引自：王震宇（2013）。〈氣候變遷與環境難民保障機制之研究：國際法規範體系與歐美國家之實踐〉。《歐美研究》，第43卷第1期，頁149-212。

Pierce, S., Jessica Bolter & Andrew Selee (2018). *US Immigration Policy Under Trump: Deep Changes and Lasting Impacts*. Washington, DC: Migration Policy Institute.

Price, C. (1963). *Southern Europeans in Australia*. Melbourne : Oxford University Press.

Samers, Michael (1999). Globalization, the Geopolitical Economy of Migration, and the Spatial Vent. *Review of International Political Economy, 6*(2)(May), 166-199.

Sassen, Saskia (1998). *Losing Control: Sovereignty in the Age of Globalization*. (New York: Columbia University Press.

Sheffer, Gabriel (2003). *Diaspora Politics: At Home Abroad*. New York: Cambridge University Press.

Stalker, Peter (2001). *The No-nonsense guide to international migration*. Toronto: Between the Lines. 轉引自：詹中原（2016）。〈全球移民與人力資源管理：外國人應國家考試制度探討〉。《國家菁英季刊》，第12卷第1期，頁3-18。

Szelényi, Katalin (2003). The Politics of Highly Skilled Migration: Policies in Whose Interest. *Center for Comparative and Global Research (UCLA) Working Paper*, (January). http://www.international.ucla.edu/cms/files/katipaper2.doc.

Tacon, Paul & Vanessa Steinmayer (eds.) (2015). *Asia Pacific Migration Report 2015: Migrant's Contribution to Development*. Asia Pacific RCM Thematic Working Group on International Migration including Human Trafficking.

Taylor, J. E. & I. Adleman (1995). *Village Economies: The Design, Estimation and Use of Village-Wide Economic Models*. New York: Cambridge Press.

UN Department of Economic and Social Affairs (2020). *Handbook on Measuring International Migration through Population Censuses*. New York: United Nations.

UN Department of Economic and Social Affairs (2021). International Migrant Stock 2020. New York. Available at www.un.org/development/desa/pd/content/international-migrant-stock

Zolberg, Aristide R. (1999). The Politics of Immigration Policy: An External Perspective. *American Behavioral Scientist, 42*(9)(June/July), 1276-1279.

Chapter 8

國際貨幣體系

2022年2月底，美國、加拿大、英國和歐盟決定將與俄羅斯總統普丁個人有關聯的七家俄羅斯銀行排除於SWIFT系統[1]之外，以懲罰俄羅斯對烏克蘭的軍事行動。其實，早於2014年俄羅斯兼併克里米亞後美國已針對部分俄羅斯企業展開金融制裁，其他曾受到美國制裁的對象還有如伊朗、北韓、伊拉克等等。金融制裁的目標在於將制裁對象排除於以美元為主的國際金融體系，以澈底癱瘓其營運能力。具體的做法除了運用SWIFT系統外，還包括凍結制裁對象在美國的銀行帳戶、對與制裁對象交易銀行開徵鉅額罰款等等。因為美元是各國間交易使用的主要貨幣，特別是能源貿易皆以美元進行，因此多數國際交易需要透過紐約的往來銀行進行，這讓美國政府可以阻絕制裁對象的國際交易。為降低對美元體系的依賴，自2014年起俄羅斯致力減少中央銀行外匯儲備持有的美元，推動以本國貨幣或歐元進行國際貿易，到2020年無論美元外債或是以美元計價的出口，都已有顯著減少（Anonymous, 2020: 68-69）。此外，俄羅斯還嘗試發展可替代SWIFT的系統SPFS。不過，自俄烏戰爭爆發後美國和歐盟實施的金融制裁，還是對俄羅斯經濟帶來沉重打擊。

　　的確，作為最主要國際貨幣的美元，賦予美國其他國家難以望其項背的權力，美元霸權（dollar hegemony）成為美國霸權最鮮明的標誌。在世界歷史上，美元霸權是空前的，在美國之前的大英帝國，無法透過英鎊發揮如此巨大的強制性權力，其他歷史上的帝國也未見用貨幣支配世界的前例。如此特殊的美元霸權，必然受到其形成經歷的塑造。其次，美元霸權也是不斷演進的，美元霸權的演進過程和美國經濟息息相關，戰後美國曾經歷數度經濟困境，美國的經濟波動自然會影響美元霸權，帶來國際貨幣體系調整的壓力。此外，既然作為國際貨幣享有如此優勢的地位，具備條件的其他貨幣發行國自然也會有取而代之的企圖。因此，本章先介紹國

---

[1] SWIFT 的全名是環球銀行金融電信協會（Society for Worldwide Interbank Financial Telecommunicatios），是全球銀行同業間的合作組織，提供銀行同業間金融交易的資訊傳遞管道，一旦訊息管道被切斷，將無法和全球其他同業進行金融交易。

際貨幣體系的歷史，回顧從金本位制到二次戰後的布雷頓森林體系固定匯率制的變化，來看美元體制的特殊地位。其次從布雷頓森林體系固定匯率制的崩解和特殊提款權制度的發展，來看國際貨幣體系的改革。再來從學者的研究分析國際貨幣應該具備的功能和條件，最後說明其他貨幣對美元體制的挑戰。

第一節　從金本位制到布雷頓森林制

　　當前世界各國絕大多數會發行本國貨幣，用以支應國內經濟的各項交易，並彰顯國家的貨幣主權。國際貨幣體系即是處理各國貨幣之間如何進行交易的制度，並可具體分為三項元素，第一是「國際儲備貨幣」，第二是「國際匯率機制」，第三是「國際收支調節機制」（張宇燕、李增剛，2008：239-240）。首先，雖然各國發行本國貨幣，但進行國際交易時往往會使用兩國約定的貨幣，也許是其中一國的貨幣，也許是其他交易媒介。若某國貨幣被多國接受作為國際交易貨幣，各國往往會長期持有相當數量的該國貨幣，以此作為價值儲存，並可於未來支付必要的國際交易。這一種或數種貨幣即稱為「國際儲備貨幣」。其次，可供選擇的匯率機制可簡單分為兩種，分別是固定匯率制和浮動匯率制，若世界各國採用同樣的匯率機制，該匯率機制即是國際匯率機制。第三，如果一國對另一國的收入和支出不相等，長此以往，其差額必須調整。一般來說，調整國際收支的方法可以透過匯率調整，即出超國讓貨幣升值或入超國讓貨幣貶值，以消弭貿易不平衡。究竟採取何種方式，關鍵在於要由支出多的入超國承擔調整責任，還是要由收入多的出超國承擔調整責任（Gilpin，中文譯本2004：294-295）。

　　由於國際儲備貨幣往往就是國際間最廣為使用的國際貨幣，而一旦選擇國際儲備貨幣後，相關的匯率機制和收支調節機制也可相應而定，因

此對國際儲備貨幣的選擇實為國際貨幣體系的核心問題。眾所周知，今天國際間主要的交易貨幣是美元，但又不限於美元，在歐洲國家之間，歐元是主要的交易貨幣。美元從一國貨幣發展成為國際交易貨幣，大概經歷一百年左右的時間。在美元成為主要的國際交易貨幣前，國際間交易是以貴重金屬作為貨幣基礎，又可稱為金屬本位。作為貨幣的貴重金屬有銅、銀、金，早期多數國家採用銅或銀，中世紀起，也有國家採用黃金。由於黃金昂貴，使用黃金鑄幣的國家相對有限。十四世紀西班牙人征服中南美洲後，從當地採掘大量白銀送回歐洲，鑄成著名的八里爾（reales 8, or piece of eight）銀幣，支應西班牙王室的戰爭花費，以及歐亞之間的貿易活動。大量白銀輸入沒有伴隨生產技術的提升，一方面造成歐洲糧食價格上漲，成為著名的「物價革命」，一方面帶動歐洲經濟的貨幣化，為資本主義發展奠定基礎（Ferguson，中文譯本2009：29-34）。白銀大量進口為各國兼用金銀作為貨幣創造條件。因此，在十九世紀之前，歐洲國家都是採取金銀雙本位制（bimetalism），以兩種金屬分別鑄幣，並規定兩種幣別之間的兌換價格。

　　歐洲國家中，英國最早採用金本位，而且是出於巧合。這是因為巴西生產的黃金持續湧入英國，導致英國原本的金銀兌換比例難以維繫，遂於1774年起對已經發行的銀幣限制其獲得償付範圍，並於1821年停止償付所有已發行的銀幣。但是，除了葡萄牙因與英國有鉅額貿易而於1854年採用金本位，其他歐洲國家仍維持金銀雙本位，直到1870年後才相繼採用金本位。歐洲國家會轉向金本位，主要是因為普法戰爭期間法國、俄國和奧匈帝國相繼暫停進行貨幣兌換，英國成為歐洲的貨幣中心。此時，德國維持雙本位制和東歐國家貿易的好處不再，且德國本有相當規模的海外貿易由倫敦提供信用擔保，再加上普法戰爭後的法國賠款讓德國累積鉅額黃金。因此，德國轉而採用金本位制。德國轉向金本位釋出龐大的白銀，加上1858年美國內華達州發現銀礦，讓各國銀價更難以維持，於是其他歐陸國家相繼採用金本位，金本位遂成為國際貨幣體制，到十九世紀末期，

俄羅斯和亞洲的印度、日本都轉而採用金本位制（Eichengreen, 1996: 8-9,
11-13, 16-18）。

　　簡單來講，金本位有兩個特徵，一是各國規定其本國貨幣跟黃金間
的固定價格，並保證兩者間可以自由兌換，一是個人可以自由出口跟進口
黃金（張宇燕、李增剛，2008：241；Knafo, 2006: 81）。這兩個條件都
非常重要，且缺一不可。要執行金本位，需要一般民眾願意持有黃金。因
此，貨幣跟黃金間價格要穩定，且要讓個人可以自由進出口黃金，黃金自
由進出口等同於資本完全自由流動。在各國境內，不是以黃金為貨幣，但
國際貿易則以黃金來交易。其實，要保證本國貨幣跟黃金自由兌換並不容
易，在經濟不景氣或戰亂時特別困難，這也是第一次世界大戰後金本位無
法恢復的原因。

　　金本位能夠維持四十餘年，當然具有一定的優勢。首先，透過黃
金的流動，國際間的經濟調整可以自動發生，而且能夠中立於各國干
預之外。David Hume提出的「物價現金流動機制」（Price Specie Flow
Mechanism）即說明當出口增加導致黃金流入時，會推升本國物價並導致
出口價格上升，從而增加進口並降低出口，最終自動達成均衡（Knafo,
2006: 82）。[2]其次，因為國際貿易用黃金而不是某一特定國家的貨幣，因
此，這個制度本身不會去優惠特定的國家。任一國家需要都可以購買黃
金，就算該國沒有蘊藏黃金，也可以在公開市場購買。所以，金本位讓國
際交易體系相對比較公平，容易為各國接受。不過，金本位制度也有其缺
陷，這主要受到黃金存量和其貴金屬特質的影響。一方面，因為各國貨幣
發行受到黃金存量限制，而黃金本身是非常貴重的金屬，其存量本來有
限，如此會對各國的貨幣發行形成數量限制，從而會阻礙各國的經濟成
長。1870年代的歐洲經濟不景氣，其面貌是物價劇跌，這固然受到交通發
達貿易暢行導致供給過剩，但金本位制度先天的通貨緊縮傾向，也被認為

---

[2] 後來的研究發現當時歐洲面臨黃金外流時仍會積極干預，確保足額的黃金儲備。

是原因之一（Eichengreen, 1996:19）。另一方面，黃金存量在各國間分布不均，導致各國先天的貨幣發行能力存在巨大差距（張宇燕、李增剛，2008：242）。

　　十九世紀晚期，新的金礦來源已不復見，黃金存量無法支應全球經濟發展的疑慮，讓各國開始以持有他國貨幣作為黃金補充。同時，美國的快速興起帶來龐大的投資需要，和英國競爭日趨稀有的黃金存量，凡此都對金本位的維持帶來沉重壓力。而且，各國日益興起的社會安全需要，以及歐洲各國在非洲的軍事競爭，又讓各國貨幣合作日漸困難（Eichengreen, 1996: 8-9, 11-13, 16-18）。等到第一次世界大戰爆發，各國陷入動盪不安，物價飛漲，市場對黃金的大量需求造成金價巨幅波動，各國無法遵守以固定價格的貨幣兌換黃金，更不願意讓市場自由兌換寶貴的黃金，金本位自然難以維持。等到第一次大戰結束後，各國希望恢復金本位制，但又缺乏足夠的黃金儲備，也沒有足夠的信心。因而，部分國家改採「金匯兌本位制」（Gold Exchange Standard），讓可以和黃金自由兌換的英鎊作為國際交易媒介，同時放寬黃金的輸出限制。但是後來由於歐洲發生銀行倒閉風潮，到1929年大蕭條後，英國終止英鎊跟黃金的自由兌換，金匯兌本位制度也戛然而止（張宇燕、李增剛，2008：243-244）。

　　二次世界大戰後期，美國跟英國商談戰後國際經濟秩序。美方代表是財政部次長懷特（Harry D. White），英國的代表是財政部顧問凱因斯（John M. Keynes）。根據凱因斯的方案，未來要設立「國際清算聯盟」（International Clearing Union），作為調整國際收支不平衡的機制[3]，各國貨幣匯率可以浮動，並適時採取保護措施。懷特的方案則是採取固定匯率，由聯合國設立穩定基金協助處理國際收支不平衡，而非課予盈餘國無限責任，且各國不能隨意限制貿易或資金流動。然而，由於美國和英國

---

[3] 凱因斯的構想還包括發行稱為「班可」（bancor）的國際貨幣，以取代金本位的黃金。這個構想後來被納入 1947 年通過的《哈瓦那憲章》，該憲章為建立國際貿易組織的章程，但後來未能獲得主要成員國批准，無疾而終。

間顯著的權力不對稱，且當時英國仍面臨英鎊區其他國家的債務負擔。
因此，最後通過的協議基本採用懷特方案，由美國貨幣作為戰後國際貨
幣體系的基準貨幣。相對的，英國則獲得協定中設置「稀有貨幣條款」
（scarce currency clause），可以在特殊情況下暫停外匯交易（Antonio
Ocampo, 2017: 5-6）。

　　根據1944年在布雷頓森林會議通過的《國際貨幣基金協定》
（Articles of Agreement of the International Monetary Fund），國際貨幣體
制有數項重要特徵。第一，全球儲備制度建立在兩重固定價格基礎上，一
是美元和黃金間具有固定兌換價格，而各國貨幣和美元也具有固定兌換價
格。美國政府宣示的固定兌換價格是一盎司黃金兌換35美元，任何人皆可
以35美元一盎司的官價向美國聯邦儲備銀行要求匯兌黃金。第二，當面臨
根本性的不均衡時，各國可在諮詢國際貨幣基金組織（IMF）後，以10%
為限調整本國貨幣匯價，以避免重演1930年代各國以鄰為壑的貨幣競貶情
況。第三，各國必須逐步放寬對經常帳外匯交易的限制，但仍可繼續維持
對資本帳外匯交易的管制（Bordo, 2017: 3-4）。

　　誠如前述，布雷頓森林體制要恢復戰前穩定的國際貨幣體系，又要
能解決外來衝擊下各國國際收支不平衡的問題。這除了需要有限度的匯率
調整和資本管制外，還有賴於國際貨幣基金組織提供緊急借貸，扮演最終
貸款人（lender of last resort）的角色。國際貨幣基金組織本身是信用聯盟
（credit union）的概念，要求成員國依照其配額繳交款項，當有緊急需要
時，各國可依其配額向國際貨幣基金組織借款（Irwin et al., 2008: 4）。根
據國際貨幣基金組織的規定，各國所繳的配額75%以本國貨幣支付，25%
以黃金支付。當需要向國際貨幣基金組織借貸時，各國可依其配額用本國
貨幣來購買外匯，但最高限額是原繳交配額的25%，等於是以本國的黃金
質押來購買外幣。因此，這個限額稱為「黃金份額」（Gold Tranche）。
如果一國貨幣因被他國購買，而低於其原本繳交的數額，這個時候國際貨
幣基金組織持有的本國貨幣跟其原本繳交數額之間的差距數額，就成為

該貨幣發行國未來可以隨時借貸使用的份額，這稱為「超級黃金份額」
（Super Gold Tranche）（Genberg & Swoboda, 2007: 277-278）。

🌐 第二節　布雷頓森林制的改革

　　戰後初期，各國生產尚未恢復需要仰賴進口，自然產生龐大的美元
需求而面臨美元短缺的困境，因此多對外匯交易和國際貿易採取限制措
施，並尋求雙邊協議解決與貿易夥伴的收支問題。雖然美國通過馬歇爾計
畫，對西歐提供鉅額美元，但英、法、加拿大等皆曾短暫貶值或放棄固定
匯率，凡此對國際貨幣基金組織的威望自是沉重打擊。可以說，一直到
1958年部分西歐國家開始允許經常帳自由兌換後，布雷頓森林體系的固定
匯率制才全面運作。布雷頓森林體系全面運作後，國際收支調整不對稱的
問題旋即浮現。因為美元作為國際儲備貨幣，美國無論出超或入超都無需
調整，但其他國家若面臨因出超或入超帶來的升值或貶值壓力，需透過外
匯市場操作維持固定匯率。如此不對稱的調整關係，造成其他國家對固
定匯率制不滿。如西德抱怨美國輸出通膨，法國抱怨美國享有過多特權
（Bordo, 2017: 6-16）。

　　更嚴重的問題，則是要維持各國對美元信心和提供全球足夠流動性
間的兩難，這是著名經濟學家Robert Triffin提出的特里芬困境（Triffin
Dilemma）。[4]因為非美元發行國要累積美元，必須透過對美國貿易出
超。一旦各國長期對美國貿易出超，將造成美國鉅額貿易逆差，當美國持
續入超導致各國累積的對美債權日益升高後，各國的債權超過美國擁有
的黃金存量，對債權能否獲得償付的憂慮，將衝擊各國對美元的信心。
Triffin認為，這是以單一或數個國家貨幣作為國際儲備貨幣的先天困境，

---

[4] Barry Eichengreen 認為，波蘭經濟學家 Feliks Młynarski 在 1929 年時提出相同的看法，
詳見 Eichengreen, 1992: 203; Maes, 2012: 1。

美元體制難以長久維繫，形同預言布雷頓森林體制的崩潰（Maes, 2012: 12-17）。

　　1960年代，隨著西德和日本復甦後對美國的強勁出口，以及美國投入越戰帶來節節升高的財政支出，美國的國際收支和國內經濟情況日益惡化。面對美元沉重的貶值壓力和國內嚴峻的通貨膨脹，尼克森總統於1971年8月中止美元和黃金間的自由兌換，同時對所有進口品加徵10%的附加費用，以此要求其他國家貨幣升值。經過數月的談判，10個工業先進國家簽訂《史密松寧協定》（Smithsonian Agreement）[5]，同意美元兌黃金價格貶值為38美元兌1盎司黃金，其他國家貨幣升值。這打破原本的固定匯率制，因為不是各國各自於需要時經IMF同意調整匯率，而是在美國要求下透過部分國家複邊協議調整。此後，國際貨幣基金組織籌組20國委員會，嘗試改革原有的固定匯率制，卻始終難以形成共識。到1976年牙買加會議，各國接受無法形成任何協議的現實，放任各國自由選擇匯率制度，多國開始建立浮動匯率制，形成Robert Gilpin稱之為「非體系」（nonsystem）的國際貨幣體系（Gilpin，中文譯本2004：287-288）。同時，《牙買加協議》（Jamaica Accord）也為固定匯率留下空間，表明只要85%投票通過，即可恢復固定匯率制。另外，各國也同意取消黃金官價，此後美國不再承擔以美元兌換黃金的義務，各國也不再需要用黃金支付國際貨幣基金組織的配額責任（Ocampo Gaviria, 2016: 18）。

　　對於布雷頓森林體制的改革，不僅限於美元固定匯率制的廢棄，還包括對於儲備貨幣制度的改革，也就是探索用非國家貨幣的形式作為國際儲備貨幣的可能性，這可以國際貨幣基金組織的特別提款權為代表。前面提到，國際貨幣基金組織成立之初，允許各國在緊急需要時，就其繳交的黃金配額內可用本國貨幣購買其他國家貨幣。但是，超過這個黃金配額的部分，若要用本國貨幣購買其他國家貨幣需要國際貨幣基金組織同意，這

---

[5] 這10個國家是比利時、加拿大、法國、西德、義大利、日本、荷蘭、瑞典、英國和美國。

部分稱為「普通提款權」。1960年代，各國對於美元的信心日益不足，導致黃金投機買賣盛行。為重建各國對於國際貨幣基金組織的信心，國際貨幣基金組織於1969年創造一種稱為「特別提款權」（Special Drawing Rights）的儲備資產（Gilpin，中文譯本2004：287）。「特別提款權」是一種簿記方式，依照國際貨幣基金組織會員原本繳納的配額分配給會員，並由國際貨幣基金組織保證特別提款權和黃金的兌換價格，特別提款權只能由同意接受特別提款權的國際貨幣基金組織會員國中央銀行和財政部持有，民間銀行和個人不能持有（Mudd, 1978: 12）。

基本上，國際貨幣基金組織將普通提款權和特別提款權分為兩個帳戶，前者是一般帳戶（general account），後者是特別提款帳戶（special drawing account）。前者交易內容是黃金和外匯，後者則是特別提款權。國際貨幣基金組織會員無法從特別提款帳戶取得外匯和黃金，而是要從雙邊交易中取得。理論上，交易一方取得特別提款權，交易另一方則取得外匯或黃金，取得特別提款權的一方並可收取利息。特別提款權的原始構想是增加國際流動資金而不減少任何一國持有的黃金或外匯，如此或可化解美國所面臨的貿易赤字，而不需減少各國持有的外匯（Barrett, 1970: 42-43）。自1969年以來，國際貨幣基金組織一共五次發行特別提款權，第一次是1970～1972年發行93億，第二次是1978～1981年發行121億，第三次和第四次都是2009年發行，一是特別發行210億，一是一般發行1,612億，第五次則是2021年發行4,560億。所謂一般發行是基於IMF會員多數同意，為滿足長期流動性需要，按照會員繳納的配額分配。特別發行則是對1981年以後加入國際貨幣基金組織的成員一次性的平等分配（International Monetary Fund, 2021）。

自1969年首次發行特別提款權以來的運作經驗顯示，特別提款權無法取代外匯或黃金，這大幅降低國際貨幣基金組織繼續擴大特別提款權的誘因。反而因為特別提款權的幣值穩定，成為部分國際商品使用的計價單位（Mudd, 1978: 13）。特別提款權的穩定幣值來自於其特殊的定價方

式，特別提款權設置時的定價是一單位等於0.888671公克的黃金，等於當年的1美元。國際貨幣基金組織廢除黃金官價後，特別提款權改以一籃子貨幣定價。一籃子貨幣的組成內容每五年審查一次，要被納入一籃子貨幣的標準有兩項，分別是該貨幣發行國名列全球前五大出口國和該貨幣為可自由使用的貨幣，所謂可自由使用係指該貨幣被國際交易廣泛使用，且在主要外匯市場被廣泛交易（International Monetary Fund, 2021）。1981年首次設定一籃子貨幣時，一籃子貨幣的組成是馬克、法郎、日圓、英鎊和美元。1999年歐元成立後，雖然馬克和法郎改為歐元，但兩者仍分開計算，直到2001年1月方合併計算。2015年國際貨幣基金組織通過將人民幣納入特別提款權，於2016年10月正式生效，所以目前作為特別提款權計價的一籃子貨幣是美元、歐元、人民幣、日圓、英鎊。

人民幣成為特別提款權組成貨幣後，在全球外匯儲備的使用比例顯著提升。2016年第四季剛剛加入特別提款權一籃子貨幣時，人民幣在全球外匯儲備之中僅占1.08%，在所有作為外匯儲備的主要貨幣之中排名第七。到2021年第三季結束時，人民幣在全球外匯儲備的使用已達到2.66%，並超過加幣和澳幣，排名第五。不過，整體而言，人民幣在各國外匯儲備之中所占比例仍相當低。這當然也受限於特別提款權的功能，特別提款權只是一個緊急借貸的工具，還沒有真正成為一個國際交易媒介，所以，人民幣作為一籃子貨幣的影響還是相對有限。在2021年第三季全球外匯儲備的貨幣選擇之中，居於首位的是美元，占所有外匯儲備59.15%，其次是歐元，占所有外匯儲備約20.48%，再來是日圓，占全球外匯儲備5.83%。[6]因此，未來若有任何貨幣挑戰美元的領導地位，歐元和日圓的可能性最大。事實上，日圓和歐元曾先後被認為具備取代美元的潛能。在最後一節介紹兩個貨幣的發展歷程和對美元的挑戰前，下一節先談談國際貨幣的功能與條件。

---

[6] 本段所引數據來自國際貨幣基金組織的統計，詳見 International Monetary Fund（n.d.）。

表8-1　2016～2021 全球外匯儲備使用貨幣變化　　　　單位：百分比%

	美元	歐元	日圓	英鎊	人民幣	加元	澳幣	瑞士法郎	其他
2016Q4	65.36	19.14	3.95	4.35	1.08	1.94	1.69	0.16	2.33
2017Q1	64.69	19.29	4.53	4.28	1.08	1.90	1.77	0.16	2.31
2017Q2	63.84	19.96	4.62	4.42	1.08	1.93	1.75	0.17	2.22
2017Q3	63.53	20.07	4.52	4.50	1.12	2.00	1.78	0.17	2.32
2017Q4	62.73	20.17	4.90	4.54	1.23	2.03	1.80	0.18	2.43
2018Q1	62.79	20.36	4.64	4.62	1.40	1.86	1.71	0.17	2.45
2018Q2	62.41	20.26	4.86	4.48	1.83	1.91	1.70	0.16	2.39
2018Q3	61.95	20.48	4.97	4.50	1.80	1.95	1.69	0.16	2.51
2018Q4	61.76	20.67	5.19	4.43	1.89	1.84	1.63	0.14	2.45
2019Q1	61.79	20.28	5.31	4.55	1.95	1.92	1.68	0.14	2.40
2019Q2	61.31	20.56	5.51	4.52	1.93	1.90	1.70	0.14	2.44
2019Q3	61.61	20.26	5.57	4.51	1.96	1.88	1.68	0.14	2.39
2019Q4	60.75	20.59	5.87	4.64	1.94	1.86	1.70	0.15	2.51
2020Q1	61.85	20.08	5.89	4.44	2.01	1.78	1.55	0.14	2.25
2020Q2	61.31	20.19	5.72	4.48	2.08	1.91	1.69	0.15	2.48
2020Q3	60.45	20.59	5.83	4.57	2.16	2.02	1.74	0.17	2.47
2020Q4	58.92	21.29	6.03	4.73	2.29	2.08	1.83	0.17	2.65
2021Q1	59.43	20.50	5.85	4.73	2.50	2.13	1.83	0.17	2.86
2021Q2	59.18	20.58	5.63	4.70	2.64	2.26	1.83	0.19	2.99
2021Q3	59.21	20.57	5.69	4.69	2.67	2.21	1.79	0.20	2.96
2021Q4	58.81	20.64	5.57	4.78	2.79	2.38	1.81	0.20	3.01

附註：本表起始時間為2016年第四季，結束時間為2021年第四季

資料來源：IMF, World Currency Composition of Official Foreign Exchange Reserves, https://data.imf.org/regular.aspx?key=41175

第三節　國際貨幣的功能與條件

　　從金本位制到布雷頓森林體制，黃金和美元（以及兩次大戰期間的英鎊）先後成為國際儲備貨幣。為什麼它們能成為國際儲備貨幣？要成為

國際儲備貨幣需要具備什麼功能和條件呢？一般來說，貨幣具有價值儲存、交易媒介、計價單位三種功能。國際貨幣既然是在發行國之外廣為使用的貨幣，自然需要對於各國政府和民眾提供上述三項功能。[7]Benjamin Cohen和Peter Kenen最早用貨幣的一般功能來界定國際貨幣（Cohen, 1971; Kenen, 1983）。據此，國際貨幣對各國政府的功能分別是作為國家的外匯儲備、作為匯率市場干預的工具貨幣（vehicle currency）和作為本國貨幣的計價單位。對於各國企業和一般民眾來說，國際貨幣可作為貨幣避險工具、貿易和金融交易的媒介，以及貿易和金融交易的計價單位（Frankel, 2012: 329-330）。Susan Strange則將國際貨幣區分為「主宰貨幣」（Master Currency）、「領先貨幣」（Top Currency）和「協商貨幣」（Negotiated Currency）。「主宰貨幣」指以強制力要求其他國家接受的國際貨幣，「領先貨幣」指基於貨幣本身的吸引力透過市場力量形成的國際貨幣，「協商貨幣」則是指基於發行國的利誘而獲得其他國家自願接受形成的國際貨幣（Strange, 1971）。

　　要成為國際貨幣需要具備什麼條件呢？從國際貨幣提供的功能來看，一國貨幣要成為國際貨幣，必須該國具備一定的客觀條件，這些包括該國經濟體規模夠大，在世界市場舉足輕重，而且具備發展良好的金融市場。所謂發展良好的金融市場，需要該國金融市場具備足夠深度和廣度，且對外開放享有高度自由，如此方能吸引其他其他國家使用該國貨幣進行金融投資和國際交易。其次，一國貨幣要成為國際貨幣，主觀上各國要對該貨幣的價值穩定具有信心。因此，該國能否維持穩定的總體經濟政策，特別能否有效控制通貨膨脹至關重要。[8]第三，從貨幣作為交易工具

---

[7] Jeffrey Frankel（2012: 330-331）將貨幣使用於本國之外者稱為國際貨幣，但國際貨幣的用途，則可依使用者是政府還是企業，以及使用的功能是作為價值儲存、交易媒介、還是記帳單位而有六種可能，國際儲備貨幣只是其中一種，卻是將一國貨幣界定為國際貨幣的主要辨識標準。

[8] Robert Gilpin 認為，國際貨幣發行國必須對以該國貨幣計價的資產支付優渥的利息，並採取建立信心的措施，讓該國貨幣持有者確信該國貨幣的兌換價值會維持穩定（Gilpin，中文譯本 2004：298-299）。

的屬性來看，愈多人使用特定貨幣會鼓勵更多人使用該貨幣，這是交易工具的網路外部性（network externality）特質。因此，一國貨幣要成為國際貨幣，必須該貨幣客觀上具備廣泛分布的服務網絡，便利各國民眾在全球使用。網路外部性的特質也預示，當貨幣使用者不夠多時，即便該貨幣具備客觀條件，也無法成為國際貨幣。一旦使用者超過臨界點，滾雪球的效應將加速該貨幣的國際使用（Frankel, 2012: 333-335; Helleiner, 2008: 357-358）。

當然，非經濟性的外在政治條件也非常重要。貨幣發行國若具備在國際政治的強大權力，無論是硬實力或軟實力，都會增加外國行為者使用其貨幣的興趣（Chey, 2013a）。Adam Posen和Bessma Momani認為，若與貨幣發行國具有緊密的安全關係，也會增加對該國貨幣的使用。有時候，國家甚至會運用外交政策工具推廣本國貨幣使用，如Eric Helliner認為，二十世紀早期美國在中南美洲積極推廣美元使用，他稱為「美元化外交」（Dollarization Diplomacy）（Momani, 2008; Posen, 2008; Helleiner, 2003, all as cited in Chey, 2013b: 15）。此外，Andrew Walter認為，若發行國採取保守的貨幣政策、維持央行獨立性、限制政府規模，並採取有利於借貸者的法律架構，都有助於提升外國行為者對該國貨幣的信心。以英美的經驗來看，Barry Eichengreen認為，英國致力促進倫敦金融市場的流動性，成功幫助英鎊向全球推廣，Barry Eichengreen和Marc Flandreau的研究則認為，美國於二十世紀初期建立用美元計價的銀行承兌（bankers' acceptance）市場，有效促進其他國家使用美元（Walter, 2006; Eichengreen, 2005: 5-6; Eichengreen & Flandreau, 2012, all as cited in Chey, 2013b: 15）。

進而言之，作為國際貨幣的好處是本國居民得到便利，因為本國居民出國不用更換貨幣，大幅降低出國的交易成本。而且，因為其他國家政府和企業對國際貨幣具有龐大需求，本國金融業將獲得龐大商業機會。Alexander Swoboda認為這是因為本國金融業者可以獲得本國中央銀行的

支持，從而比外國金融業者更加容易發行以本國貨幣償付的有價證券。他將由此而得的利益稱為「面額租」（denomination rent）（Swoboda, 1968: 13-14; Helleiner & Malkin, 2012: 35）。同時，一旦一國貨幣被接受為國際貨幣，該國威望必然驟升。當然，在國際貨幣帶來的各項好處之中，最引人注目的莫過於得到貨幣鑄造的鑄幣稅（seigniorage）。就其定義而言，鑄幣稅指貨幣鑄造成本和其發行價格的價差，此外，作為貨幣發行國的身分，還會帶來海外投資獲利高於海外借貸成本，這同樣是基於貨幣發行所帶來的財務利益。1960年代，法國財政部長季斯卡（Valéry Giscard d'Estaing）曾指責美國因為發行國際貨幣可以產生外部赤字，而不會因此積欠各國債務，形同讓其他國家支撐美國的生活水準。他將這個不對稱的金融體系稱為美國的「囂張特權」（exorbitant privilege）（Eichengreen，中文譯本2012：35）。這種過度特權除了可於平時享受低利借貸，還可於危機時避免匯價崩跌和資本外逃（Subramanian, 2011: 4-5）。不過，作為國際貨幣也得承擔一定的成本，因為全球都需要該國貨幣，導致對該貨幣的需求常劇烈波動且難以估計，且該貨幣的匯率水準常被高估。同時，國際貨幣發行國的貨幣政策也不能僅以服務國內需要為目標，還必須同時考慮全球需要。如美國在1980年代多次降息，以緩解拉丁美洲國家的債務負擔（Subramanian, 2011: 4-7; Frankel, 2012: 331-333）。

其實，成為國際貨幣的利益不僅止於經濟利益，也會帶來顯著的政治利益，貨幣權力的概念正足以描繪發行國對其他國家的權力地位。一方面，國際貨幣發行國面臨收支問題時，可以延後或轉移調整責任，從而維持相當高的政策自主性。另一方面，當其他國家仰賴發行國貨幣時，發行國可以影響其他國家的行為，甚至強制其他國家採取一定作為。而且，使用國際貨幣也會於無形中讓其他國家支持該國際貨幣的幣值穩定（Chey, 2013b: 8-9），比如二十世紀日本企業長期支持美元價格。同樣的，要成為國際貨幣所需滿足的經濟功能，也需要一定的政治條件支持方有可能。如對於貨幣價值穩定的信心，需要發行國國內制度保證穩健的總體經

濟政策，和強大的軍事力量確保發行國持續作為全球資金的安全天堂。相似的，金融業的蓬勃發展需要國內政治制度對債權人和債權運作提供友善環境，而遍布全球的貨幣服務網絡，則需要發行國運用卓越的外交實力得到其他國家支持。更進一步說，國際貨幣地位也可能來自於貨幣發行國的強制或推動，此時，其他國家和發行國的關係如何，是否接受該發行國的支配或倡議，成為該貨幣能否成為國際貨幣的關鍵（Helleiner, 2008: 360-366）。

🌐 第四節　其他貨幣的挑戰

論及挑戰美元霸權地位，1980年代的日圓和2000年後的歐元都具備相當優越的條件。1980年代的日本堪稱是全球經濟的標竿，不但多項產品出口領先全球，還挾其龐大購買力席捲全球資產市場。依靠雄厚的經濟實力，日本推動日圓國際化並取得一定成果，不過後來受到資產泡沫的衝擊，以及日本本身的結構限制，日圓的國際化之路中途受挫，且始終未能取代美元地位。1999年問世的歐元，代表另一種替代貨幣的典型。歐元自成立起即是十餘個國家共同使用的國際貨幣，而且，使用歐元的國家如德、法、義在國際貿易具有舉足輕重的地位，這讓歐元比日圓更具備取代美元的條件。然而，最初十年歐元並未獲得歐元區以外國家廣泛使用，2008年金融海嘯時美元地位搖搖欲墜，歐元仍未能取而代之，反而受到歐債危機造成內部撕裂的嚴峻考驗。以下分別介紹日圓和歐元的發展，以及它們對於美元的挑戰。

日本自1964年達成日圓經常帳自由兌換後，便緩步開放資本帳交易。整體而言，日本財界對日圓的態度是希望維持低價日圓以保持出口競爭力，但美國則不斷要求日圓升值，以改善雙邊貿易失衡。面對美國的持續施壓，日本於1980年修改外匯與外國貿易法，大幅開放日圓的資本帳交

易,創造一系列以日圓計價的資本市場交易工具,並於1984年與美國達成協議,同意日圓兌美元的大幅升值(Frankel, 2012: 343-344)。1980年代,雖然日本政府對於日圓國際化半心半意,日本國內也不見對於日圓國際化的積極支持,但是,受惠於日圓升值,日圓的國際使用不斷擴大,資本市場以日圓計價的債券交易和國際銀行間以日圓計價的國際借貸,都從1980年的低於5%到1990年超過10%,國際外匯市場交易從1980年的10%成長到1989年的25%,而全球以日圓作為外匯儲備的比例則從1980年的4.4%成長到1990年的9.1%(Taguchi, 1994: 338-342)。

1990年代晚期進入日圓國際化的第二階段,這段期間日本政府大力推動日圓國際化,這以1996年橋本龍太郎首相宣示推動日本金融市場發展,致力於2001年前將東京打造為和倫敦與紐約一樣的全球金融中心,並於1998年修改外匯與外國貿易法,廢除所有對資本帳交易的限制。從1998年到2003年日本政府加強推動各項金融改革,包括改善日圓的使用性和日圓債券市場,以擴大日圓使用。然而,日本政府的行動為時已晚,經歷1990年代的資產泡沫及日本政府累積的龐大債務,國際市場對日圓已難重建信心(Subacchi, 2013: 13-15)。這可見於日圓國際使用的下滑,如日圓在國際市場交易的比重從1989年的25%跌到2010年的19%,在全球外匯儲備的比重則從1990年的9%跌到2011年的4%,而東京的金融市場在區域內從未超過香港和新加坡,更遑論領先全球的紐約和倫敦。亞洲開發銀行研究所所長河合正弘認為,日圓從未達到與日本經濟實力匹配的地位,背後的原因和日本的貿易結構有關,包括日本出口偏重於以美元進行國際交易的國家、日本需要大量進口以美元計價的天然資源,以及日本的大商社可以管理匯率風險。當然,東京未能建立具有足夠深度的金融市場,以及美元所享有的網路外部性優勢,同樣是日圓無法超越美元的關鍵因素(Kawai, 2012)。

與日圓的國際化相較,歐元的發展經歷更為複雜的過程。1999年創立的歐元從歐洲貨幣單位(Europe Currency Unit, ECU)演變而來,而

ECU最初是1950年創設的歐洲支付聯盟（European Payment Union）所使用的記帳單位，以處理歐洲各國間的貿易支付和債權債務，當時規定一記帳單位等於0.88867088公克黃金。固定匯率制崩解後，歐洲使用的記帳單位隨之四分五裂，沒有單一的記帳單位，直到1975年設置歐洲經濟共同體，決定仿照特別提款權設置歐洲記帳單位（European Unit of Account, EUA），由英、法、西德、義、荷、比、盧、丹麥及愛爾蘭之九種通貨依反映各國經濟規模的不同權重所組成。1979年歐洲經濟共同體成立歐洲貨幣體系（European Monetary System, EMS），以保持共同體成員間的匯率穩定，並將EUA改名為ECU，其貨幣組成每五年檢討一次（洪德欽，1999：188-189）。

1992年2月簽署《馬斯垂克條約》（Maastricht Treaty）後，歐洲經濟共同體向以單一貨幣為目標的經濟暨貨幣聯盟（Economic and Monetary Union, EMU）邁進。在1990年至1993年的準備階段，各國貨幣先加入歐洲匯率機制，進入1994年到1996年的第二階段，除了致力拉近各國經濟水準外，還建立歐洲貨幣機構（European Monetary Institute, EMI）作為央行的雛形，到1997年進入第三階段後，主要任務是推動固定匯率制和籌設歐洲中央銀行（洪德欽，1999：184-185）。1999年歐元正式發行後，歐元全面繼承ECU的記帳功能，任何過去以ECU為準的規範都以歐元替代。為有效推廣歐元使用，共同體採取過渡期間不強迫不禁止的做法，即私人企業在1999年初到2001年底的過渡期間可以自行決定何時使用歐元。同時設置新匯率機制，建立未參加歐元區的會員國貨幣和歐元間的聯繫，並推動這些會員國繼續實施經濟趨同政策。此外，成員國簽署「穩定與成長協定」，各國保留預算主權，但要求各國未來實現財政盈餘或最起碼達到財政平衡。透過這些做法，歐元逐步完備貨幣所具有計價、交易、儲值功能，成為成員國間的法定貨幣（洪德欽，1999：213-221）。

雖然歐元具備所有主權國家貨幣的功能，而且在歐盟內部及其周邊國家間廣泛流通，甚至被部分國家作為外匯儲備貨幣。但是，從歐元創

設以來，歐元還沒有成為居於領導地位的國際貨幣。至今，全球貨幣使用中美元仍是唯一居於領導地位的國際貨幣，無論在國際儲備、債務發行，還是外匯交易等各方面，美元都比歐元和其他貨幣更居於顯著的優勢地位。就國際儲備來看，2010年代美元與歐元在各國官方持有外匯儲備占比大抵是三比一。就國際債券和國際借貸來看，以美元計價的債券和借貸都超過50%，以歐元計價的債券略高於20%，以歐元計價的借貸則不到20%。就外匯臨櫃買賣美元占比超過40/200而歐元則不到20/200，唯獨跨國匯款兩者相當，美元略高於40%，歐元則接近40%（European Central Bank, 2021: 4）。

　　二十餘年來，歐元有限的國際貨幣功能固然可歸因於歐元的發行範圍和歐元發行國管轄範圍兩者不相配，致使貨幣發行國無法全力推動貨幣使用（Cohen, 2011: 99）。但是，歐元國家主要從國內需要來設定歐元目標，不熱衷於推升歐元的國際角色，也是重要理由（McNamara, 2008: 451-452）。更進一步來說，由於歐盟內部沒有形成有效的政治聯盟，支持在區域間進行資源移轉的政治承諾，以致歐元區不能承擔鉅額的國際貿易逆差，而承擔國際貿易逆差以向外輸出購買力，正是國際貨幣發行國必須承擔的責任。同時，歐盟缺乏一個普及全部歐元區，且接受單一機構監管的銀行體系，致使歐元區的銀行受到不同規則的限制，無法有效動員資源應對危機。在種種限制之下，歐洲中央銀行（European Central Bank）成為僅有的支持歐元國際角色的機構。然而，歐洲中央銀行又缺乏一個能統合整個歐元區的主權國家在背後支持，根本無法打造如同美元般的國際貨幣（Germain & Schwartz, 2014: 1105-1108）。

　　不過，自2008年金融海嘯後，歐盟已採取一連串行動降低美元在歐元區的地位，包括推動歐洲銀行業聯盟（European Banking Union），尋求歐元區銀行監管和危機管理的統合，以及推動歐洲資本市場聯盟（European Capital Market Union），擴大歐元區內部的資本移動，並建立歐洲穩定機制（European Stabilization Mechanism），協助歐元區成員國

避免危機發生。同時，歐盟正大力推動以歐元計價的跨國金融交易和貨品貿易，特別是從能源和原物料衍生的商品貿易，歐盟也促進以歐元計價的投資，並在歐盟的綠色金融商品上廣泛使用歐元，以推進歐元的國際角色（European Commission, 2021: 3, 5-12）。2019年，為繞過美國對伊朗制裁，在德英法倡議和歐盟支持下，歐盟創設INSTEX（Instruments in Support of Trade Exchanges）系統，促進歐洲國家與伊朗間非美元、非SWIFT的貿易（Anonymous, 2020）。凡此種種措施，正逐步擴大歐元在歐元區外的使用，至於是否會構成對美元的實質威脅，還有待於時間觀察。

第五節　結論

任何一個國際貨幣體系都必須對國際儲備貨幣、國際匯率機制和國際收支調節機制三個面向作出安排，這三個面向又以國際儲備貨幣的選擇為核心。十九世紀的國際貨幣體系為金本位，金本位有兩個特徵，一是各國規定其本國貨幣跟黃金間的固定價格，並保證兩者間可以自由兌換，一是個人可以自由出口跟進口黃金。金本位的優勢是國際間的經濟調整可以自動發生，且制度本身不會優惠特定的國家。二次戰後，英美兩國協議建立布雷頓森林體系固定匯率制，該制度建立在兩重固定價格基礎，即美元與黃金維持固定兌換價格，而各國貨幣與美元維持固定兌換價格。當面臨根本性的不均衡時，各國可經諮詢國際貨幣基金組織後調整本國貨幣匯價。此外，各國必須逐步放寬對經常帳外匯交易的限制，但仍可繼續維持對資本帳外匯交易的管制。戰後初期，各國面臨美元短缺困境，必須仰賴美國援助解決國際收支問題。隨著各國經濟復甦，累積相當的美元儲備，各國反而憂慮美元貶值。Robert Triffin認為提供全球流動性和維持各國對美元信心的兩難，是以單一國家貨幣作為國際貨幣的先天困境，這為

1971年布雷頓森林固定匯率制崩解提供理論註腳。為解決單一國家貨幣作為國際貨幣的困境，國際貨幣基金組織於1969年推出特別提款權，由國際貨幣基金組織分配給會員，並保證特別提款權和黃金的兌換價格。但是，特別提款權最後並未替代外匯或黃金，倒是因為特別提款權幣值穩定，成為部分國際商品使用的計價單位，目前的作為特別提款權計價的一籃子貨幣是美元、歐元、人民幣、日圓、英鎊。

要成為國際貨幣需要具備一定的客觀條件，這些包括該國經濟體規模夠大，在世界市場舉足輕重，而且具備發展良好的金融市場，同時，各國要對該貨幣的價值穩定具有信心。因此，該國能否維持穩定的總體經濟政策，特別能否有效控制通貨膨脹至關重要。此外，該貨幣客觀上要具備廣泛分布的服務網絡，便利各國民眾在全球使用。若貨幣使用者不夠多時，即便該貨幣具備其他客觀條件，也無法成為國際貨幣。相反的，一旦使用者超過臨界點，滾雪球的效應將加速該貨幣的國際使用。進而言之，作為國際貨幣的好處是本國居民得到便利，而且，本國金融業將獲得龐大商業機會，貨幣發行國還可以獲得鑄幣稅，和提升本國威望。正因如此，具備條件的國家會期望本國貨幣成為國際貨幣。論及挑戰美元霸權地位，1980年代的日圓和2000年後的歐元都具備相當優越的條件。1980年代的日本堪稱是全球經濟的標竿，依靠雄厚的經濟實力，日圓國際化取得一定成果，不過後來受到資產泡沫的衝擊，以及日本本身的結構限制，日圓的國際化之路中途受挫，且始終未能取代美元地位。1999年問世的歐元，自成立起即是十餘個國家共同使用的國際貨幣，而且，使用歐元的國家如德、法、義在國際貿易皆舉足輕重。然而，最初十年歐元並未獲得歐元區以外國家廣泛使用，金融海嘯時美元地位搖搖欲墜，歐元亦未能取而代之。2008年後歐盟積極提升歐元國際地位，直指歐元國際角色受限的根本原因，至於成效如何仍有待於時間觀察。

國際政治經濟學

參考資料

洪德欽（1999）。〈歐元之法律分析〉。《歐美研究》，第29卷第2期，頁171-
272。

張宇燕、李增剛（2008）。《國際經濟政治學》。上海：上海人民出版社。

Anonymous (2020). Dethroning the Dollar. *The Economist, 434*(9177), Jan 18, 2020, 68-
70.

Antonio Ocampo, J. (2017). *Resetting the International Monetary (Non) System*. Oxford:
Oxford University Press.

Barrett, Martin (1970). Activation of the special drawing rights facility in the IMF.
Monthly Review/Federal Reserve Bank of New York, 52, 40-46.

Bordo, Michael D. (2017). The Operation and Demise of the Bretton Woods System;
1958 to 1971. NBER Working Paper No. 23189. Cambridge, MA: National Bureau
of Economic Research.

Chey, Hyoung-kyu (2013a). Can the Renminbi Rise as a Global Currency? The Political
Economy of Currency Internationalization. *Asian Survey, 53*(2), 348-368.

Chey, Hyoung-kyu (2013b). The Concepts, Consequences, and Determinants of Currency
Internationalization. GRIPS Discussion Paper 13-03. Tokyo: National Graduate
Institute for Policy Studies.

Cohen, Benjamin (1971). *The Future of Sterling as an International Currency*. London:
Macmillan.

Cohen, Benjamin (2011). The Future of Global Currency: *The Euro versus the Dollar*.
London: Routledge.

Eichengreen, Barry & Marc Flandreau (2012). The Federal Reserve, the Bank of
England, and the Rise of the Dollar as an International Currency, 1914-1939.
Open Economies Review, 23(1), 57-87. As cited in Chey, Hyoung-kyu (2013b).
The Concepts, Consequences, and Determinants of Currency Internationalization.
GRIPS Discussion Paper 13-03. Tokyo: National Graduate Institute for Policy
Studies.

Eichengreen, Barry (1992). *Golden Fetters: The Gold Standard and the Great
Depression, 1919-1939*. New York: Oxford University Press.

Eichengreen, Barry (1996). *Globalizing Capital: A History of the International Monetary System*. Princeton: Princeton University Press.

Eichengreen, Barry (2005). Sterling's Past, Dollar's Future: Historical Perspectives on Reserve Currency Competition. NBER Working Paper No. 11336. Cambridge, MA: National Bureau of Economic Research. As cited in Chey, Hyoung-kyu (2013b). The Concepts, Consequences, and Determinants of Currency Internationalization. GRIPS Discussion Paper 13-03. Tokyo: National Graduate Institute for Policy Studies.

Eichengreen, Barry (2012). *Exorbitant Privilege: The Rise and Fall of the Dollar and the Future of the International Monetary System*. Oxford: Oxford University Press. 中文譯本：黃仲華譯（2012）。《囂張的美元：美元的興衰與國際貨幣體系的未來》。台北：高寶出版。

European Central Bank (2021). *The International Role of Euro*. Germany: European Central Bank.

European Commission (2021). *The European Economic and Financial System: Fostering Openness, Strength and Resilience*. Brussels: European Commission. https://eur-lex.europa.eu/legal-content/EN/TXT/PDF/?uri=CELEX:52021DC0032&from=EN.

Ferguson, Niall (2009). *The Ascent of Money: A Financial History of the World*. London: Penguin Books. 中文譯本：杜默譯（2009）。《貨幣崛起：金融資本如何改變世界歷史及其未來之路》。台北：麥田。

Frankel, Jeffrey (2012). Internationalization of the RMB and Historical Precedents. *Journal of Economic Integration, 27*(3), 329-365.

Genberg, Hans & Alexander K. Swoboda (2007). The Provision of Liquidity in the Bretton Woods System. In Michael D. Bordo & Barry Eichengreen (eds.), *A Retrospective on The Bretton Woods System: Lessons for International Monetary Reform* (pp. 269-316). University of Chicago Press.

Germain, Randall & Herman Schwartz (2014). The political economy of failure: The euro as an international currency. *Review of International Political Economy, 21*(5), 1095-1122.

Gilpin, Robert (2001). *Global Political Economy: Understanding the International Economic Order*. Princeton, N.J.: Princeton University Press. 中文譯本：陳怡仲、張晉閣、許孝慈譯（2004）。《全球政治經濟：掌握國際經濟秩序》。台

北：桂冠。

Helleiner, Eric & Anton Malkin (2012). Sectoral interests and global money: Renminbi, dollars and the domestic foundations of international currency policy. *Open Economies Review, 23*(1), 33-55.

Helleiner, Eric (2008). Political determinants of international currencies: What future for the US dollar?. *Review of International Political Economy, 15*(3), 354-378.

Helleiner, Eric. (2003) Dollarization Diplomacy: US Policy Towards Latin America Coming Full Circle? *Review of International Political Economy, 10*(3), 406-429. As cited in Chey, Hyoung-kyu (2013b). The Concepts, Consequences, and Determinants of Currency Internationalization. GRIPS Discussion Paper 13-03. Tokyo: National Graduate Institute for Policy Studies.

International Monetary Fund (2021). Special Drawing Rights. August 5, 2021. https://www.imf.org/en/About/Factsheets/Sheets/2016/08/01/14/51/Special-Drawing-Right-SDR.

International Monetary Fund (n. d.). World Currency Composition of Official Foreign Exchange Reserve. https://data.imf.org/regular.aspx?key=41175.（檢索日期：2022/3/22）

Irwin, Gregor, Adrian Penalver, Chris Salmon, & Ashley Taylor (2008). Dealing with country diversity: challenges for the IMF credit union model. Bank of England Working Paper No. 349. London: Bank of England.

Kawai, Masahiro (2012). Renminbi (RMB) Internationalization: Japan and China. Paper present at the Seminar at the People's Bank of China, Beijing, China, May 21, 2012.

Kenen, Peter (1983). The Role of the Dollar as an International Currency. Occasional Papers No. 13. Washington, DC: Group of Thirty.

Knafo, Samuel (2006). The gold standard and the origins of the modern international monetary system. *Review of International Political Economy, 13*(1), 78-102.

Maes, Ivo (2012). On the origins of the Triffin dilemma: Empirical business cycle analysis and imperfect competition theory. NBB Working Paper No. 240. Brussels: National Bank of Belgium.

McNamara, Kathleen R. (2008). A Rivalry in the Making? The Euro and International Monetary Power. *Review of International Political Economy, 15*(3), 439-459.

Momani, Bessma (2008). Gulf Cooperation Council Oil Exporters and the Future of

the Dollar. *New Political Economy, 13*(3), 293-314. As cited in Chey, Hyoung-kyu (2013b). The Concepts, Consequences, and Determinants of Currency Internationalization. GRIPS Discussion Paper 13-03. Tokyo: National Graduate Institute for Policy Studies.

Mudd, Douglas R. (1978). International reserves and the role of special drawing rights. *Federal Reserve Bank of St. Louis Review, 60*, 9-14.

Ocampo Gaviria, J. A. (2016). A brief history of the international monetary system since Bretton Woods. WIDER Working Paper No. 2016/97. Helsinki: The United Nations University World Institute for Development Economics Research.

Posen, Adam S. (2008) Why the Euro Will Not Rival the Dollar. *International Finance, 11*(1), 75-100. As cited in Chey, Hyoung-kyu (2013b). The Concepts, Consequences, and Determinants of Currency Internationalization. GRIPS Discussion Paper 13-03. Tokyo: National Graduate Institute for Policy Studies.

Strange, Susan (1971). *Sterling and British policy: A Political Study of an International Currency in Decline.* London: Oxford University Press

Subacchi, Paola (2013). Expanding beyond borders: The yen and the yuan. ADBI working paper No. 450. Tokyo: Asian Development Bank Institute.

Subramanian, Arvind (2011). Renminbi rules: the conditional imminence of the reserve currency transition. PIIE Working Paper 11-14. Washington, DC: Peterson Institute for International Economics.

Swoboda, Alexander K. (1968). The Euro-Dollar Market: An Interpretation. Essays in International Finance No. 64. Princeton, NJ: Princeton University.

Taguchi, Hiroo (1994). On the Internationalization of the Japanese Yen. In Takatoshi Ito & Anne Krueger (eds.), *Macroeconomic Linkage: Savings, Exchange Rates, and Capital Flows* (pp. 335-357). Chicago: University of Chicago Press.

Walter, Andrew (2006). Domestic Sources of International Monetary Leadership. In David M. Andrews (eds.), *International Monetary Power* (pp. 51-71). Ithaca, NY: Cornell University Press. As cited in Chey, Hyoung-kyu (2013b). The Concepts, Consequences, and Determinants of Currency Internationalization. GRIPS Discussion Paper 13-03. Tokyo: National Graduate Institute for Policy Studies.

Chapter

9

匯率政策

2008年金融海嘯爆發後，美國聯邦準備理事會（Federal Reserve Board, FED）為緩解國內流動性缺乏，推出量化寬鬆政策（Quantitative Easing, QE），透過公開市場操作購入國債和房貸債券等資產，將資金注入市場。從2008年到2012年聯準會陸續推出三波量化寬鬆。美國經濟和股市重見榮景。2013年5月，聯準會主席柏南克（Ben Bernanke）暗示將縮減購債規模，引發美國和全球債券殖利率同步上揚，加上對於聯準會可能升息的預測，資金快速從新興市場撤離，南非、巴西、土耳其、印度和印尼等國貨幣面臨強大拋售壓力而劇貶。這次聯準會縮債聲明所引發的債券和貨幣市場風波被稱為「退場震撼」（Taper Tantrum），而南非、巴西、土耳其、印度和印尼等五國因此次風暴，顯示其過於依賴外國資金流入舒緩國內財政赤字，一旦外資撤離本國貨幣即面臨巨大的貶值壓力，被摩根史坦利（Morgan Stanley）的經濟學家稱為「脆弱五國」（Fragile Five）。

2020年新冠肺炎疫情重創全球經濟，聯準會、歐洲央行和多國央行相繼推出量化寬鬆。2021年，隨著經濟快速復甦，通膨蠢蠢欲動，各國央行又考慮停止量化寬鬆，加拿大央行從2021年7月已經放緩購債速度、其他如英國央行和澳洲央行都透露可能於2021年內會開始縮減或停止債券購買。不過，鑑於2013年的「退場震撼」，聯準會最初對於量化寬鬆是否退場相當保守，不敢過早表態，特別要避免退場和升息的密切關聯對全球資金市場帶來的巨大衝擊（Anonymous, 2021: 63-64）。到2021年11月宣布即將縮減購債後，還強調要等量化寬鬆完全退場後才會升息。從2013年和2021年兩次量化寬鬆退場經驗來看，美國和其他主要工業化國家的貨幣政策具有強大的外部性，會決定全球資金市場的流動性和流動方向，而全球資金市場的流動方向又會牽動新興市場國家的貨幣匯率。而且，這串因果鏈發生並非指令性的驅動，而是受到利率與匯率變動影響的各種經濟行為者如進出口商、國際投資者、基金經理人等等，透過他們依據政策訊號解讀而採取的資金操作和對政策過程的影響，把工業化國家的政策變動轉化

為新興市場國家的匯率變動。可以說，政府政策和社會行為者是全球匯率政策的兩個重要自變項，而全球資金流動的內在邏輯，則是自變項和因變項之間的橋樑，這是掌握匯率政策必須瞭解的三塊基礎知識。

　　本章先說明匯率政策的定義和全球資金流動的內在邏輯，在此基礎上，接著談塑造匯率政策的制度因素和社會因素，最後介紹國際組織促進匯率政策協調的經驗，和美國運用認定匯率操縱國懲罰特定國家的做法，來看國際間如何就匯率政策進行合作和處理衝突。

第一節　匯率政策與資本流動

　　一般而言，匯率政策包含選擇特定的匯率機制和決定特定的匯率水準（Barth, 1992: 35）。自1971年布雷頓森林體系的固定匯率制瓦解後，各國可自由選擇其匯率機制。按照國際貨幣基金會的分類，一國匯率機制的選擇可簡單分為「硬式釘住匯率制」、「軟式釘住匯率制」和「浮動匯率制」三種類型。「硬式釘住匯率制」有兩個次類型，分別是「沒有個別法償貨幣制」（No Separate Legal Tender）和「聯繫匯率制」（Currency Board）；「軟式釘住匯率制」有五個次類型，分別是「一般釘住匯率制」（Conventional Pegged Arrangements）、「匯率穩定制」（Stablized Arrangements）、「爬行釘住匯率制」（Crawling Peg）、「類似爬行釘住制」（Crawl-like Arrangements）和「區間釘住匯率制」（Pegged Exchange Rate within Horizontal Bands）；浮動匯率制則有兩個次類型，分別是「浮動匯率制」（Floating）和「自由浮動匯率制」（Free Floating），以下分別說明。[1]

---

[1] 本節匯率政策分類的中英文名稱分別來自財團法人臺北外匯市場發展基金會和國際貨幣基金會（財團法人臺北外匯市場發展基金會，2016：15；International Monetary Fund, 2020: 1）。

　　第一，「沒有個別法償貨幣」指沒有自己國家專屬的法償貨幣，而是以他國貨幣作為法償貨幣。此類型的匯率制度可以看做單方貨幣聯盟，雖然本國貨幣釘住他國貨幣，但本國和被釘住貨幣的發行國間沒有任何承諾或協議，不似多邊貨幣聯盟，是由一群國家共同採用一個新的貨幣，並建立一套新的貨幣制度（Angeloni, 2004: 41）。部分中南美洲國家如巴拿馬、薩爾瓦多和厄瓜多，以美元作為本國法償貨幣，被稱為「美元化」（Dollarization），歐洲的科索沃和蒙特內哥羅則用歐元作為本國法償貨幣，被稱為「歐元化」（Euroization），這兩個例子都是以他國貨幣作為本國法償貨幣，這樣的做法也可稱作「貨幣替代」（currency substitution）（Gilpin，譯本2004：298-299）。

　　第二，「聯繫匯率制」又稱為「貨幣發行局制」，指一國立法承諾本國貨幣與另一外國貨幣的匯率為固定，且貨幣當局發行通貨必須嚴格遵守維持固定匯率的義務。由於聯繫匯率制的貨幣發行變動必須和外匯儲備變動一致，因此，採行聯繫匯率制必須具備相當規模的外匯儲備。採取聯繫匯率制最著名者為香港，其他如多米尼克和聖露西亞，也是用聯繫匯率制釘住美元，歐洲的保加利亞則是用聯繫匯率制釘住歐元（財團法人臺北外匯市場發展基金會，2016：15；International Monetary Fund, 2020: 10-11）。

　　第三，「一般釘住匯率」指一國貨幣的價格釘住另一國貨幣或一籃子他國貨幣，基準通貨的選擇必須向IMF報備，且匯價要在中心匯率上下1%狹幅區間波動，或是即期匯率的最高價與最低價之間的波動幅度維持在2%區間內至少六個月。第四，「匯率穩定制」指一國貨幣的即期匯價波動幅度維持在2%區間內達六個月以上，且波動區間要穩定在基準通貨某一統計標準的區間內。第五，「爬行釘住匯率」指一國匯率在固定價位小幅調整，或根據特定量化指標的變動而調整。調整的規則與參數需向IMF報備。第六，「類似爬行制度」指一國貨幣的波動幅度相對另一統計趨勢值維持在2%區間內達六個月以上。一般而言，爬行制度的波動幅

度大於釘住匯率制度的波動幅度，且年率化的變動率達1%以上。第七，
「區間釘住匯率」指一國貨幣的匯價在固定的中心匯率上下1%區間狹幅
波動，或是最高與最低價維持在2%幅度內波動。採取這五類固定匯率制
的國家，絕大多數為發展中國家，且因地理位置不同所選擇釘住的貨幣也
不同。如中東國家多數釘住美元，而非洲國家則多數釘住歐元。但新加坡
是少數例外，雖為工業先進國家，卻採取類似爬行制。第八，浮動匯率制
指匯率原則上由市場決定，貨幣當局不預先設定或承諾匯率的價位，且會
以直接或間接方式干預外匯市場，以緩和匯率的波動。第九，自由浮動匯
率指貨幣當局在過去六個月內的干預次數最多三次，且每次干預不超過
三個營業日，並公布或向國際貨幣基金會提供干預的資料。採取浮動匯
率制的國家以工業先進國為主，而且多數工業先進國家採取極少干預市
場的自由浮動匯率制（財團法人臺北外匯市場發展基金會，2016：15；
International Monetary Fund, 2020: 10-11）。

　　經濟結構對匯率機制選擇的影響甚鉅，包括本國經濟對國際經濟的
依賴程度、本國金融市場的發展程度，以及外來資本的重要性，都會對
一國的匯率政策選擇帶來深刻影響。其中，國際資本流動的影響尤其關
鍵。國際經濟學的三元悖論（Impossible Trinity or Trilemma），正是理解
資本流動、匯率機制和貨幣政策三者關係最重要的理論基礎。三元悖論
的概念源自於 Robert Mundell 與 J. Marcus Fleming，他們提出「孟岱爾–
弗萊明模型」（Mundell-Fleming Model），闡釋小型開放經濟體財政政
策與貨幣政策在不同匯率制度下的效果，據此得出「固定匯率」、「資
本流動」、「貨幣政策自主性」三者無法同時實現的三元悖論，又稱為
「孟岱爾–弗萊明三元悖論」（Mundell-Fleming Trilemma）。一個國家
如果調整政策，也只能在三個目標中選擇其中兩個目標（Obstfeld et al.,
2005: 423）。諾貝爾經濟學獎得主克魯曼（Paul Krugman）將三元悖論的
三個角命名為：調整、信心、流動性，以分別置換上述的「貨幣政策自
主」、「固定匯率」和「資本自由移動」，再將與此對應的匯率制度放

上，則可看出國家對匯率制度的不同選擇。據此，如果完全不顧及匯率帶給使用者的「信心」，純粹想要兼顧政策調整的自主性和經濟體內的流動性，一國會選擇「浮動匯率制」。倘若希望兼有政策調整的自主性和維持使用者對於本國貨幣的信心，只能放棄經濟體內的流動性，這就是「固定匯率制」。如果放棄政策調整的自主性，而希望兼有流動性和對維持使用者對本國貨幣的信心，就可以選擇「金本位」或「聯繫匯率制」或「貨幣聯盟」（Krugman, 1998）。

自1970年代以來，各國不斷撤除限制資本流動的各種措施，當前跨國資本流動的趨勢已經難以逆轉。因此，在不可能的三難架構下，國家只能在貨幣自主性和固定匯率兩者間選擇。當國家要透過貨幣政策刺激成長時，需要透過相應的匯率、利率政策來擴張貨幣供給，則此時的匯率必須是浮動匯率制度，否則任何政策激勵都會被資本移動所抵銷。比如想擴張貨幣供給，便降低利率，結果會是資本外逃，最終無助於國內經濟。反之，倘若國家想維持匯率穩定，只能放棄貨幣政策自主性。三難結構有助於瞭解國際合作的限制，比如透過國際合作宣告匯率穩定，這會有效提升貨幣的「有用性」。因為一種貨幣必須具備一定的可信度，一般民眾才敢於持有該貨幣，不用擔心所持有的貨幣後來劇烈貶值，如此貨幣才會有用。雖然這種用穩定匯率來保護貨幣的做法，初期效果非常顯著。因為過去匯價浮動性太高，導致一般民眾對於該貨幣缺乏信心。然而，如此做法到後來會面臨效果遞減，因為國家決策者剛開始總是低估國際合作的成本，一旦決策者發現其被國際合作所綑綁，會愈來愈難以忍受國際合作的成本，最終放棄國際合作（Cohen, 2000: 251-253）。

🌐 第二節　匯率政策的制度因素

經濟學中著名的菲利普曲線（Phillips Curve）指出，通貨膨脹和失業

彼此存在交換取捨關係,若通貨膨脹上升,實質工資下降,失業率也隨之下降。反過來說,若通貨膨脹下降,實質工資上升,失業率也隨之上升(Phillips, 1958: 283-299)。[2]貨幣政策的預期目標,即是在控制通貨膨脹或控制失業率間做選擇,而且,政策的效果也僅止於短期的,因為長期間經濟體會回到「自然失業率」(natural rate of unemployment)。那麼,作為貨幣政策一環的匯率政策,同樣要在這兩個目標間的選擇。通貨膨脹受到預期心理的影響很深,當工會或勞工預期通貨膨脹上升,會在契約議價時要求提高名目工資,如此可能讓通貨膨脹成為自證的預言。不過,當如此議價的名目工資高於後來發生的通膨率,將導致實質工資上漲,反而導致失業率上升。因此,唯有不被預期的擴張性貨幣政策,能夠造成和原本預期不同的通貨膨脹率,從而降低實質工資和失業率(Oatley, 2018: 280-282)。在連年通膨為禍的年代(如1970年代),民眾普遍預期通膨持續上升。要降低通膨又不要造成嚴重失業,政府必須提出可信的承諾。一般來說,政府要提出可信的承諾可採取的方式不外乎固定匯率制或貨幣成長目標制,晚近以來,通貨膨脹目標制被認為是較為便捷的方法(Mohanty & Klau,譯本2006:61)。然而,這對政府來說又特別困難,這是因為政府在不同時間的偏好可能不同,特別是選舉前後的偏好變化特別顯著,從而造成「時間不一致性」(Time-Inconsistency)問題。當勞工因預期政府承諾會變化而抬高契約議價,政府將被迫在失業率增加或通膨率高於設定目標兩個次佳結果擇一(Oatley, 2018: 288-290)。

對於貨幣政策的「時間不一致性」問題,中央銀行獨立性和固定匯率制被認為是兩種可能的解決方案,也有助於降低貨幣政策帶來的「通膨偏差」(inflation bias)。[3]央行獨立性有兩個面向,一是法律獨立性,一是事實獨立性。前者根據法律規定,後者則看央行行長更換頻率和隨政

---

[2] A. William Phillips 的原著用名目工資上漲率替代通貨膨脹率,其研究發現當名目工資變化率上升,失業率隨之下降,名目工資變化率下降,失業率隨之上升。

[3] 政府穩定物價的決心常因受到短期選民壓力而有所妥協。

局波動而變動的程度。眾多國家轉向央行獨立性是1990年代開始出現的現象。這是因為1970年代長期的通貨膨脹，讓各國人民期望價格穩定，而1980年代開始盛行的金融自由化又讓維持價格穩定更加困難。因此，1990年代，諸多發展中國家和前社會主義國家紛紛建立獨立的央行制度，讓央行獨立性成為普遍實踐（Cukierman, 2008: 724-727, 731）。一般而言，央行獨立性被認為有助於維持匯率和利率穩定，因此，央行獨立與固定匯率兩者應該彼此相互補充。不過，獨立的央行雖能抗拒企業界期望降低利率的壓力，但在匯率出現波動壓力時，獨立央行若不願意調整利率，有可能不利於維持固定匯率（Steinberg & Walter, 2013: 35-36）。同時，就算央行維持獨立性仍會允許政府採取一定的貨幣政策穩定國內價格，而且在全球資本自由流動的時代，要捍衛固定匯率所需的外匯存底規模甚鉅，多數國家不見得能負荷。因此，央行獨立性有時也可能和固定匯率相衝突。

從更廣的層面來看，政體類型也是影響匯率政策的重要制度因素。就政體類型和匯率政策的關係來說，一般認為民主國家會傾向浮動匯率制，而威權國家則能夠維持固定匯率制。因為固定匯率制要求政府放棄貨幣政策自主性，往往造成經濟體較大的波動，一般民主國家不願承受因此而來的民怨。而且，偏好浮動匯率的團體（如進口品競爭的廠商等）在人數上較多（特別是發展中國家），因此，民主國家會傾向於浮動匯率。然而，若匯率長期維持在低價匯率，雖然短期痛苦，卻可增加匯率的可預期性，有助於長期經濟發展。由於在威權國家中決定政權歸屬的遴選集團（selectorate）是全部人口中的少數，因而能夠承擔經濟波動帶來的民怨，比較能夠維持固定匯率制。然而，不同類型的威權國家對匯率制度的偏好仍有不同，這是因為威權國家之間遴選集團大小和任期安全性也有所不同。遴選集團規模愈小，愈容易維持固定匯率制，任期安全性愈高，愈能採取低價匯率（Steinberg & Malhotra, 2014：500-503）。

David Bearce和Mark Hallerberg的研究，納入中間選民（median voter）的變項，認為中間選民趨向於以國內市場為導向的生產者。由於

民主國家的選舉過程會讓政策產出向中間選民傾斜,因此民主國家更注重
貨幣政策自主性,從而在匯率體制的實際運作上,更不會願意維持固定匯
率(Bearce & Hallerberg, 2011: 172)。然而,也有學者提出相反的看法,
認為匯率穩定是自由經濟秩序的公共財,也是國家合作的結果(Bearce &
Hallerberg, 2011: 173-174; McNamara, 1998; Oatley, 1997)。循此邏輯,固
定匯率制的有效運作需要依託於品質良好的國內制度,而民主體制正是
良好制度的表徵,應有助於維持匯率穩定(Alesina & Wagner, 2006: 770-
799)。

　　此外,選舉週期、選舉制度和否決者數量,都會影響匯率政策的制
定。以選舉週期來說,選舉前政府不會採取貶值政策,以滿足選民對於匯
率的一般性期望(Frieden, 2015: 216)。[4]然而,若選舉後可能發生政黨輪
替,考量新政府的不確定性,貨幣投資人也更有可能進行大量交易,從
而造成匯率巨幅波動(Steinberg & Walter, 2013: 34)。以選舉制度來說,
學者Bernhard和Leblang的研究發現,在多數決制下,由單一政黨組成政
府,會採取浮動匯率制以保持貨幣政策的彈性和自主性,而在比例代表制
下,多黨組成聯合政府的情況普遍,此時反而會採取固定匯率制,以宣示
政策的穩定性(Bernhard & Leblang, 1999: 93)。否決者數量指政策變更
必須取得其同意的人數,這是國際政治經濟學常常討論的制度因素。通常
來說,愈少否決者,意味對執政者的問責程度愈高,執政者愈需要採取獨
立自主的貨幣政策。相反的,若是有眾多否決點,為避免發生衝突,執政
者會選擇固定匯率制。此外,在行政立法分立政府,因為很難採取必要的
結構改革措施,當面臨投機客狙擊時會傾向採取貨幣貶值,如此反而更容
易受到投機客狙擊。不過,整體而言,無論選舉週期、選舉制度,還是否
決者數量,其對於匯率政策的影響,還要根據特定時空政治經濟因素有所
調整,不能一概而論(Steinberg & Walter, 2013: 34-35)。

---

[4] Hector Schmaus and Christopher Way 則強調政府在選前會採取維持名目匯率穩定的政
　策(Schamis & Way, 2003: 51)。

第三節 匯率政策的社會因素

在一個封閉的經濟體中，匯率變動只會影響到名目價格，不影響到相對價格，在此情況下若增發貨幣，所有商品的價格都會上升，因而對相對價格影響有限。若要嚴格去區分誰比較容易受到影響，就是像營造業、購屋族、耐久財購買族等。以營造業為例，因為房屋建造往往費時數年，營造業所簽的契約通常是長期契約。雖然起造房屋時雙方可能會將通貨膨脹考慮進去，但若因為貨幣政策或意外的匯率波動導致名目價格上升，則營造業的價格就必須要跟著調整，但是契約另一方可能不願意調整，如此對雙方履約會帶來相當影響。所以，在封閉經濟體中，匯率變動對所有人都會影響，不致影響相對價格。但現在很少有國家是封閉經濟體，因此，匯率變動的影響不會只是名目價格變動，而是透過改變匯率來影響可貿易商品與不可貿易商品的相對價格。經濟體越開放，受到匯率影響的人就越多（Frieden, 2000: 257, 257-259）。

Jeffry A. Frieden將匯率變動的影響分為兩個面向，一個面向是匯價高低，另一個面向是匯率穩定或保持彈性。在偏好本國貨幣價格高低方面，消費者可能傾向高價的本國貨幣，但出口商會希望維持低價的本國貨幣，這樣出口商品在國際市場更有競爭力。在匯率穩定或保持彈性面向，國際貿易商、海外投資人、擁有以外幣計價的資產或債務者、或出口商，通常不希望匯率經常波動，偏好固定匯率制。但與進口商品競爭的生產者、或不可貿易商品的生產者，則希望匯價有調整彈性，偏好浮動匯率制。此因與進口商品競爭的生產者期待匯率發揮保護作用，不可貿易商品的生產者雖不會受到匯率的影響，但也希望原物料、半成品、生活必需品等可以有適度的調整，而不會因為匯率政策的僵固使得取材受到影響。當然，這兩個面向的需求有時候會彼此衝突，此時經濟行為者需要考量究竟何種偏好更為重要，比如固定匯率制下貨幣貶值會傷害固定匯率制的可信

表9-1 經濟行為者的匯率政策偏好

	偏好高價本國貨幣	偏好低價本國貨幣
對匯率彈性／政策自主性偏好度低	國際貿易商和投資商	競爭出口市場的生產者
對匯率彈性／政策自主性偏好度高	不可貿易商品生產者	與進口品競爭的生產者

來源：Frieden (2000: 260).

度，此時出口商若要向政府遊說，就必須在兩者間擇一進行，無法兩者兼得（Frieden, 2000: 257, 260-261）。

　　進一步來說，本國業者對於採用匯率政策進行貿易保護的需求，受到價格傳遞效果（pass through）、進口品穿透率和對進口中間財的依賴程度而有所不同。所謂價格傳遞意指進出口商品價格受到匯價變動的影響程度，這又受到市場結構和產品多樣化的影響。當市場處於完全競爭，且同一產品類型內沒有多樣化商品相互競爭，彼此僅以價格取勝，此時價格傳遞效果大。反之，當市場處於不完全競爭，且同一產品內具有多樣化商品，彼此以品質和聲譽競爭，則價格傳遞效果小。此外，若進口商品對本國市場穿透率低，或本國生產者對進口中間財的依賴程度低，都會降低本國業者期待用匯率政策進行貿易保護的需求（Broz & Werfel, 2014: 399-402）。同時，因為匯率政策和利率政策緊密相關，維持匯率即意味著維持一定的利率水準。詳而言之，廠商對匯率水準的偏好，應由產品競爭力與購買力的相互影響、財務報表的易受傷害性和匯率市場的壓力三者來決定。換句話說，不是廠商期待用匯率政策提供保護，而是廠商評估其對匯率政策的易受傷害性，來決定其對於匯率政策的偏好（Walter, 2008: 430-433）。

　　然而，匯率政策不只會影響產業，還會影響個人。一般來說，選民偏好本國貨幣是強勢貨幣，且匯率穩定（Steinberg & Walter, 2013: 33）。即便出口產業期待低價匯率帶來出口產品競爭力，出口產業的受僱者未必

因為貨幣貶值而受惠,一般大眾更擔心貨幣貶值造成的通貨膨脹效果。因此,若是大眾擔心通貨膨脹,就會偏好固定匯率制,也會反對貨幣貶值(Aklin et al., 2022: 4-6)。不過,晚近的研究則發現,美國民眾對貨幣政策的偏好,的確受到其所處工作環境影響。若僱用者有進行海外投資,受僱者較不重視國內貨幣政策的自主性(Bearce & Tuxhorn, 2017: 1-16)。

此外,政黨特質也是影響匯率制度偏好的重要因素。David H. Bearce 用代理人的概念,強調政黨對匯率制度的偏好是反應其所代表的社會團體偏好,至於政黨最後推出什麼匯率政策則取決於不同社會團體規模的大小(Bearce, 2003: 374-375),Aziz N. Berdiev 等學者則將不同政黨的匯率政策偏好歸因於政黨本身的意識形態(Berdiev et al., 2012: 39-40)。當然,政黨的代理人身分和政黨的意識形態往往相互銜接,研究西方國家的匯率政策變化發現,左翼政黨和勞工組織關係密切,而勞工最關切的莫過於避免失業。因此,左翼政黨偏好採用控制失業率的總體經濟政策,這往往需要擴張型的貨幣政策,而一旦採取擴張型貨幣政策,將出現利率下降資本外流的情況,也會因為需求上升而導致進口增加,很難以維持固定匯率制。因此,左翼政黨較傾向於浮動匯率制,以保持貨幣政策自主性。相反的,右翼政黨和商業界、金融界和中產階級關係密切,這些團體較不受失業率影響,而更關心他們的資產價值穩定。因此,右翼政黨偏好採取維持價格穩定的總體經濟政策,這往往是較為保守的貨幣政策,不會帶來利率下降、資本外流和進口增加的情況,自然沒有透過公開市場干預和維持匯率的龐大壓力,因而傾向於固定匯率制(Oatley, 2018: 266-268)。

第四節　匯率政策的合作與衝突

在布雷頓森林固定匯率制崩解後,原本期待浮動匯率制可以消化國家間的經常帳不平衡,而不必放棄自主的貨幣政策。然而,各國政府很快

發現，僅依賴浮動匯率制無法解決經常帳不平衡。只要國家企圖用貨幣政策服務國內經濟需要，很難避免大量跨境資本移動、劇烈匯率波動和由此帶來的金融不穩定，這成為驅使國家間採取匯率政策合作的政治壓力。當匯率政策的國際合作無法達成時，有時也會帶來國家間的衝突（Oatley, 2018: 230-231）。換句話說，各國就匯率政策相互合作，以及就更廣泛的總體經濟政策相互協調，直接的目標是維持國家間的經常帳平衡，以及解決國家間的經常帳不平衡。

固然，國際貨幣基金組織已於成立協定第一條明言，該組織將致力於透過諮商和協力促成國際貨幣合作。然而，二次世界大戰後主要的貨幣合作機制多由主要經濟體在國際貨幣基金組織之外所創立的組織進行，國際貨幣基金組織發揮的功能相當有限。戰後初期，處理美元不足的機制是美國推動的馬歇爾計畫，美國並透過馬歇爾計畫支持歐洲支付聯盟（European Payment Union），促成西歐國家於1958年實現經常帳自由兌換。1960年代初期，新成立的經濟合作暨發展組織（Organization of Economic Cooperation and Development）下設經濟政策委員會（Economic Policy Committee），成為討論和解決國際收支不平衡的主要機構。由於參與經濟政策委員會的國家有10國[5]，該委員會的常態聚會也稱為G10。此外，國際清算銀行內也發展出由一系列換匯協定組成的換匯網絡，將國際清算銀行和數個主要國家的中央銀行連結起來（Antonio Ocampo, 2017: 88-89）。

布雷頓森林固定匯率制崩解後，美國擔心G10的歐洲代表過多，希望另設較小範圍和非正式的平台，探討未來的國際匯率制度。1973年，美國財政部長邀請英、法、西德財長到白宮圖書館會面，商討對策解決石油危機帶來的通貨膨脹和經濟不景氣問題。隔年國際貨幣基金組織年會日本大藏省大臣邀請美、英、法、西德財長聚會，各國央行行長也隨之與會，

---

[5] 這10國分別是美、英、法、西德、義大利、荷蘭、比利時、瑞士、瑞典、日本。

並達成每年固定聚會的共識，G5於焉形成。1976年，義大利、加拿大加入，並提高層級，增加成員國領袖聚會，以G5為核心的七大工業國家組織（G7）於焉成立。七大工業國家組織會議議程初期以協調經濟政策和匯率政策為核心，1980年代因為《廣場協定》（Plaza Accord）和《羅浮宮協定》（Louvre Accord）[6]商議期間，各國匯率政策管理成為G7最重要任務。1990年代以後，G7成員普遍認為干預匯率效用有限，改採宣言和說服的方式推進匯率合作，並更加重視影響外匯市場的基本指標（如財政政策健全）。亞洲金融風暴後，G7的議題範圍更加寬廣，舉凡金融監管、公司治理以及更廣泛的全球金融架構等，都成為G7高峰會討論議題（Baker, 2008: 104-105, 109-110）。

在G7擴大其議題範圍的同時，國際匯率機制的協調工作也漸漸轉向亞洲金融風暴後新設立的金融穩定論壇（Financial Stability Forum）和二十國集團（G20），前者為G7轄下設置機構，專責研議如何避免再次發生金融危機，可惜功能不彰。G20的設置則是希望擴大新興國家的參與，建立由全球二十大經濟體的財長和央行行長組成的論壇。最初，G20的能見度和功能並不顯著，直到2008年金融海嘯後，美國將G20提升為領袖級論壇，作為協調經濟政策的主要平台，並將原本G7轄下的金融穩定論壇改為金融穩定理事會（Financial Stability Board），邀請G20成員國的財長與央行行長參與。同時，對於2008年金融海嘯後的全球金融情勢，G20也適時扮演關鍵角色，特別是G20促成各國形成擴大財政支出的凱因斯共識。當然，金融情勢的穩定也受惠於美國聯準會向其他已開發國家及部分新興國家提供換匯安排。然而，主要國家間並無就利率政策或其他特殊貨幣政策進行協調，而且，2011年後各國間對於是否繼續推動財政擴張政策

---

[6] 《廣場協定》為美、英、法、日和西德五國財長和央行行長於 1985 在紐約廣場所簽的協定，五國同意美元對日圓和西德馬克貶值，以解決美國貿易赤字。隨後，美元大幅貶值，且貶值幅度持續擴大，美、英、法、日、西德、加拿大六國財長和央行行長復於 1987 年在法國簽署《羅浮宮協定》，穩定美元幣值和國際外匯市場。

分歧日益顯著，G20又走到功能不彰的困局，以至於對2013年以後美國貨幣政策的轉變，和新興國家面臨的成長停滯與資金外流，都沒有採取積極行動（Antonio Ocampo, 2017: 89-91）。

另外，G20建立一套稱為「相互評估程序」（Mutual Assessment Process）的政策評估機制，以促進各國採取有助於強勁、持續和穩健成長的政策。這項政策評估機制為G20於2009年匹茲堡峰會時通過，由國際貨幣基金組織提供技術支持工作，這些工作包含評估個別國家的政策架構，和由各別國家評估綜合為國家間政策的相容性，並在此基礎上提出政策建議，再由G20納入該年行動方案。雖然，這套合作模式難免出現一項弔詭的結果，即本可具有拘束力的國際貨幣基金組織做出評估後，進入G20後卻只能成為不具拘束力的參考，從而降低政策評估對全球金融的可能貢獻。然而，不容否認，這套政策對話與監控機制，加上各國間建立的換匯機制，已是2008年金融海嘯為全球匯率政策合作留下的寶貴資產（Antonio Ocampo, 2017: 92）。

國家間除了可能推動匯率政策協調外，也有可能因為匯率政策而發生衝突。著名的例子是1971年布雷頓森林固定匯率制的崩解過程，美國要求日圓和西德馬克升值，並對所有進口商品課徵10%的進口稅，最後促成兩國貨幣升值，但布雷頓森林的固定匯率制也隨之崩解。同樣的情節發生於1980年代，當時美國面臨鉅額貿易逆差，眾議院通過《貿易緊急暨出口推廣法案》（Trade Emergency and Export Promotion Act），要求對台灣、南韓、日本、巴西等對美享有鉅額順差國課徵25%的關稅。面對美國國會可能採取的報復行動，日本於1985年9月和美英法西德等國簽署《廣場協定》，日圓隨之大幅升值，到1987年時日圓已升值超過一倍。1988年美國國會通過《綜合貿易與競爭力法》（Omnibus Foreign Trade and Competitiveness Act），要求財政部每半年向國會報告各國匯率政策（Scott, 2010）。據此，美國政府可將用匯率政策造成不公平貿易的國家認定為匯率操縱國，並課以制裁，以矯正他國匯率政策，而美國單邊的制

裁行動則往往引發雙邊關係的緊張和衝突。

　　根據2015年通過的《貿易促進與貿易執行法》（Trade Facilitation and Trade Enforcement Act），當前美國財政部認定匯率操縱國的標準有三項，分別是：(1)該國有鉅額的全球經常帳盈餘，達到該國GDP的3％；(2)該國對美國有顯著的貿易盈餘，超過美金150億；(3)該國持續的、單向的干預外匯市場。這是指十二個月內超過八次購買美金，金額超過該國GDP的2％。一旦認定一國為匯率操縱國後，美國政府依法要採取諮商、談判、懲罰三個階段的行動。第一個階段的行動是諮商，即美國政府會立刻和國際貨幣基金組織來諮商，告訴國際貨幣基金組織這個國家正在進行匯率操縱，而且美國已經認定該國為匯率操縱國。第二個階段的行動是談判，即美國政府會立刻和被認定為匯率操縱國的政府展開談判，要求改善匯率操縱行為。第三個階段的行動是懲罰，即如果匯率操縱行為持續未改善，美國財政部應該採取「懲罰措施」。目前，美國財政部關於匯率操縱的定期審查，主要針對美國前二十大貿易夥伴進行（US Department of Treasury, 2021: 3-4）。

　　1988年《綜合貿易與競爭力法》通過後，台灣、南韓、日本與中國大陸都曾被認定具有匯率操縱行為。但是，1994年通過的反補貼條例並未將匯率操縱納入出口補貼，以至於對匯率操縱國課徵反補貼稅可能違反世貿組織相關規範。1995年美國加入WTO後，美國對於匯率操縱認定變得非常謹慎。長達二十五年，皆未將任何國家認定為匯率操縱國，直到2019年8月，川普政府再度將中國大陸列為匯率操縱國。為能有效懲罰匯率操縱行為，曾有學者建議善加運用美國財政部的「匯率穩定基金」（Exchange Stabilization Fund），對於匯率操縱行為採取反制干預[7]，但由於潛在的匯率操縱國常常擁有比美國更雄厚的外匯儲備，且聯邦儲備理事會是獨立機關，未必會跟進操作反制干預，若美國政府介入外匯市場可能

---

[7] 提出建議的是 Fred Bergsten 與 Joseph E. Gagnon，前者曾經擔任美國財政部次長。

被對手國「反介入」，導致最後完全沒有效果。而且，如果美國進行外匯市場干預，不但會導致貨幣競貶的惡果，還會否定自己制裁匯率操縱的道德正當性，再無從祭出其他報復手段（Scott, 2010）。

2020年，川普政府制定行政命令，授權商務部對受益於匯率操縱行為且對美國產業造成傷害的進口商品課徵反補貼稅。儘管這項規定有意解決對於匯率操縱缺乏懲罰工具的困境，但依然衍生諸多疑慮。畢竟，匯率低估不等於不公平的匯率，而且均衡的匯率也很難界定。如果無法界定均衡的匯率，要如何判定反補貼的稅額？要課徵反補貼稅需要先知道對手國實施補貼的金額，再根據補貼金額課以反補貼稅。如此來看，要將補貼行為的概念適用到匯率操縱與個別進口品的關係，的確不易。其實，以認定匯率操縱國的三個標準來看，皆以行為認定而非以行為的效果認定。至於一國匯率是否偏離均衡匯率，是否造成不公平競爭，則非匯率操縱標準所涵蓋。最後，美國的單邊法規，是否符合世貿組織規範同樣不無疑義，這有待於日後發生爭端時透過世貿組織爭端解決機制釐清。

第五節　結論

自1970年代布雷頓森林固定匯率制廢棄後，一國可以自由選擇其匯率機制。但在全球資本自由流動的大環境下，一國對匯率機制的選擇空間相對有限。著名的三元悖論認為「固定匯率」、「資本流動」和「貨幣政策自主性」三個目標無法同時達到，一國僅能選擇其二作為政策目標。因為各國不斷撤除限制資本流動的各種措施，當前跨國資本流動的趨勢已經難以逆轉。因此，在三元悖論的架構下，國家只能在確保政策自主性的浮動匯率制和確保使用者對本國貨幣信心的聯繫匯率制或貨幣聯盟兩者間選擇。而且，三難架構不只形塑國家對匯率機制的選擇，也會影響國家間匯率政策協調的成敗，這是國際資金流動對國家政策選擇的外在限制。

　　從國家內部來看，影響匯率政策選擇的因素則有制度因素和社會因素。特定的制度安排可以是解決匯率政策困境的方案，也可以是影響匯率機制偏好的因素。作為貨幣政策一環的匯率政策，同樣要面對貨幣政策常見在控制通貨膨脹和控制失業率間的選擇。鑑於政府不同時間的偏好可能不同，特別是選舉前後的偏好變化特別顯著，從而造成「時間不一致性」問題，中央銀行獨立性和固定匯率制則被認為是兩種緩解「時間不一致」的制度方案。從更廣的層面來看，政體類型也是影響匯率政策偏好的重要因素，一般認為民主國家會傾向浮動匯率制，而威權國家則能夠維持固定匯率制。而民主國家之間選舉週期、選舉制度和否決者數量的制度差異，都會影響匯率政策的制定。

　　以社會團體對匯率變動的偏好而論，出口商希望維持低價匯率並保持匯率穩定，而與進口商品競爭的生產者或不可貿易商品的生產者則希望匯價有調整彈性，而在本國業者之中，若產品類型內沒有多樣化商品相互競爭，彼此以價格取勝，對於用匯率政策進行貿易保護的需求會更加強烈。至於一般選民，無論是作為消費者還是受僱者，還是希望本國貨幣是強勢貨幣且匯率穩定。最後，從國際組織促進匯率政策協調的經驗來看，雖然全球匯率合作的平台不斷擴充參與成員，但主要工業化國家間的共識還是扮演關鍵角色，美國更是居於主導性地位。而且，美國不但主導各國匯率政策協調，還會透過單邊政策強勢改變特定國家政策，為國際匯率政治不定期帶來衝突與火花。

參考書目

財團法人臺北外匯市場發展基金會（2016）。《台灣的匯率制度與外匯管理自由化》。台北：財團法人臺北外匯市場發展基金會。

Aklin, Michaël, Eric Arias, & Julia Gray (2022). Inflation concerns and mass preferences over exchange-rate policy. *Economics & Politics, 34*, 5-40.

Alesina, Alberto & Alexander Wagner (2006). Choosing (and reneging on) exchange rate regimes. *Journal of the European Economic Association, 4*(4), 770-799.

Angeloni, Ignazio (2004). Unilateral and multilateral currency unions: thoughts from an EMU perspective. In Volbert Alexander, Jacques Mélitz, & George M. von Furstenberg (eds.), *Monetary Unions and Hard Pegs: Effects on Trade, Financial Development, and Stability* (pp.41-49). New York: Oxford University Press.

Anonymous (2021). The Quest to quit QE. *The Economist, 440* (9253), pp. 63-65.

Antonio Ocampo, J. (2017). *Resetting The International Monetary (Non) System*. New York: Oxford University Press.

Baker, Andrew (2008). The group of seven. *New Political Economy, 13*(1), 103-115.

Barth, Richard (1992). Exchange Rate Policy. In Jeffrey M. Davis (eds.), *Macroeconomic Adjustment: Policy Instruments and Issues* (pp. 33-46). Washington, DC: International Monetary Fund.

Bearce, David H. (2003). Societal Preferences, Partisan Agents, and Monetary Policy Outcomes. *International Organization, 57*(2). pp. 373-410.

Bearce, David H. & Kim-Lee Tuxhorn (2017). When are monetary policy preferences egocentric? Evidence from American surveys and an experiment. *American Journal of Political Science, 61*(1), 178-193.

Bearce, David H. & Mark Hallerberg (2011). Democracy and de facto exchange rate regimes. *Economics & Politics, 23*(2), 172-194.

Berdiev, Aziz N., Yoonbai Kim, & Chun Ping Chang (2012). The political economy of exchange rate regimes in developed and developing countries. *European Journal of Political Economy, 28*(1), 38-53.

Bernhard, William & David Leblang (1999). Democratic institutions and exchange-rate commitments. *International Organization, 53*(1), 71-97.

Broz, J. Lawrence & Seth H. Werfel (2014). Exchange rates and industry demands for trade protection. *International Organization, 68*(2), 393-416.

Cohen, B. J. (2000). The Triad and the Unholy Trinity: Problems of International Monetary Cooperation. In Jeffry A. Frieden & David A. Lake (eds.), *International Political Economy: Perspectives on Global Power and Wealth* (pp. 245 - 256). London, New York: Routledge.

Cukierman, Alex (2008). Central bank independence and monetary policymaking institutions--Past, present and future. *European Journal of Political Economy, 24*(4), 722-736.

Frieden, Jeffry A. (2000). Exchange Rate Politics. In Jeffry A. Frieden & David A. Lake (eds.), *International Political Economy: Perspectives on Global Power and Wealth* (pp. 257-269). London, New York: Routledge.

Frieden, Jeffry A. (2015). *Currency Politics: The Political Economy of Exchange Rate Policy*. Oxford: Princeton University Press.

Gilpin, Robert (2001). *Global Political Economy: Understanding the International Economic Order*. Princeton, N.J.: Princeton University Press. 中文譯本：陳怡仲、張晉閣、許孝慈譯（2004）。《全球政治經濟：掌握國際經濟秩序》。台北：桂冠。

International Monetary Fund (2020). *Annual Report on Exchange Arrangements and Exchange Restrictions 2020*. Washington, DC: International Monetary Fund.

Krugman, Paul (1998). The Eternal Triangle: Explaining International Financial Perplexity. Cambridge, Mass.: Massachusetts Institute of Technology. http://web.mit.edu/krugman/www/triangle.html.

McNamara, Kathleen R. (1998). *The Currency of Ideas: Monetary Politics in the European Union*. Ithaca, NY: Cornell University Press.

Mohanty, M. S. & Marc Klau (2004). Monetary Policy Rules in Emerging Market Economies: Issues and Evidence. *Bank for International Settlements Working Papers, 149*, March, 1-33. 中文譯本：郭淑慧譯（2006）。〈新興市場經濟體的貨幣政策法則：論爭與實證〉。《國際金融參考資料》，第51輯，頁59-93。

Oatley, Thomas (2018). *International Political Economy*. London, New York: Routledge.

Oatley, Thomas H. (1997). *Monetary Politics: Exchange Rate Cooperation in the European Union*. Ann Arbor, MI: University of Michigan Press.

Obstfeld, Maurice, Jay C. Shambaugh, & Alan M. Taylor (2005). The trilemma in history: tradeoffs among exchange rates, monetary policies, and capital mobility. *Review of Economics and Statistics, 87*(3), 423-438.

Phillips, A. William (1958). The relation between unemployment and the rate of change of money wage rates in the United Kingdom, 1861-1957. *Economica, 25*(100), 283-299.

Schamis, Hector E. & Christopher R. Way (2003). Political cycles and exchange rate-based stabilization. *World Politics, 56*(1), 43-78.

Scott, Robert (2010). *Currency Manipulation- History Shows That Sanctions Are Needed.* Washington, DC: Economic Policy Institute. https://www.epi.org/publication/pm164/.

Steinberg, D. & S. Walter (2013). The Political Economy of Exchange Rates. In Gerard Caprio (eds.), *Handbook of Safeguarding Global Financial Stability: Political, Social, Cultural, and Economic Theories and Models* (pp. 27-36). Cambridge, Mass.: Academic Press.

Steinberg, David A. & Krishan Malhotra (2014). The effect of authoritarian regime type on exchange rate policy. *World Politics, 66*(3), 491-529.

US Department of Treasury (2021). *Macroeconomic and Foreign Exchange Policies of Major Trading Partners of The United States.* Washington, DC: US Department of Treasury. https://home.treasury.gov/system/files/206/December-2021-FXR-FINAL.pdf.

Walter, Stefanie (2008). A new approach for determining exchange-rate level preferences. *International Organization, 62*(3), 405-438.

Chapter 10

金融危機

2021年12月，受到美元走強和土耳其政府推出激進的利率削減計畫的影響，土耳其貨幣里拉（lira）急劇貶值。面對里拉急貶的壓力，土耳其政府宣布對以里拉存款的存戶提供保護，若里拉貶值幅度超過利率，政府將提供差額補償。其實，自2018年以來，由於全球資金流動變化、土耳其本身的經濟政策和外交環境變化導致里拉持續貶值。首先，2008年以後因為美國量化寬鬆政策驅使資金流向包括土耳其在內的新興市場，但2013年後量化寬鬆逐漸退場里拉進入第一波貶值。此後，原本仰賴外資的土耳其銀行和企業持續向外借貸、美國調高利率推升借貸成本又導致土耳其債務持續攀升。但是，土耳其總統艾爾段（Recep Tayyip Erdogan）個人對利率極端厭惡，堅持低利率政策，由總統任命央行行長缺乏獨立性，這些都助長資金離開里拉。2018年復因土耳其政府關押美國人受到美國制裁，美國對土耳其輸美的鋼鋁產品加倍課徵關稅，導致里拉重挫，這是自2013年後第二波里拉貶值（Nelson, 2018）。由於缺乏對里拉的信心，眾多土耳其國民將本國貨幣存款轉為美元存款，這更加劇里拉的貶值速度和幅度，土耳其政府於2021年底推出的存戶保護措施，即是要扭轉土耳其國民存款美元化的趨勢以穩住里拉匯價。雖然里拉能否因此維持中長期幣值穩定猶待觀察，但土耳其政府為補貼利率差額所承擔的財政責任，恐怕為經濟和貨幣穩定帶來新的隱患（Anonymous, 2022）。

　　自2018年以後的土耳其貨幣危機可說是眾多金融危機的縮影，金融危機得以出現往往是依託於全球資金市場變化的背景，因為資金在全球市場快速流動帶來貨幣和資產價值的劇烈變動，這是金融危機常見的開端。其次，不同種類的金融危機常常相伴而生，銀行體系的過度借貸既容易造成銀行本身的脆弱性，又可能因為借貸來源為外國金融機構而危及貨幣的穩定性。當銀行出現問題，而政府為維持國內流動性大舉舉債時，則可能導致債務不斷累積終至無法償付的困境。面對一次又一次的危機，各國政府不得不認真思考金融危機的預防之道，銀行體系是金融體系和整個經濟體系輸血管道，如何強化保護銀行自是各種預防方法的共同方向。本

章先說明二次戰後全球金融市場如何重新出現，和在此背景下頻繁出現的金融危機及其不同類型，進而談談解釋金融危機及其不同類型的相關理論。在此基礎上，接著回顧1980年代以來四次具有區域性和全球性影響的重大金融危機，最後介紹自亞洲金融風暴以來國際社會為預防危機發生所提出和採取的改革方案。

第一節　金融全球化與金融危機

　　金融市場全球化不是二十世紀的新現象。1602年荷蘭東印度公司創立阿姆斯特丹證券交易所，讓該公司發行的股票和債券公開交易，吸引歐洲各國資金前來，並衍生相應的金融機構，算是開啟金融全球化的創舉。十九世紀下半葉，資本開始大規模跨國流動，逐漸形成規模龐大的國際金融市場。當時最大的資金出口國是英國，其次是法國和德國，對外投資的形式主要是借貸給外國政府、借貸給外國人、購買外國股票債券，以及在外國設立公司，而英法兩國對外投資也有相當高的比例投入外國的鐵路建設。國際金融市場的規模在1870年時還只有全球GDP的7%，到1914年已經達到全球GDP的20%（Zinkina et al., 2017: 175-177）。雖然，一次大戰後紐約和倫敦的銀行家們曾嘗試恢復因戰爭而中斷的國際金融市場，但1929年發生華爾街股災，1931年再度發生金融危機，美國停止對德奧借貸，導致後者採取外匯管制，英國則於1931年9月放棄金本位。至此，企圖恢復戰前國際金融市場的計畫完全失敗。二次大戰末期，英美兩國聯手擘劃戰後世界經濟體制，為保有各國政策自主性，以便促進全民就業，避免資本流動對穩定匯率制度的影響，兩國政府聯手推動資本管制，期間還受到華爾街金融家與倫敦英格蘭銀行的相互角力，最後妥協的《布雷頓森林協定》允許各國採取資本管制，但不能以此妨礙貿易進行或交易償付。同時，該協定沒有要求各國一定要執行資本管制，只是允許各

國合作（Helleiner, 1994: 44-48）。在《布雷頓森林協定》的授權下，西歐國家和日本競相採取資本管制措施，全球資本基本上停止跨國流動。可以說，二次戰後十年全球金融市場是不存在的。

1950年代末期，隨著西歐國家貨幣實現與美元在經常帳的自由兌換，英美兩國開始推動以倫敦為中心的歐洲美元市場，以便在維持本身的資本管制同時，讓兩國國內金融機構可以參與跨國金融交易（Helleiner, 1994: 83-91）。此後全球金融交易不斷發展，到1980年代末期已經形成規模龐大的國際金融市場。加拿大學者Eric Helleiner認為，二十世紀後半葉的金融市場全球化，受惠於六項事件的發展。一是1950年代末期因為西歐國家貨幣實現自由兌換，重建國際金融市場的信心。二是快速擴張的國際貿易和投資，帶來龐大的國際金融需求。三是石油危機，因為石油以美元計價，導致石油輸出國累積龐大的美元，稱為「石油美元」（petro dollar）。私人銀行吸收石油美元存款，又借貸給急需流動資金的貿易赤字國家，創造大量的國際金融交易。四是1970年代初期固定匯率制度崩解，市場經營者需要以不同貨幣儲存資產，以分散匯率市場波動的風險。五是1970年代到1980年代已開發國家金融業內少數業者居於壟斷地位的結構被打破，金融市場出現激烈競爭。六是市場競爭壓力帶來金融創新，各種衍生性金融商品應運而生，進一步降低全球金融市場的風險和成本（Helleiner, 1994: 6-7）。

隨著全球金融市場出現，金融危機的發生日趨頻繁。基本上，金融危機可分為貨幣危機、銀行危機、債務危機、通膨危機和資本市場危機五種類型。貨幣危機指本國貨幣短期內出現巨幅貶值，且常伴隨外匯存底的快速流失。銀行危機較難以精確定義，一般指銀行體系因資產或獲利縮水導致陷入財務困境（financial distress）。要定義債務危機先要看債務的屬性，一國所承擔的債務可以是對內債務或對外債務，而債務危機通常發生於債務額超過一定水準時，債務國拒絕償付債務或必須債務重組，或暫緩支付債務。通膨危機指通貨膨脹超過一定水準，而資本市場危機則指股票

指數跌到一定水準以下（Hlaing & Kakinaka, 2018: 226-227）。其實歷史上發生過多次金融危機，十九世紀金融風暴頻頻發生，1857年美國俄亥俄人壽公司（Ohio Life Insurance and Trust Company）被迫關閉在紐約和辛辛那提的營運，引發俄亥俄州銀行擠兌風潮，拜電報發明所賜，這場風暴引發全美金融恐慌，被認為是第一場具有全球影響的金融風暴。1873年維也納股市崩盤引發部分銀行倒閉，以及美國庫克公司（Jay Cooke & Company）倒閉，引發部分保險公司破產，開啟歐美兩地長達二十年的經濟蕭條。進入二十世紀，1907年紐約尼克伯克信託公司（Knickerbocker Trust Company）倒閉，導致部分信託公司和銀行的擠兌和倒閉風潮，為解決空前的金融恐慌，美國政府建立聯邦儲備銀行，對全國銀行進行監管。一次世界大戰後，又陸續發生如1927年日本東京渡邊銀行倒閉引發的銀行擠兌風潮，1929年華爾街股災和1930年的美國銀行倒閉風潮。但是，在1945年至1970年金融危機幾乎銷聲匿跡，直到1970年代金融風暴又再度出現，這段期間正是跨國資本流動受到限制的時代，足見資本流動限制和金融穩定有著密不可分的關係。

1970年代因為石油危機帶來停滯性通貨膨脹（stagflation），主要工業化國家都面臨經濟調整的壓力，1973～1974年間全球股市持續巨幅下跌，英國更因為資產價格崩跌導致中小型銀行瀕臨破產。1980年代第一個巨型金融危機是從墨西哥和巴西開始的債務危機，1980年代中期以後又有美國1987年股災和日本的資產泡沫與股市危機，後兩者皆屬於資本市場危機。1990年代金融危機的發生更加頻繁，包括1992年歐洲匯率機制崩解，1994年墨西哥披索巨幅貶值，1997年亞洲金融風暴，以及接著發生的1998年俄羅斯金融危機及1999年巴西金融危機，這五次危機都屬於貨幣危機。2000年初發生網路榮景泡沫化（dot-com bubble），2007年發生次貸風暴，2008年美國雷曼兄弟倒閉引發全球金融海嘯，從全球金融海嘯又延燒為歐元區的債務危機。就性質而言，2000年代到2010年代初期的四次危機分別屬於資本市場危機、銀行危機和債務危機。在這些重大金融危機之

間又有個別國家發生通膨和貨幣危機，如2001年和2018年阿根廷披索劇
貶，2016年委內瑞拉通膨危機，和2018年開始的土耳其里拉危機，這三
個國家的貨幣或通膨危機後來都衍生為債務危機。從部分發展中國家的
經驗來看，屢次發生的債務危機反映這些國家的債務安全值較先進工業
化國家為低，也說明對於這些國家而言，向外借款成為避免在支出和稅
收間進行艱難選擇的誘人工具，構成這些國家連續違約的根源，Carmen
M. Reinhart & Kenneth S. Rogoff稱為「債務不耐症」（Debt Intolerance）
（Reinhart & Rogoff，譯本2010：19-20）。

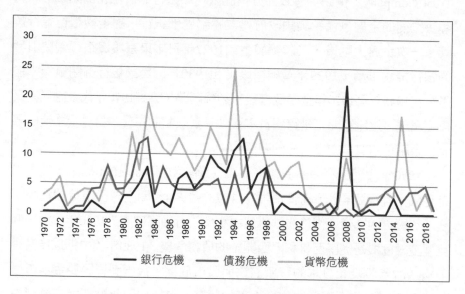

圖10-1 1970～2019年金融危機發生頻率

資料來源：Nguyen, T. C., Castro, V., & Wood, J. (2022). A new comprehensive database
of financial crises: Identification, frequency, and duration. *Economic Modelling,
105770*. pp. 15-16.

🌐 第二節　金融危機的理論

　　有關金融危機發生的原因，明斯基（Hyman Minsky）提出的金融不穩定假說（Financial Instability Hypothesis）是極具啟發性的觀點，為後繼研究者提供通則性的理論基礎。明斯基的金融不穩定假說認為資本主義者有一種集體傾向，會把眼前的穩定視為永久狀態。因而在經歷相當時期的穩定成長後，經濟行為者承擔風險的意願升高，願意舉債投資的經濟行為者大幅增加。在順循環的大眾心理下，資產價格會不斷膨脹，最終導致資產價格泡沫破滅，這個破滅的時刻被稱為「明斯基時刻」（Minsky Moment）。換句話說，資本主義的內在波動，會自然將一個穩定的金融體系轉變為一個不穩定的金融體系，最終導致金融危機的發生（李榮謙，2010：273-275; Minsky, 1992）。

　　其實，明斯基的金融不穩定假說早於1957年問世，但直到1987年股災後才被各界認真對待（Keen, 1995: 607）。在明斯基觀點被忽略的1960年代到1970年代，與金融不穩定說看法相異的新古典經濟學派，則逐漸成為經濟學主流觀點。新古典經濟學派對於人的理性判斷和市場自我糾正能力深具信心，如傅利曼（Milton Friedman）就認為，均衡價格的存在可以讓偏離均衡價格的投機行為被反向操作的投機行為所矯正，因此，投機行為本身也可以有助於金融市場的穩定（Friedman, 1953: 157-203; Kemp, 1963: 185）。按照新古典學派的邏輯，歷次的金融危機皆是個別事件，不必為此建立通則性的理論（Gilpin，譯本2004：319-320）。然而，金融不穩定假說的立足點認為理性的個人會追隨大眾的行動，一如羊群的從眾行為（herd behavior）會讓市場訊號被放大解讀，從而產生自我增強的效果。因為金融市場本身就是訊息極度缺乏的環境，本身容易流於錯誤解讀和由此而來的恐慌，明斯基的危機理論正揭露了金融市場的本質。

　　除了一般性的金融危機理論外，學術界對於貨幣危機和債務危機的

成因和影響，還發展進一步的解釋性理論。關於貨幣危機，在國際經濟學有三代危機理論，從不同的危機經驗建立對於危機發生的一般性解釋。第一代危機理論的研究文獻發表於1970年代晚期（Salant & Henderson, 1978 ; Krugman, 1979），主要以1970年代墨西哥和阿根廷的貨幣危機為研究對象，嘗試提出有效的解釋（Flood & Marion, 1999: 2）。第一代危機理論認為固定匯率制和過度擴張的國內經濟政策兩者結合，是造成貨幣危機的根源。這是因為當政府採取和固定匯率要求不一致的擴張性政策時，其所增加的市場貨幣供給會推升投資人對於外幣的需求，在此情況下政府只能拋售外匯儲備以為因應。當政府外匯儲備下降，自然無法捍衛既有匯率，形同為投機客狙擊本國貨幣創造機會，最終導致原本採行的固定匯率制無法堅守，帶來貨幣危機（Krugman et al., 1999: 422-423）。

第二代貨幣危機理論的研究文獻發表於1990年代中期（Obstfeld, 1994; Sachs et al., 1996），主要從觀察1992～1993年歐洲貨幣危機和1995年新興市場國家的貨幣危機建立理論。第二代貨幣危機理論認為政府在危機情境下的反應並非如線性行為般的可預測，因此，即使政府沒有採取和固定匯率要求不一致的政策，但若政府政策有利於狙擊客進行狙擊，仍有可能引發狙擊行動，而市場預期的變化也會改變政府在不同目標間的偏好，從而帶來自我應驗的危機（Flood & Marion, 1999: 7）。具體來說，假若政府的某些經濟負擔（如以本國貨幣計價的債務或因工資僵固而導致高失業率）讓放棄固定匯率成為誘人的政策選擇，雖然政府為維繫國際經濟交易而勉強維持固定匯率，但市場卻預期政府不會捍衛固定匯率，此時投資人會拋棄本國貨幣，從而讓政府捍衛固定匯率更加困難，最終不得不放棄固定匯率（Krugman et al., 1999: 424-425）。

1997年亞洲金融風暴爆發，激發理論界建立第三代貨幣危機理論。亞洲金融風暴的起因為金融體系對於企業的過度借貸，並且這些貸款相繼投入沒有效率的基礎建設。而企業之所以能從金融體系大量借貸，又是因為這些企業主與政府官員間具有親密的人際關係，如此造成企業敢於

借款，而銀行相信政府會提供擔保也敢於貸款。換句話說，以人際關係為基礎的裙帶資本主義（crony capitalism），和政府隱而不宣的保證帶來的道德風險（moral hazard），被認為是亞洲金融風暴的根本原因。由亞洲金融風暴經驗發展的第三代危機理論，從結構上看和第一代危機理論非常相似，都是將貨幣危機歸因於不良的總體經濟政策（Woo et al., 2000: 122-123）。然而，第三代危機理論並不侷限於經濟基本面，還涵蓋從技術面導致貨幣危機的從眾行為，和貨幣危機在不同國家間傳遞的傳染效果（contagious effect）。這裡所談的從眾行為指當資產所有者競相拋售貨幣會導致貨幣危機，這種拋售行為很大程度來自於貨幣投資經理人是根據同業績效給薪，因而會採取跟隨同業行動。至於貨幣危機的傳染效果，則是因為這些經濟條件不一樣的國家具有相似的文化背景，或者同樣堅守固定匯率，為貨幣危機的擴散創造合適的外在環境（Krugman et al., 1999: 428-431）。

相較於貨幣危機，主權債務危機的發生受到脆弱基本面的影響更深，因而在形式上更接近銀行危機。探討主權債務危機的原因，要先問銀行為什麼願意借貸給外國政府？雖然，國家永遠不會倒閉，或者退一步說，國家倒閉的機率遠低於私營企業倒閉的機率。但是，從過去的經驗來看，國家也是會違約的。那麼，對於外國政府違約，銀行該如何償債呢？首先，當企業破產時，債權人可以接管債務人的資產，但是當債權人面對的是主權債務違約時，債權人通常無法到該國強制執行，只有該國在本國的財產方有強制執行的可能性，而且這也不表示債權人一定能夠對債務國在本國的資產強制執行。因為國際法中國家行為是不能究責，一般銀行要查封外國政府在本國的資產會有一定難度（Reinhart & Rogoff，譯本2015：72-73）。

其實，政府違約通常在可以償債的資源枯竭之前，因此，影響到主權債務償付的決定因素是國家意願，而不是國家能力。就國家的償債意願來看，政治不穩會導致國家決定不償債或無法做出償債的決定，這是

債務違約和債務危機發生的關鍵因素（Reinhart & Rogoff，譯本2015：67-73）。同樣，國家的償債能力跟短期流動性是兩件事，很多國家只是短期的流動性不足，並非完全沒有償債能力，長期還是願意償債，但短期做不到。因此，有時候只是部分違約而不是全部違約，而實務上也會區別短期債務跟長期債務，通過債務重組，用借新債還舊債的方式讓償債時程變長（Reinhart & Rogoff，譯本2015：74-77）。

進一步說，為維繫國家的聲譽，確保未來還能進入國際資本市場借貸，國家還是願意還款的（Eaton & Gersovitz, 1981）。但是，建立跨國強制執行的法律制度，並以此阻止其他國家的銀行貸款給不還款的借款國，可以讓償債得到基本的保證，這比看不到的聲譽法則更加有力（Bulow & Rogoff, 1988）。的確，阻絕借款國取得短期借貸看來更為直接且有效，因為阻斷短期信貸會衝擊借款國的社會和諧和政權合法性，讓借款國必須認真對待其債務責任。嚴格限制短期貸款的行動具有國際和國內的雙重意義，從國際層面來看，若貸款者共同組成卡特爾拒絕提供短期信貸，這會對借款國帶來龐大壓力。從國內層面來看，若支持財政紀律的國內菁英在危機中能順利取得借款，他們在國內政治地位會得到強化，這將有助於把市場紀律內化於借款國的國家機器（Roos, 2019: 12-15）。

過去，也有貸款國曾對借款國採取如軍事行動等強制措施，以迫使借款國還款，但在現有國際法的規範下，採取強制措施的可能性愈來愈小。其他的索款方法如貿易中斷或風險溢價，則仍是政府或民間機構可以考慮的方案（Reinhart & Rogoff，譯本2015：67-73）。晚近以來，對於開發中國家的債務，也有不少已開發國家採取免債的做法，因為這些借款國根本無法償付。而且，部分開發中國家欠下龐大債務的原因是前任政府違反國民利益或違背國際法義務進行借貸，這種「惡債」若還要求繼任政府償還，難免構成道德和法律的挑戰（Reinhart & Rogoff，譯本2015：76-78）。因此採取一部分或全部免除其債務的做法，以展現對於全球發展的貢獻，不失為利己利人的雙贏之舉。

第三節　1980年代以來的重大金融危機

　　誠如前述，1970年代以降金融風暴日益頻繁，而且危機發生不限於特定的地理範圍，無論亞洲、歐洲還是美洲，無論開發中國家還是已開發國家，都難以逃脫金融風暴的肆虐。從1970年代至今，1980年代中南美洲債務危機、1990年代亞洲金融風暴、2000年代全球金融海嘯，以及2010年代歐債危機皆席捲整個區域，前後時間長達數年之久，為區域和全球帶來深遠影響。本節分別介紹這四次危機，作為下一節瞭解各項危機預防措施的背景知識。

　　論及中南美洲的債務危機，其實有相當長的歷史。1810～1820年間中南美洲國家陸續獨立後，因應建國的各項建設需要，許多國家到倫敦發行債券，吸引倫敦金融市場的大量資金。然而，不到十年的時間，到1820年代中期開始陸續發生違約，這是近代中南美洲第一波的債務危機。此後部分國家頻繁發生債務違約和債務重組，墨西哥、委內瑞拉和哥倫比亞都是十九世紀債務違約特別頻繁的中南美洲國家（Reinhart & Rogoff，譯本2010：85-88）。1980年代的債務危機與1820年代的債務危機相仿，都是本國經濟建設驅動的外債增長，但結構則大不相同。1980年代債務危機的結構因素是先前龐大的外來資金流入，包含從多邊發展機構來的優惠貸款、美國的官方援助和商業銀行的商業貸款，其中，大量流向中南美洲的商業銀行貸款，在後來的債務危機中扮演關鍵角色。

　　西方國家的民營銀行向中南美洲國家大量貸款，是1973年第一次石油危機之後出現的情況，這是因為石油價格飛漲讓石油輸出國家賺進大量石油美元，這些石油輸出國繼而將石油美元存入西方國家的商業銀行，導致擁有豐沛石油美元的西方商業銀行積極尋求貸款對象。當時，多數仰賴進口石油的中南美洲國家需要外匯以採購價格飛漲的石油，而各國國內大力推動的進口替代工業化政策，更急需向外借款填補財政赤字。如此，透

過西方商業銀行（特別是美國的商業銀行）中介的油元循環（petrodollar recycling）將石油美元輸向中南美洲國家，造成中南美洲國家的龐大外債。到1970年代末期，伊朗革命造成第二次石油危機，中南美洲國家的能源支出隨之大幅增加。接著美國新任聯準會主席Paul Volcker為打擊通膨大幅升息，連帶提高中南美洲國家的債務利率。再來是石油危機帶來經濟不景氣，西方國家對中南美洲的進口隨之縮減。這三大衝擊接踵而來，大幅削弱中南美洲的償債能力。1982年2月墨西哥將披索貶值，但仍無法創造足夠的出口盈餘，反而墊高償債成本，墨西哥遂於8月宣布停止償債，接著多個中南美洲國家跟進宣布停止償債，美國商業銀行也停止對中南美洲國家貸款（Oatley, 2018: 309-315）。

　　債務危機下中南美洲諸國出現經濟衰退，為解決中南美洲的債務危機，美國政府聯合商業銀行、各國中央銀行和國際貨幣基金組織共同採取行動。在協議債務重組後，由商業銀行提供短期借貸，國際貨幣基金組織提供貸款以償付利息，借款國則同意進行結構改革。然而，幾年下來，一方面結構改革帶來高失業、收入銳減和成長倒退，一方面借貸國仍無法有效還債。1989年美國財政部次長Nicholas Brady提出新方案，建議商業銀行免除部分債務本金，借款國則發行新債券，由此將商業銀行的債務證券化，在公開市場販售償債，同時繼續經濟改革。儘管如此，中南美洲國家的債務仍延宕多年方全部清償（Sims & Romero, 2013）。

　　至於1997年爆發的亞洲金融風暴，算是1990年代中後期一連串貨幣危機中最嚴重的一次，當時其他的貨幣危機還有1994年墨西哥金融危機、1998年俄羅斯金融危機、1999年巴西金融危機、2001年土耳其金融危機和2002年阿根廷金融危機。這些危機的共同背景是1980年代晚期部分新興市場國家解除資本管制，推動金融自由化，前者讓全球投資人可以更容易的將資金投入新興市場，後者則是擴大新興市場的金融多元化，提高股票市場和債券市場的重要性，降低銀行在金融市場的角色。此時剛剛經歷過1980年代債務危機，已開發國家的商業銀行對曾經債務違約的新興市

場貸款仍望之卻步，恰好新興市場國家推動金融開放和自由化，鼓勵已開發國家的基金投資人投入新興市場。此外，這些新興市場國家當時皆採取固定匯率制，當對環境變動極度敏感的基金投資大量湧入新興市場，造成新興市場對短期資金的高度依賴後，為避免短期資金受環境變動而外逃，這些國家更需要堅守固定匯率制。因此，當突發衝擊讓投資人對固定匯率能否維持的信心崩潰時，貨幣危機瞬間爆發（Oatley, 2018: 329-331）。

1997年夏天爆發的亞洲金融風暴，始自泰國宣布放棄固定匯率制，泰銖狂貶，接著是馬來西亞、菲律賓和新加坡等國都相繼宣布讓本國貨幣浮動。當年10月，貨幣貶值的浪潮侵襲印尼、香港和台灣，印尼盾劇貶。到12月，風暴從日本吹向南韓，韓圜重創。為什麼1997年夏天泰國要放棄固定匯率制呢？事實上，危機爆發前半年泰國已經出現股市價值和資產價格持續下跌，以及隨之而來的資金外逃，特別是原本來自日本的銀行間借貸和資產投資，流向獲利更豐的美國股市，導致泰國外匯儲備用罄，不得不放棄固定匯率制，加速泰銖崩盤。當泰銖劇跌後，外資也從條件相仿的其他新興市場撤出，從而導致金融危機向其他區域國家擴散，致使區域內其他國家貨幣接連受到重創（King, 2001）。

亞洲金融危機爆發後，受影響國家的貨幣劇貶導致進口品與物價大漲，加上外資出逃後資產價格崩跌，國民經濟陷入困難。國際貨幣基金組織、世界銀行、亞洲開發銀行和亞太與歐美國家政府，相繼提供緊急借貸給泰國、印尼和南韓，並要求受援國進行必要的結構改革，特別是金融體系的改革，和提升企業經營效率。雖然，美國聯準會曾協助泰國取得過橋貸款，和協助南韓進行債務重組（Carson & Clark, 2013）。但是，在緊急借貸的政策條件之下，部分國家國民生活更形艱難，失業率居高不下，本國資產大量拋售，因而激發區域國家探索自助機制，先是日本提出亞洲貨幣基金會的構想，繼而是東協國家和中日韓發起《清邁倡議》，建立貨幣互換協議作為未來危機發生時的緊急救援機制。不過，2000年《清邁倡

議》通過時，受創最深的泰國、印尼、南韓三國已經走上穩定的復甦之路。

　　與中南美洲債務危機和亞洲金融風暴的貨幣危機相較，2008年從美國爆發的金融海嘯本質是銀行危機，其影響範圍是全球性的，且深刻改變全球經濟的運作方式，這是因為美國居於全球金融體系的中心地位，美國銀行體系的問題會向全球輻射成為全球銀行體系的問題。金融海嘯的起源是2007年發生的次貸風暴，而次貸風暴的背景則要追溯到911事件後美國聯準會大幅降息，為金融市場帶來龐大的流動性，創造房市、股市和債券市場的長年榮景。在房貸業者的各種獎勵措施下，原本收入條件無法經由銀行的正常管道取得抵押貸款者，透過次級房貸業者取得購屋所需資金，造成次級房貸放款金額巨幅攀升。同時，透過財務與科技的結合，投資銀行不斷創造高槓桿金融商品，造成銀行過度放貸，而銀行間又透過信用違約交換（Credit Default Swap, CDS）[1]相互對作轉嫁風險，如此反而提升系統性風險。當美國聯準會進入升息循環後，美國房市崩跌觸發次級房貸風暴，次貸風暴再透過金融資產證券化、衍生性金融商品等使風暴不斷延燒，到2008年9月雷曼兄弟宣布破產、美林投資銀行被美國銀行併購、美國國際集團（AIG）向FED申請緊急融資，全球股市同步重挫，形成全球金融海嘯（陳美菊，2009：264-269）。

　　2010年代的歐債危機可說是金融海嘯的延伸，因為金融海嘯爆發後，很多歐洲銀行面臨倒閉壓力，歐洲諸國政府透過降息、擔保銀行債務、對銀行提供資金，甚至採取銀行國有化的方式，對金融業紓困以緩解市場流動性緊縮壓力。如此造成政府的民間債務升高，數個歐洲國家主權評等調降，導致市場對主權債務能否償付的憂慮，隨後歐債危機爆發。2010年時受到影響的希臘、愛爾蘭、葡萄牙三個國家都是小國，影響相對有限，也都獲得歐盟紓困。但希臘隔兩年後再度發生危機，之後西班牙和

---

[1] 一種金融合約，買方向賣方支付固定金額的風險貼水，當違約事件發生時，賣方同意將買方所持有的債券以面額買入，作為買方的補償。

義大利也捲入，歐債危機成為席捲南歐的金融風暴。檢視歐債危機的原因，除了各國政府對金融業紓困外，勞工成本升高傷害產品競爭力，造成持續的貿易赤字也是原因。更為深層的因素則是歐元區國家有單一貨幣卻缺乏共同的財政資源，無法以有餘而補不足。而且，歐盟雖有中央銀行，卻受限於共識決很難共同行動。如此造成各國在單一貨幣之下無法個別調整貨幣政策和匯率政策，無法因應貿易赤字進行調整，長期的財政赤字和貿易赤字最終讓市場失去信心（羅致美，2013：69-80）。從金融海嘯到歐債危機，已開發國家的金融體系嚴重受創，長期以來各國奉為圭臬的金融自由化受到強烈質疑，為挽救全球金融的命運，全球金融業者紛紛思考如何改革金融管制，這是2008年金融海嘯以後國際貨幣基金組織和相關國際組織共同努力的方向。

第四節　金融危機的預防

　　早於亞洲金融風暴後，全球已展開關於如何預防金融風暴的熱烈討論。從正統經濟學的觀點來看，最佳方案是回歸市場機制，只要讓投資人自由選擇，經營不佳的金融機構自然被淘汰，國際貨幣基金組織介入過多反而會扭曲市場（Gilpin，譯本2004：327-329）。但是，主張要改革國際貨幣基金組織的聲音也不少，認為國際貨幣基金組織應該提升透明度、強化資訊蒐集能力和提供金融情勢的可信資訊（Gilpin，譯本2004：330-334）。這兩種想法看似不同，實則都是強調市場功能，而政府的責任僅止於提供充分訊息。基於這樣的思維，七大工業國集團成員國的央行和金融監管機構於1999年設立金融穩定論壇（Financial Stability Forum），目的是促進成員間在金融監管和經濟情勢追蹤的合作。此外，1998年10月美國財政部長魯賓（Robert Rubin）在七國集團財長會議上呼籲建立新國際金融架構（NEW International Financial Architecture, NIFA），此後，主要

國際論壇圍繞國際金融架構展開認真討論。在七大工業國集團、經濟發展合作組織、國際清算銀行和國際貨幣基金組織等國際組織的協同合作下，新國際金融架構沿著四個方向進展，分別是建立管制標準、管制資本流動、調整匯率機制，以及要求私營部門分擔紓困責任（Eichengreen, 2000: 175-176）。

首先，關於全球金融市場的國際管制標準可分為銀行業和證券業監管、會計審計規則、資訊流通和破產程序。這些國際標準並非要各國放棄針對各國狀況的個別管制方式，而是要求各國的管制方式必須符合一定的最低標準。而且，管制工作不僅僅由國際組織或各國政府承擔，很多管制工作是透過相應的國際私部門協會或管制者聯盟進行行業管制（Eichengreen, 1999: 21-23）。第二，短期資本流動被認為是助長銀行短期債務的主因，而金融風暴時馬來西亞全面禁止資金跨境移動一定程度達到穩定金融情勢的效果，令人關注資本管制是否有助於避免金融風暴。與此相關，智利要求入境資本需停留一定期間的做法，以及對全球外匯交易課稅以減少投機買賣的托賓稅（Tobin tax）[2]構想，都受到廣泛討論（Neely, 1999: 21-23）。第三，對於匯率機制的討論包括浮動匯率是否有助於降低金融風暴危險，以及是否應該放棄混合匯率機制，而選擇純粹的浮動匯率制或純粹的固定匯率制（Eichengreen, 2000: 180; Frankel, 1999）。不過，多數亞洲國家在1997年金融風暴後並未放棄固定匯率制，反而用偏低的匯率釘住美元，並適時進行外匯干預，以配合出口導向發展策略，累積大量外匯儲備，作為穩定外來投資信心的保證，學者將此稱為「第二布雷頓森林體系」（Bretton Woods II）（Dooley et al., 2003: 4; 2005; Escrivá et al., 2008）。第四，私營部門分擔紓困責任的例證於1990年代末期已有，主要見於已開發國家的貸款方或債券持有者協助開發中國家債務重整或債務免除，但要在制度上確保私營部門分擔紓困，更有效的

---

[2] 托賓稅為美國經濟學者 James Tobin 於 1970 年代初期提出的構想，主張對外匯交易徵收全球統一稅額，並將所徵得的稅額用作協助低度開發國家經濟發展。

做法是在貸款合約上規定分攤機制，以補充國際貨幣基金組織日益不足的財務資源（Eichengreen, 1999: 61-63）。

2008年金融海嘯後，金融穩定論壇轉型為金融穩定理事會（Financial Stability Board），除了擴大成員範圍，納入二十國集團中原本不屬於七大工業國集團的成員國，同時在瑞士登記為具有法人身分的非營利協會，加強對成員執行國際標準的監督。金融理事會與金融穩定論壇相比，除了制度化程度更為加強外，也滿足金融海嘯後新興市場國家對參與國際金融架構的強烈期待。就金融管制的內容來看，金融海嘯後的檢討認為過去的管制過於寬鬆，鼓勵金融業管理階層追求高風險，鼓勵銀行業透過資本市場將風險分散，卻沒有搭配適當的資本要求，金融創新帶來的產品過於複雜以致無法正確定價，以及對複雜金融商品的依賴成為風險擴散的管道（Crotty, 2009: 564-575）。因此，金融海嘯後的改革，著重於對過去管制過於寬鬆的糾正，特別是對於金融機構相互連結和對於金融創新的加強管制。作為金融海嘯的起源地，美國推出《華爾街改革與消費者保護法》（Dodd-Frank Wall Street Reform and Consumer Protection Act of 2010，又稱為Dodd-Frank Act），設立金融穩定監督委員會（Financial Stability Oversight Council）和消費者金融保護局（Consumer Financial Protection Bureau），矯正自1999年頒布《金融服務業現代化法》（Financial Services Modernization Act，又稱為Gramm-Leach-Bliley Act）[3]以來對於金融業的低度管制，改變以往金融業「太大而不能倒」的局面，這是個別國家推動金融監管改革的代表。

至於國際間的改革則是推動新的管制標準，主要見於第三次的巴塞爾協定。巴塞爾資本協定（Basel Capital Accord）是巴塞爾銀行監理委員會（Basel Committee on Banking Supervision）制定的銀行監理準則，巴塞

---

[3] 1933 年的《銀行法》（Glass-Steagall Act）禁止兼營投資銀行和一般商業銀行，但 1999 年的金融服務業現代化法廢除兼營禁止規定，造成巨大的金融控股公司，形成「太大而不能倒」的格局。

爾委員會隸屬於國際清算銀行，由十國集團（G10）成員國[4]的中央銀行於1974年成立，其後成員持續擴展，到2021年底其成員組成為來自28個國家的45個中央銀行和金融監理機構。1980年代初期，鑑於拉丁美洲債務危機導致銀行業該有的資本要求受到侵蝕，巴塞爾委員會著手制定規範，讓各國對銀行的資本規範趨同，遂有1988年發布的《第一版巴塞爾資本協定》（Basel I）。亞洲金融風暴後，巴塞爾委員會為提升原有的資本要求，展開對第一版協定的修訂，並於2004年發布修訂版，是為《第二版巴塞爾資本協定》（Basel II）。2008年金融海嘯爆發後，巴塞爾委員會陸續發布強化監管和提高流動性的準則，後彙整為完整的改革方案，獲得二十國集團峰會支持和巴塞爾委員會通過，這是2010年發布的《第三版巴塞爾協定》（Basel III）。

第一次《巴塞爾協定》主要針對資本適足率（capital adequacy）進行規範，資本適足率是依據金融機構不同性質資金運用的風險，而要求提列對應的自有資本，可用自有資本和風險性資產的比例來表達。根據第一次巴塞爾協定的要求，在1992年底前銀行的資本適足率應達到高於8%的水準。鑑於1990年代金融危機不斷發生，第二版的修訂主要針對讓資本規範反映銀行業的實際風險，並能適切應對快速發展的金融創新。第二版有三項主要內容，一是更嚴謹的最低資本要求，以充實第一版的資本適足定義。二是建立審查程序，要求銀行應建立資本適足性的內部評估程序，並將此置於政府監管之下。三是加強市場紀律，對於銀行資本及風險管理要求進行定性定量的資訊公開揭露，透過資訊公開發揮市場紀律，並鼓勵符合規範的銀行行為（Bank of International Settlement, n. D.）。

第三次巴塞爾資本協定的修訂有兩大方向，分別是強化個體審慎監理（micro-prudential）和新增總體審慎監理（macro-prudential）。總體審慎監理是巴塞爾協定第三版裡提出的重要概念，其認為對於整個系統來說

---

[4] 十國集團的成員國為比利時、加拿大、法國、德國、義大利、日本、盧森堡、荷蘭、西班牙、瑞典、瑞士、英國及美國。

風險是內生的，因此應該要保護整個金融體系穩定，要關注金融機構間的關聯性與共同曝險問題，強調橫剖面與時間維度的風險，這和個體審慎監理假設風險外生，以保護存款人為目的有所不同（李榮謙、黃麗倫，2010：50）。具體來說，第三版協定中的個體審慎監理包含提高最低資本要求和建立流動性量化標準，前者指強化資本質量、增加資本扣除項目、擴大風險覆蓋範圍以及建立槓桿比例。後者則觀察流動性覆蓋比率（Liquidity Coverage Ratio, LCR）和淨穩定資金比率（Net Stable Funding Ratio, NSFR），流動性覆蓋比率衡量銀行持有的優質流動資產，是否足以因應持續一個月壓力情境下的淨現金流出，淨穩定資金比率則看銀行中長期的資金是否足以支應資產與營業活動。至於總體審慎監理則是要求準備抗景氣循環緩衝資本（countercyclical capital buffer）和保留性緩衝資本（capital conservation buffer），前者是當超額信用擴張造成系統性風險升高時，監理機關可要求銀行增加提列不超過2.5%的抗景氣循環緩衝資本，待風險降低後再釋出。後者則是在最低資本外再增加2%的緩衝資本，以提高銀行吸收損失能力（桂先農，2014：46）。同時，對於系統性重要銀行[5]要求必須具備額外的吸收損失能力，和接受更嚴格的跨境監理安排。

2017年巴塞爾委員會通過對巴塞爾協定三的修訂，改革原有的信用風險（credit risk）評估方式，對信用估值（CVA risk）、作業風險（operational risk）、槓桿比例（leverage ratio）和最低測算值（output floor）的計算都再加強化，這個新的管制架構稱為「Basel Ⅲ：危機後之改革」（Basel III: Finalising Post-Crisis Reforms），一般稱為第四次巴塞爾協定（Basel IV），不過，巴塞爾委員會認為這是第三次巴塞爾協定的補充，仍稱為第三次巴塞爾協定。該協定於2023年正式施行，但歐盟和英國都將施行日推遲到2025年。

---

[5] 系統性重要銀行的清單由金融穩定理事會每年發布，列入系統性重要銀行的標準是規模、互聯性、複雜性，以及該銀行提供的金融基礎設施是否能被輕易取代。

第五節　結論

　　1950年代末期西歐和日本恢復經常帳自由兌換後，國際貿易和國際投資快速擴張，到1970年代石油危機讓石油美元流向全球，加上西方國家的金融競爭與金融創新，全球金融市場重新出現，而金融危機也隨之而來。從1980年代以來，金融危機發生日趨頻繁，不同類型的金融危機如資本市場危機、債務危機、貨幣危機、銀行危機接連衝擊區域金融體系，並間歇出現個別國家的不同危機，讓全球金融體系經常性處於危機狀態。對於金融危機的頻繁發生，明斯基歸因於資本主義的內在波動，並認為人類理性不會避免危機，反而因為從眾行為而奔向危機。至於貨幣危機和債務危機，學者也提出不同的解釋模型。對於貨幣危機的三代危機理論，分別從固定匯率制和擴張性政策相結合、政府與貨幣狙擊客的心理戰，以及基於道德風險的不負責借貸預測危機的發生。對於主權債務危機，因為發生時往往債務國仍有能力償還，因此研究的焦點在於償債的意願。對此，政治穩定與否、聲譽法和短期借貸的壓力，都可以解釋國家的償債行為。

　　從實際發生的金融危機來看，1980年代以來的中南美洲債務危機、亞洲金融風暴、全球金融海嘯和歐債危機，對區域和全球經濟帶來深遠影響。1980年代的中南美洲債務危機和歐債危機都屬於債務危機，前者因全球利率變化而起，後者因全球金融海嘯所致。亞洲金融風暴屬於貨幣危機，受創國家因本國金融機構不負責任的從海外借貸，致令本國貨幣曝險過高而墮入危機。全球金融海嘯則是銀行危機，因美國次級貸款風暴而形成全球金融危機。這四次危機的解決受到程度不一的國際協助，也刺激國際社會對於危機預防之道的探索，1997年亞洲金融風暴和2008金融海嘯對於國際金融體制改革的啟發尤其重要。前者刺激國際組織提出新國際金融架構的倡議，呼籲在建立標準、管制資本流動、調整匯率機制和私部門共擔紓困四方面進行改革。後者則促使美國加強金融管制，改變以往

太大而不能倒的局面，並激發巴塞爾委員會推出總體審慎監理，從體系層次強化金融體系的穩定性。整體而言，金融危機的不斷發生，為難以數計的個人、家庭和整個社會都帶來龐大的損失。若能找到危機發生的真正原因，自有助於建立有效的危機預防之道。從三代危機理論到總體審慎監理，學界對金融危機的知識不斷累積精進，但能否杜絕重大危機再度發生，還有待於歷史的檢驗。

參考書目

李榮謙（2010）。〈後金融海嘯之重要思維：明斯基的「金融不穩定假說」〉。
　　收於中央銀行編，《金融危機專輯》，頁271-280。台北：中央銀行。

李榮謙、黃麗倫（2010）。〈總體審慎政策之意涵、工具與策略〉。《國際金融
　　參考資料》，第59輯，頁48-55。

桂先農（2014）。〈我國銀行業實施巴賽爾資本協定三之歷程及未來挑戰〉。
　　《內部稽核》，第84期，頁44-49。

陳美菊（2009）。〈全球金融風暴之成因、影響與因應〉。《經濟研究年刊》，
　　第9期，頁261-296。

羅致美（2013）。〈歐洲主權債務危機之解析〉。《問題與研究》，第52卷第1
　　期，頁67-100。

Anonymous (2022). *Smoke, Mirrors, and Lira*, 442 (9277), pp. 24-25.

Bank of International Settlement (n. d.). History of the Basel Committee. https://www.
　　bis.org/bcbs/history.htm?m=3_14_573_76.

Bulow, Jeremy I. & Kenneth S. Rogoff (1988). Sovereign debt: Is to forgive to forget?
　　National Bureau for Economic Research Working Paper No. 2623. Cambridge,
　　Mass.: National Bureau for Economic Research . https://www.nber.org/system/files/
　　working_papers/w2623/w2623.pdf.

Carson, Michael & John Clark (2013). Asian Financial Crisis. *Federal Reserve History*,
　　November 22. https://www.federalreservehistory.org/essays/asian-financial-crisis.

Crotty, James (2009). Structural causes of the global financial crisis: a critical assessment
　　of the 'new financial architecture'. *Cambridge Journal of Economics, 33*(4), 563-
　　580.

Dooley, Michael, David Folkerts-Landau and Peter Garber (2003). An Essay on the
　　Revived Bretton Woods System. National Bureau of Economic Research Working
　　Paper No. 9971, September. Cambridge, Mass.: National Bureau of Economic
　　Research . https://www.nber.org/system/files/working_papers/w9971/w9971.pdf.

Dooley, Michael, David Folkerts-Landau, & Peter Garber (2005). Interest Rates,
　　Exchange Rates and International Adjustment. National Bureau of Economic
　　Research Working Paper No. 11771. Cambridge, Mass.: National Bureau of

Economic Research .

Eaton, Jonathan & Mark Gersovitz (1981). Debt with potential repudiation: Theoretical and empirical analysis. *The Review of Economic Studies, 48*(2), 289-309.

Eichengreen, Barry (1999). *Toward A New International Financial Architecture: A Practical Post-Asia Agenda*. Washington, DC: Peterson Institute of International Economics.

Eichengreen, Barry (2000). Strengthening the international financial architecture: Where do we stand? *ASEAN Economic Bulletin, 17*(2), 175-192.

Escrivá, José Luis , Alicia Garcia-Herrero, Galo Nuño, & Joaquin Vial (2008). After Bretton Woods II. Banco Bilbao Vizcaya Argentaria Working Paper, June. Bilbio: Banco Bilbao Vizcaya Argentaria. https://www.bbvaresearch.com/wp-content/uploads/migrados/WP_0803_tcm348-212969.pdf

Flood, Robert & Nancy Marion (1999). Perspectives on the recent currency crisis literature. *International Journal of Finance & Economics, 4*(1), 1-26.

Frankel, Jeffrey A. (1999). *International Financial Architecture*. Washington, DC: Brookings Institution, June 1. https://www.brookings.edu/research/the-international-financial-architecture/.

Friedman, Milton (1953). *Essays in Positive Economics*. Chicago : University of Chicago press.

Gilpin, Robert (2001). *Global Political Economy: Understanding the International Economic Order*. Princeton, N.J.: Princeton University Press. 中文譯本：陳怡仲、張晉閣、許孝慈譯（2004）。《全球政治經濟：掌握國際經濟秩序》。台北：桂冠。

Helleiner, Eric (1994). *States and the Reemergence of Global Finance: From Bretton Woods to the 1990s*. Ithaca, NY: Cornell University Press.

Hlaing, Su Wah & Makoto Kakinaka (2018). Financial crisis and financial policy reform: Crisis origins and policy dimensions. *European Journal of Political Economy, 55*, 224-243.

Keen, Steve (1995). Finance and economic breakdown: modeling Minsky's "financial instability hypothesis". *Journal of Post Keynesian Economics, 17*(4), 607-635.

Kemp, Murray C. (1963). Speculation, profitability, and price stability. *The Review of Economics and Statistics, 45*(2), 185-189.

King, Michael R. (2001). Who triggered the Asian financial crisis? *Review of International Political Economy, 8*(3), 438-466.

Krugman, Paul (1979). Vehicle Currencies And the Structure Of International Exchange. *Journal of Money, Credit and Banking, 12*(3), 513-526.

Krugman, Paul, Kenneth Rogoff, Stanley Fischer, & William J. McDonough (1999). Currency crises. In Martin Feldstein (eds.), *International Capital Flows* (pp. 421-465). Chicago: University of Chicago Press..

Minsky, Hyman P. (1992). The Financial Instability Hypothesis. The Jerome Levy Economics Institute of Bard College Working Paper No. 74, May. New York: Bard College.

Neely, Christopher J. (1999). An Introduction to Capital Controls. Federal Reserve Bank of St. *Louis Review*, (November/ December), 13-30.

Nelson, Rebecca (2018) Turkey's Currency Crisis. Congressional Research Service, https://sgp.fas.org/crs/mideast/IF10957.pdf

Oatley, Thomas (2018). *International Political Economy*. New York and London: Routledge.

Obstfeld, Maurice (1994). The Logic of Currency Crises. National Bureau of Economic Research Working paper No.4640. Cambridge, Mass.: National Bureau of Economic Research. https://www.nber.org/system/files/working_papers/w4640/w4640.pdf.

Reinhart, Carmen M. & Kenneth S. Rogoff (2009). *This Time is Different: Eight Centuries of Financial Folly*. Princeton, N.J.: Princeton University Press. 中文譯本：慕相、劉曉峯、劉麗娜譯（2010）。《這次不一樣：800年金融危機史》。北京：機械工業出版社。

Reinhart, Carmen M. & Kenneth S. Rogoff (2009). *This Time is Different: Eight Centuries of Financial Folly*. Princeton, N.J.: Princeton University Press. 中文譯本：劉道捷、陳旭華譯（2015）。《這次不一樣：800 年金融危機史》。台北：大牌出版社。

Roos, Jerome E. (2019). *Why Not Default?: The Political Sovereign Debt*. Princeton, N.J.: Princeton University Press.

Sachs, Jeffrey, Aaron Tornell, & Andres Velasco (1996). Financial Crises in Emerging Markets: The Lessons from 1995. National Bureau of Economic Research Working paper No. 5576. Cambridge, Mass.: National Bureau of Economic Research. https://

www.nber.org/system/files/working_papers/w5576/w5576.pdf.

Salant, Stephen W. & Dale W. Henderson (1978). Market Anticipations of Government Policies and the Price of Gold. *Journal of Political Economy, 86*(4), 627-648.

Sims, Jocelyn & Jessie Romero (2013). Latin American Debt Crisis of the 1980s. Federal Reserve History, November 22. https://www.federalreservehistory.org/essays/latin-american-debt-crisis.

Woo, Wing Thye, Patrick D. Carleton, & Brian P. Rosario (2000). The unorthodox origins of the Asian currency crisis: evidence from logit estimation. *ASEAN Economic Bulletin, 17*(2), 120-134.

Zinkina, J., Alexey Andreev, & Elizaveta Mosakova (2017). The Nineteenth Century as the Cradle of Global Capital. *Globalistics and Globalization Studies: Global Evolution, Historical Globalistics and Globalization Studies*, 173-180.

Chapter

11

經濟發展的典範

對於開發中國家來說，2000年代是豐收的年代。這十年間開發中國家的經濟成長率達到4%，超過已開發國家1.8%兩倍有餘，不但遠遠超過1980年代和1990年代兩個失落十年（當時開發中國家的成長率分別是0.8%和2.2%，而已開發國家的成長率2.0%和1.1%），比起1960年代和1970年代前兩個經濟發展的輝煌十年，2000年代無論成長率或追趕已發開國家的程度都略勝一籌（當時開發中國家的成長率分別是3.1%和3.6%，而已開發國家的成長率則是4.4%和2.4%）。與2000年代對照，2010年代的經濟發展成果相形見絀。這十年開發中國家的經濟成長率降到3%，已開發國家成長率則維持1.7%，開發中國家的追趕速度顯著放緩（UNCTAD, 2021: 50）。對於2000年代和2010年代兩個十年的差異，一種解釋認為，2000年代的高速成長除奠基於新興市場國家先前的自由化改革外，還受惠於高貿易成長、高原物料價格和低利率。因為跨國生產鏈向全球擴散，開發中國家進入製造業貿易的門檻降低，帶來貿易的爆炸性成長驅動開發中國家快速成長。因為原物料價格高漲，讓出口原物料的開發中國家獲利。又因為工業先進國家採取低利率，資金流向新興市場國家。相對而言，2010年代貿易缺乏新動能而下滑，原物料價格回跌，加上量化寬鬆結束後已開發國家升息，原本促進成長的三個條件不復存在，造成開發中國家成長下跌（Anonymous, 2021: 14-15）

上述觀點視貿易成長為經濟發展的關鍵，具有相當的啟發性。不可否認，貿易對於經濟發展的影響甚鉅。出口可刺激國內需求，帶動技術變革，進口可引進先進產品，補充國內生產不足，兩者對經濟成長都有不可或缺的貢獻。對於亟待追趕先進國家的開發中國家，透過出口競爭更有助於激勵本國製造業快速進步。然而若僅關注國際環境的變化，忽略區域和各國的差異，以及各國政策的影響，難免會有以偏概全的危險。比如1980年代拉丁美洲陷於債務危機，東亞和東南亞則處於高速成長，前者過去偏重貿易保護，後者則主攻國際市場，這兩者顯然不應該放在同一類別討論。詳而言之，各國政策不但會決定各國參與國際貿易的方式，還會決定

政府介入經濟的程度，以及各種要素和商品的市場規則，這些都是一國經濟發展根本格局之所繫。本章先介紹貿易與發展的相關理論，並附帶說明早期國際組織對進口替代政策的討論，接著從東亞發展型國家、新自由主義和國家資本主義三段歷史經驗談政府在經濟發展的角色。

第一節　貿易與發展的理論

　　二次戰後，全球焦點從戰爭與和平轉向經濟重建。在英美打造國際貨幣基金組織和國際貿易組織以圖恢復戰前的世界貿易之時，如何幫助發展落後的國家實現發展，以為工業先進國家的商品出口創造市場，並為全球和平奠定經濟基礎，同樣成為未來世界經濟秩序所要考量的重要目標。那麼，當時如何看待貿易政策和經濟發展的關係呢？1990年代末期美國經濟學會會長Anne Krueger曾整理早期對貿易與發展關係的六項基本看法，這六項看法分別為：第一認為開發中國家的生產結構極度偏重原物料生產；第二認為開發中國家如果採取自由貿易政策，其比較利益會停留在原物料生產；第三認為對原物料需求的價格彈性很低，導致原物料出口的貿易條件不佳；第四認為開發中國家的勞動力過剩，有大量的隱藏性失業；第五認為進口資本財以實現資本累積是成長的關鍵，但開發中國家對資本財以外貨品的進口需求成長快速，唯有透過發展國內生產替代，以累積資本進口必須的資本財；第六認為傳統的農業生產者不會因應價格機制有所調整。在這六項假設的引導下，進口替代政策成為1950～1960年代國際組織對開發中國家追求發展的主要建議（Krueger, 1997: 3-4）。

　　嚴格來說，這六項看法為當時發展經濟學多數研究者的共識，當時的共識還認為自由貿易對開發中國家不利、價格機制無法充分引導資源配置，以及認為透過單一產業無法實現發展。首先，主張開發中國家無法透過貿易實現發展的論據，主要是Ragnar Nurkse提出的出口悲觀論（export pessimism），擔憂開發中國家會長期處於出口原物料的國際分工，而且貿易條件持續惡化（Nurkse, 1961）。這是因為對原物料需求的價格彈性和收入彈性皆低，且原物料本身價格經常大幅波動，出口原物料對開發中國家不利，長此以往將導致淪為「悲慘性成長」（immiserizing growth）[1] 的境地（Bhagwati, 1958: 201-205）。後來鑑於東亞新興國家出口導向工業化策略的成功經驗，又有所謂新的出口悲觀論，認為未來的需求不足以支撐更多的開發中國家透過出口實現經濟成長，出口不是真正的成長引擎（Meier, 1989: 207）。不過，這是後話了。

其次，開發中國家價格機制的問題，主要是工業生產的成本偏高以及投資外匯雙雙不足的問題。雖然開發中國家擁有過剩人力，但隨著人口流入城市形成雙元經濟，且農業生產力持續低落，龐大的人口反而成為經濟發展的阻礙（Lewis, 1954）。進一步說，因為城市農村的工資差異，工業發展成本過高，只能透過關稅引導資源向工業移轉（Hagen, 1958: 496-514）。另外，除了傳統農業生產者不會因應價格機制調整生產外（Chenery, 1975: 310），開發中國家還面臨私人儲蓄無法滿足投資需求，以及外匯供給無法滿足外匯需求的兩重落差（two-gap model），這使得透過援助以彌補供需落差成為推動發展的必要手段（Chenery & Strout, 1966）。第三，早期的發展經濟學家認為開發中國家市場規模有限，單一產業無法帶動工業化。要有效推進工業化，必須同時推進多項產業，並且透過政府協調跨產業間的投資，讓這些產業同時採取報酬遞增的新科技，從而個別產業的收入成為其他產業的需求，這即是Paul Rosenstein-Rodan提出的「大推進」（big push）的概念（Rosenstein-Rodan, 1943）。相似的概念也可見於Ragnar Nurkse的「均衡增長」理論，認為開發中國家政府應同時投資於多個產業，以擴大市場規模、提升生產力和促進私人投資（Nurkse, 1958）。這些觀點均指向經濟計劃對經濟發展的正面貢獻，

---

[1] 指一國雖不斷擴大生產，但貿易條件隨出口規模擴大而惡化，導致實質所得和生活水準下降。

以及鉅額投資對經濟發展的必要性,對當時如世界銀行等國際組織研議經濟發展策略和號召各國提供經濟援助帶來深刻影響。

在早期發展經濟學的思潮引領下,聯合國拉丁美洲經濟委員會（United Nation Economic Commission for Latin America）[2]發表一系列建議報告,倡議採用進口替代的發展策略。第一份報告於1950年發布,認為既有國際分工不利於拉美國家走向工業化,應該透過保護主義引導進口貨品從消費品轉向生產設備,這份報告被認為是鼓吹進口替代策略的宣言（Prebisch, 1950）。該報告的執筆者Raul Prebisch不但是該委員會的執行長,後來還成為聯合國貿易暨發展會議組織（United Nation Conference on Trade and Development, UNCTAD）的首任秘書長,既是兩個組織的靈魂人物,更是進口替代策略躍居國際主流的推手（Irwin, 2020: 5-6）。除了聯合國拉丁美洲經濟委員會外,聯合國的相關報告也都支持用保護主義推動進口替代工業化的發展策略（United Nations, 1951; 1959）。倒是國際貨幣基金組織對外匯控制提出警告,世界銀行則是避免持特定立場,偏向中立態度（Irwin, 2020: 12-13）。

一般來說,進口替代政策可分為兩階段,第一階段是生產原本由外國生產的簡單消費品,第二階段轉向生產替代外國進口的耐久消費品（Oatley, 2018: 125-128）。這兩個階段的工業化都需要一定程度的貿易保護,不可避免會和當時的多邊貿易體制相互衝突。而且,開發中國家認為自由貿易對開發中國家不利,當時的發展經濟學界也有支持這樣看法的聲音。因此,1950年代到1970年代之間,開發中國家也訴求改革多邊貿易體制,而1964年成立的貿易暨發展會議組織,以維護多邊貿易體制中的開發中國家利益為目標,便是開發中國家推動改革的第一項成果。此後,開發中國家接續推動三項重要改革,分別是原物料價格穩定機制、要求已開發國家向開發中國家進行直接的資金移轉,以及要求已開發國家向開

---

[2] 該委員會於 1984 年改為聯合國拉丁美洲和加勒比海經濟委員會（United Nations Economic Commission for Latin America and the Caribbean）。

發中國家的原物料和工業製成品開放市場。鑑於這三項要求取得的成果有限，開發中國家遂於1974年聯合國大會通過「國際經濟新秩序」（New International Economic Order），要求擴大開發中國家對境內跨國公司的控制、要求北方國家提供更便捷廉價的科技，以及對開發中國家減債和增加援助（Oatley, 2018: 132-134）。

　　在開發中國家積極倡議貿易體制改革之際，聯合國體系對於進口替代的態度卻出現微妙的變化。這是由於1960年代拉丁美洲國家的成長停滯，Raul Prebisch對過度保護而顯著無效的進口替代政策逐漸失去耐心，轉而公開抨擊保護主義，並呼籲拉丁美洲國家應該推動區域經濟整合，已開發國家應該提供發展中國家市場進入。隨著Prebisch於1964年離開拉丁美洲經濟委員會加入貿易暨發展會議組織，原本扮演進口替代旗手的該委員會不再倡議進口替代政策（Irwin, 2020: 14-16）。聯合國對進口替代的態度轉變，和當時經濟學界的發展趨勢也有關係。原本的進口替代和「大推進」策略，都受到凱因斯學派強調許多失衡狀態非市場能自行調解的假設所支持。然而，從1960年代到1970年代興起的新古典經濟學，認為開發中國家和已開發國家沒有不同，理性人或價格機制均應適用，開發中國家的問題反而是經濟誘因受到政府政策扭曲，這些導致當初支持進口替代的學界觀點逐漸消聲匿跡（Gilpin，譯本2004：379-382）。相反的，1960～70年經濟學界開始對用限制貿易來發展經濟是否有效產生質疑，一些學者對進口替代的負面效果展開研究，包括貿易保護帶來的尋租[3]、報價欺瞞、走私等現象（Bhagwati, 1974; Bhagwati & Hansen, 1973: 172-187），並質疑若因課徵關稅提高中間財價格反而導致對最終財的有效保護率下降（Balassa, 1965），這些研究影響後來世界銀行對於進口替代的思考。

　　與此同時，發展研究本身也出現典範移轉。如牛津大學經濟學家

---

[3] 一般認為 Anne Krueger 1974 年的著作開啟後來對保護主義尋租行為的研究（Krueger, 1974: 291-303），但 Gordon Tullock（1967）提出尋租概念的時間似乎更早。

Christopher Adam和 Stefan Dercon（2009: 175-176）指出，早期的發展經濟學受到「皮古典範」（Pigouvian paradigm）[4]的深刻影響（Besley, 2007: F570-F571），認為低度發展國家遭遇的主要問題來自於資本市場失靈和資本累積不足，因此，發展援助的重點在於提供資本，以擴大私人儲蓄和引導有利於長期發展的投資計畫，當時學者如Paul Rosenstein-Rodan（Rosenstein-Rodan, 1943）和Walt Rostow（Rostow, 1960）都抱持相似的觀點。然而，1950～1960年代多數非洲國家的經濟發展成果不佳，加上新政治經濟學的興起，促使發展經濟學的研究焦點從「市場失靈」轉向「制度失靈」。隨著經濟學家談制度者愈來愈多，催生後來蓬勃發展的新制度經濟學，且研究範疇不限於開發中國家，還從西方國家自己的發展經驗，提出制度如何影響經濟發展的一般性理論。

關於制度如何影響經濟發展，有兩個有趣的研究問題。一個研究問題關心民主制度對經濟發展的影響，探討民主體制或是威權體制何者更適於經濟發展。對此，認為民主體制有助於經濟發展的研究者往往強調，民主制度可以提升人力資本、降低政治不穩、擴大經濟自由（Barro, 1996; Doucouliagos & Ulubaşoğlu, 2008）。認為民主不利於經濟發展者會強調民主制度為追求私利的利益團體影響公共政策廣開門路，反而不利於經濟發展（Olson, 1982: 77）。從更長的歷史帶來看，認為民主有利發展和認為民主不利發展的兩種觀點各有證據，哪種觀點更有說服力有時要看研究時間的選擇。[5]而且，研究方法的安排也有影響，比如用今年的民主評估今年的經濟成長可能會有問題，而且衡量民主只用程度高低有其不足，還需要從一國制度歷史探討民主存量問題（Gerring et al., 2005）。另一個研究問題探討政府為什麼常常推出損害民眾的政策，成為經濟發展的阻礙。對此，世界銀行經濟學家Philip Keefer認為政治經濟學的三項研究發現有助

---

[4] 所謂皮古典範認為最佳政策干預是良善政府出手矯治市場失靈。

[5] 如 Krieckhaus 認為，1960 年代民主對經濟發展呈現負面效果，1980 年代呈現正面效果，1970 和 1990 年代則沒有顯著效果。詳見 Krieckhaus（2004）。

於解惑，這三項發現分別是集體行動（強有力的利益團體）誤導政府決策、制度（導致決策缺乏效率的制度安排）和政治市場缺陷（選民缺乏資訊、選前承諾缺乏可信度、贏者全拿的選制和選民極端化傾向）。運用這三項概念可瞭解為何政府會推出損害人民的政策，以及為何政府無法克制從事損害人民的機會主義行動（Keefer, 2004）。延續政治經濟學的研究脈絡，Daron Acemoglu和James Robinson從失敗國家的經驗，爬梳經濟發展的制度原因。他們認為，經濟繁榮仰賴於提供廣泛機會的包容性經濟制度，而包容性的經濟制度則要在包容性的政治制度下方有可能產生。政治制度要具備包容性，則必須同時存在強國家和廣泛的權力分配（Acemoglu & Robinson, 2019）。這些關於制度與經濟發展的研究，不僅擴張發展經濟學的邊界，更為國際發展政策提供豐富的知識基礎。

🌐 第二節　東亞發展型國家的經驗

　　二次大戰結束時，飽經戰火摧殘的東亞處處斷垣殘壁百廢待舉。經過二十年後東亞經濟發展已經成果斐然，1964年東京奧運象徵日本實現追趕西方的目標，1970年代當石油危機讓主要工業國家陷於停滯膨脹的困局時，台灣和南韓成功創造本土的重化工業，赫然成為新興工業化國家的後起之秀，在1980年代債務危機重創原本經濟基礎良好的中南美洲新興工業化國家時，東亞四小龍（南韓、台灣、香港、新加坡）以出口導向策略實現工業化的成功經驗頓時成為後進國家經濟發展的典範。美國的日本研究專家Chalmers Johnson認為日本奇蹟要歸因於發展型國家（developmental state）有效的領導工業化，認為這是傳承德國歷史學派的一種致力於經濟發展的國家型態（Johnson, 1982: 17）。因此，後繼研究者紛紛用發展型國家描述東亞以國家領導實現工業化的發展經驗。

　　正如Johnson所言，發展型國家理論可以追溯到十九世紀德國的經濟

發展思想，其著名學者Georg Friedrich List和十八世紀美國的Alexander Hamilton皆是早期重商主義思想的代表人物。重商主義者認為，德國和美國這些後期工業化國家必須保護和促進國內產業免受外國競爭，以效仿十八世紀後期工業革命開始時的英國。Alexander Gerschenkron把這個想法進一步延伸，認為後進發展者應該強化銀行系統並投資大規模的資本來趕上工業化國家（Gerschenkron, 1962）。由於私人企業缺乏雄厚的資本積累，因此，國家的作用至關重要。證諸於日本的經驗，日本戰後的高成長得利於能有效領導產業投資的產業政策，而這樣的產業政策實際上是不同於社會主義國家的「計劃意識形態」和英美資本主義的「市場理性」，而是採取「計畫理性」的方式，設定實質的經濟社會目標，而不是將國家限於程序性監管。但計畫過程又符合理性的市場規律，而不是僅憑僵固的意識形態（Johnson, 1982: 18-19）。同時，根據Johnson對日韓台起飛階段經濟制度的觀察，發展型國家的制度有四項特徵，分別是由政治菁英和官僚菁英共同維持穩定統治、在先導性計畫機構下的公私部門合作、重視教育投資和致力於財富平均分配，以及政府的經濟干預是根據價格機制（Johnson, 1987: 145）。政府要能確保穩定統治和主導產業發展的能力，掌握製造業的兩大生產要素（即資金和勞工）至為關鍵。因此，發展型國家一方面通過「金融緊縮」，限制金融業發展，將資源導向生產部門，另一方面則限制勞工權利，以保持具有競爭力的勞動價格和維持社會穩定（Gilpin，譯本2004：390-391）。

當然，後進者的台灣和南韓採取的發展策略不盡相同，不同學者的評估也有相當差異。Robert Wade就認為台灣成功實現工業化是因為滿足四項要件，分別是對於出口商的自由貿易體制、自由的勞動市場、高利率和保守的政府支出，這些都符合新古典經濟學對於經濟發展的建議（Wade, 1990: 54-60）。然而，Alice Amsden挑戰新古典經濟學的信念，認為南韓在經濟起飛階段由政府進行投資決定和資源分配，私人企業在政府控制的市場和貿易保護的高牆內經營，南韓能夠成功實現工業化不是

因為尊重市場，而是刻意錯置相對價格（getting relative price wrong）以矯正市場失靈（Amsden, 1989: 140-141）。張夏準（Ha-Joon Chang）則強調，韓國經驗說明經濟發展需要一個能夠創造、規範經濟和政治關係的國家，讓這樣的經濟和政治關係能在一個長時間帶持續地支持工業發展。而這樣的一個國家，就是發展型國家（Chang, 1996），他的研究強調以國家干預為主軸的產業政策正是促進工業變革的關鍵角色。

Peter Evans（1995）透過增加「社會」因素和提出「鑲嵌性自主」的概念，擴大了發展型國家的研究範圍（Evans, 1995）。一方面，他認為保持相對於社會特定利益和企業的自主性對於政府制訂有效的政策至關重要，而這個自主性又是鑲嵌在一套將國家和社會聯繫起來的社會連結中，這套社會連結也提供了制度化的渠道，讓目標與政策得以持續且不斷進行協商。鑲嵌自主性的內涵在於能夠結合國家與社會制定集體目標，但又不容許官僚為追求私利扭曲集體目標（Evans, 1995：248）。另一方面，他試圖將發展型國家理論應用於東亞以外的其他新興工業化國家，例如印度和巴西。此外，從1960年代到1980年代，社會主義經濟破產、西方福利國家經濟衰退和第三世界國家失去成長動能，造成大政府的理念普受質疑。1990年代Evans的理論再度激起關於國家和市場角色的爭辯。

進入1990年代，全球化對國家干預市場的限制為發展型國家的前景帶來陰影，當時所談的全球化是指1980年代以來的經濟自由化浪潮，從降低關稅到金融自由化再到世界貿易組織成立設置的各項貿易規範，嚴格限縮四小龍過往用政府干預推動經濟發展的政策空間。1997年亞洲金融危機後，許多學者不斷質疑東亞發展型國家是否會持續。若遵循全球化的進程，發展型國家必須放寬政策減少國家干預。部分國家的確依循這樣的模式，讓公有企業私有化、放鬆經濟管制以及放寬對外貿易和資本流動的限制。台灣和韓國也不例外。Stephan Haggard認為，隨著東亞發展型國家逐漸減少市場干預，該概念似乎成為一個歷史個案，只解釋了這樣極高成長率且不尋常的時期，而且這樣的經驗僅限於一小部分亞洲國家（Haggard,

2015）。然而，一些學者則認為發展型國家並沒有消失而是轉型。例如Kalinowski（2015）即認為傳統發展型國家關注成長、宏觀規劃和宏觀協調，但韓國已經從這樣的發展型國家轉變為一個新型態的發展型國家，這種新型態的發展型國家在一些微小而分散的領域繼續施行干預，並增加政府支出以維持國內公司的競爭力。Kalinowski認為，東亞資本主義的這種轉變正是為應對全球化的挑戰。

2019年12月的經濟學人，以東亞四小龍的前景進行專題報導，舉出東亞四小龍面臨的四項挑戰，分別是生產力成長瓶頸、經濟不平等、高齡化社會和地緣政治變局。首先，四小龍過去都是學習西方，如今四小龍與西方科技相距不遠，必須自行創新，再加上全球出口市場萎縮，原本依靠出口來拉動的成長將難以為繼。其次，四小龍都面臨人民自我意識抬頭，凡事追求公平，而內部所得差距又日趨嚴重，讓作為過去成長基礎的和諧穩定難以維持。第三，四小龍過去用低福利來刺激生產，但隨著人口高齡化，社福預算不斷上升。要促進新科技使用，更需要厚實社會福利，為科技擴散排除障礙。第四，中國大陸快速崛起後，四小龍還能夠繁榮是因為大陸吸納了四小龍的出口。但在中美貿易戰、科技戰後世界市場分裂，四小龍如何用單一市場據點去服務分隔的市場，將是巨大挑戰（Anonymous, 2019: S3-S4）。從這四項挑戰也可看出，東亞四小龍的成功經驗的確有特殊的時空背景，如何快速調適以因應外在環境的變化是中小型經濟體的四小龍能否延續過去成功的關鍵。

第三節 新自由主義的興起

亞洲新興工業化國家的成功，既促使學界反思進口替代政策，更是新自由主義興起的重要背景。二十世紀初期，部分拉丁美洲國家在世界經濟排行名列前茅。然而，經過半個世紀，東亞新興工業化國家後來

居上。拉丁美洲國家如巴西和墨西哥都是採取進口替代工業化的典型國家，而東亞四小龍則是採取出口導向工業化策略。前者經過漫長的發展歷程，到1970年代工業化仍處於青黃不接期，還受到石油危機的重創。而後者則已逐步擺脫依賴的命運，在石油危機中漸次發展新科技產業。同時，不可否認，1970年代的石油危機和停滯膨脹，造成物價上漲而工資停滯，漫長的經濟困境催生學界對舊生產模式的反省，認為應該走向一條新的道路，這條新道路即是1980年代初期嶄露頭角的新自由主義。

新自由主義（Neoliberalism）的名詞源自於德國弗萊堡經濟學派（Freiberg School of Economics），1950年代，諾貝爾經濟學獎得主傅利曼（Milton Friedman）提到新自由主義時，原是用來指稱對自由放任的古典自由主義的修正，既要限制政府干預個人自由，又承認政府可發揮某些正面功能（Friedman, 1951: 3）。到1970年代，智利知識分子用新自由主義一詞來批評總統皮諾契（Augusto Pinochet）推動的激進經濟改革，並將新自由主義連結到海耶克（Friedrich Hayek）與傅利曼捍衛自由市場的主張，因為很多在智利推動改革的經濟學家畢業自傅利曼任教的芝加哥大學經濟系（Boas & Gans-Morse, 2009: 137, 150）。到1980年代，學界沿用智利的新自由主義概念，指稱由英國的柴契爾夫人與美國的雷根總統推動的一系列改革措施，首先是柴契爾夫人推動國營事業民營化，因為英國歷經長期的經濟停滯，柴契爾夫人大刀闊斧的將煤礦、鐵路等公用事業私有化。接著是雷根總統，以小政府為號召推動解除管制，降低社會福利對政府的財政負擔。英美兩國的改革，掀起全球的私有化和市場化浪潮，也形塑後來國際發展界對新自由主義的認識。

進一步來說，新自由主義的發展從三個層面分別進行。一是知識層面，英美兩國經濟學界的轉向，以及對於冷戰期間福利國家制度的反省，為政策制定提供強有力的知識資源，並導向認為自由市場是人類自由的來源和仲裁者。二是官僚層次，英美兩國政府推動的一系列改革措施，包括自由化、私有化和去管制化，都在於促進競爭，避免政府走向計

畫指導。三是政治層面，從柯林頓的民主黨到布萊爾的工黨，乃至於歐洲的德國、荷蘭、葡萄牙、丹麥、瑞典、義大利、比利時的左派政黨都相繼接受新自由主義改革，讓新自由主義超越國家和黨派（Mudge, 2008: 704-705, 721-722）。從國內市場競爭程度來看，1980年代以來的解除管制和開放外資流入，促進各國國內市場競爭程度顯著上升。綜合資本帳開放程度、經常帳開放程度、農業和具網絡特質產業開放程度、國內金融市場自由化和降低工資稅負等各方面，全球競爭程度從1982年到2002年平均成長二倍，過去高度保護的國家如西班牙和巴西，到2002年競爭程度已經和競爭程度最高的美國相當（Furceri et al., 2016: 39）。

　　新自由主義能夠變成經濟發展的範本，除了已開發國家相繼仿效英美採取相關改革措施外，還要歸功於國際貨幣基金組織和世界銀行的大力推動，而這兩個機構所以要推動新自由主義，又是要解決1980年代拉丁美洲國家的債務危機。早期，國際貨幣基金組織為協助克服短期國際收支問題所提供的借貸，其借貸條件（conditionality）所要求的結構調整計畫（structural adjustment program）僅限於國內需求面調整，如財政政策和貨幣政策，但不包括整個經濟結構的問題。從1970年代中期開始，國際收支危機的發生日益頻繁，加上大量開發中國家加入國際貨幣基金組織，以及國際貨幣基金組織認識到要解決國際收支問題已不能限於需求面改革，國際貨幣基金組織於1974年設置「擴大基金設施」（Extended Fund Facility），將借貸條件擴及供給面的結構改革，並將結構調整計畫期間從一年延長到三年（Jafarey, 1992: 113）。1980年起，世界銀行也開始提供「結構調整貸款」（Structural Adjustment Loan），針對調整經濟結構必要的制度和政策改革，提供非計畫性借貸。獲得結構調整貸款的條件是借款國政府必須能持續推動政策改革和制度改變長達五至七年，以便讓世界銀行的計畫借貸更為有效，達成國際收支平衡和長期發展的目標（Wohlmuth, 1984: 229）。1982年中南美洲債務危機發生後，美國財政部

長貝克（James Baker III）協調國際政府間金融機構[6]的借貸方案來推動發展中國家的結構性調整。也就是說，債務國若欲取得國際金融機構的援助，必須承諾推動經濟和結構性改革（Gilpin，譯本2004：384-385）。於是，原來只有世界銀行和國際貨幣基金組織有相關方案，但債務危機後所有金融機構串聯起來，在借貸條件上採取一致的共同規範，以促進結構改革。特別是基於世界銀行和國際貨幣基金組織「交互條件性」（cross-conditionality）[7]的貸款案例，要求低度發展國家採取負責任的總體經濟政策、鼓勵儲蓄和投資、激勵可貿易財的生產，以及推動外向型的出口導向工業化政策（Meller, 1989: 70），大幅度提升結構改革的執行程度。

1989年，彼得森國際經濟研究所（Peterson Institute for International Economics）的研究員John Williamson整理美國財政部為因應債務危機所提出的政策改革方案，並以「華盛頓共識」（Washington Consensus）命名。按照Williamson的歸納，華盛頓共識有十項具體內容，分別是：(1)維持財政紀律，財政赤字應盡可能縮小；(2)釐清公共支出優先順序，必須要有利成長和有利減少貧窮，不要投入過多財政資源於國防和其他不必要的建設；(3)稅制改革，要建立廣泛稅基，確保有效率的徵稅，並制定溫和的稅率；(4)金融自由化，最終目標是由市場決定的利率，但為避免利率過高限制流動性，短期內應以廢除嘉惠特殊群體的利率和維持正利率為目標；(5)建立單一和競爭性匯率；(6)貿易自由化，廢除對進出口的數量限制，將關稅降到10%；(7)鼓勵外來投資，撤除對外資的進入障礙，讓外商和本地公司在平等基礎上競爭；(8)國有企業應該私有化；(9)解除管制促進市場競爭；(10)落實財產權保護（Williamson, 1993: 1332-1333）。

1990年代，「華盛頓共識」席捲拉丁美洲、撒哈拉沙漠以南非洲以

---

[6] 國際政府間金融機構（International Financial Institutions）是包括國際貨幣基金組織、世界銀行和所有多邊和區域國際金融機構。

[7] 交互條件性指貸款時須兩個機構（世界銀行和國際貨幣基金組織）同時同意貸款條件。

及前社會主義國家,成為經濟改革的標準藍圖,但也受到不少批評。例如經濟學家Dani Rodrik就認為華盛頓共識實際上是為「新自由主義」、「市場基本教義」的經濟意識形態背書(Rodrik, 2006: 973-975)。在個別政策建議上,如開放國際資本流動,對經濟成長的好處不明顯,卻有可能導致投機的資本流入,亦提高金融危機的風險。又如基於政府財政紀律的考量,要求限縮財政赤字與降低債務,儘管是著眼於提高未來政府應對危機的能力,卻會促進失業率與不平等,反過來阻礙經濟成長(Furceri et al., 2016)。而且,華盛頓共識的支持者和批評者都承認,這些措施並沒有帶來預期的經濟成長。因而,究竟何種發展典範可以促進經濟成長,一直是學術界辯論的焦點。

雖然世界銀行曾是華盛頓共識的主要倡議者,但到2005年該行發布《1990年代的經濟成長:十年改革中的教訓》(*Economic Growth in the 1990s: Learning from a Decade of Reform*)報告時,卻展現對華盛頓共識的批判態度(World Bank, 2005)。整體而言,世界銀行的報告改變了過去認為華盛頓共識是「最佳實踐」的看法,而承認達成經濟成長的路線可以有多個途徑(Rodrik, 2006: 976-977)。[8]不過,國際貨幣基金組織同一年度的報告則認為華盛頓共識的失敗,不在於共識本身有問題,而是改革的不平衡(Singh et al., 2005)。IMF的觀點強調要推動全面的制度改革,不能僅僅著重於私有化等改革成本很低的項目,還應進一步對勞動市場制度、法律和司法制度等深層制度進行改革。IMF的觀點實際上超過了華盛頓共識的最初內涵,也沒有證據支持相關制度改革與經濟成長有直接的因果關係(Rodrik, 2006: 979-980)。由Jeffrey Sachs領導的聯合國千禧年項目(UN Millennium Project, 2005)則提出另一種看法,認為外國援助才是協助非洲國家擺脫貧困陷阱實現經濟成長最好的辦法(UN Millennium

---

[8] 例如,儘管華盛頓共識列出了許多改革目標,卻沒有形成具體的政策措施,導致對這些目標狹義的政策解釋。對於貿易開放,不見得只有減少關稅的政策作為,諸如關稅優惠、出口補貼皆有效果(Rodrik, 2006: 976-977)。

Project, 2005），只是，外國援助的論點同樣無法解釋非洲國家的發展經驗（Rodrik, 2006: 980-982）。[9]

2008年金融海嘯後，對於新自由主義的批評更形強烈，連IMF的研究人員都公開表達對新自由主義的質疑。2016年6月在IMF發行的《金融與發展》期刊（*Finance and Development*）刊登一篇由IMF研究部副主任Jonanthan Ostry領銜撰寫的專文，認為新自由主義已經被濫用。他們認為新自由主義中的開放資本流動和財政緊縮兩項政策，對於增進經濟成長的效果難以確定，對於擴大經濟不平等的效果卻非常明確，而不平等又會傷害經濟成長的可持續性（Furceri et al., 2016: 38-39）。儘管，Jonanthan Ostry表示該文不反映IMF的主流文化，IMF研究部和其他部門的工作也不必然相互配合，但畢竟該文從推動結構改革的IMF出來，引發全球經濟學家和主要媒體的熱烈討論，英國衛報甚至稱該文為「新自由主義已死」的證據（Chakrabortty, 2016）。從更廣泛的角度來看，2000年代以來對於華盛頓共識的檢討，反映國際發展建制朝向鬆散化的趨勢，而且相比於1970年代，2000年後的國際發展建制也呈現相當獨特的面貌。一方面行為者增加，出現許多非政府組織、新興強權和新的多邊組織。這些行為者打破過去發展建制只由聯合國和世界銀行占主導地位的情形（Babb & Chorev, 2016: 92-94）。[10]另一方面，當前的國際發展建制不再尋求宏觀層面、一體適用的最佳發展典範，轉而尋求可衡量的結果。透過建立指標與統計方式進行衡量，以期掌握特定發展干預（development intervention）所造成的效果（Babb & Chorev, 2016: 94-97）。

---

[9] 非洲在1950年代以來曾經有過經濟快速成長的時期，而當時並沒有太多的依賴外國援助。因此問題不在於為何非洲國家無法實現成長，而是在於為何會出現快速成長後的停滯（Rodrik, 2006: 980-982）。

[10] 例如，中國大陸、印度、俄羅斯、巴西、南非等金磚國家（BRICS），由於在全球經濟體系中所占份額成長，藉由雙邊發展援助，成為發展建制中的新興權力國家（Babb & Chorev, 2016: 92-94）。

🌐 第四節　國家資本主義的挑戰

　　2008年雷曼兄弟倒閉後，全球陷入嚴峻的金融危機，但部分新興市場國家經濟表現依然亮眼，不少人開始關注中國大陸和部分新興市場國家所採行的國家資本主義模式。當自由經濟面臨嚴峻挑戰時，國家資本主義被當作是一種相對於自由經濟體的有力選擇，特別是對於一些轉型經濟體而言，國家資本主義代表著「融合國家權力與資本主義」的發展途徑（Anonymous, 2012: 3）。簡而言之，國家資本主義可定義為「國家作為主要的經濟行為者，運用市場追求政治獲益」的制度（Bremmer, 2009: 41）。不過，國家資本主義已有很長的歷史，而且是一種普遍現象，不侷限於已開發國家或開發中國家。國內學者蔡中民就認為，國家資本主義的發展和自由市場衰退與社會主義興起息息相關，而國家資本主義中的國家角色，也有主動參與和被動介入兩個面向，主動參與指國家透過市場機制動員資源以滿足需要，這裡的需要往往是應對戰爭需要，被動介入則是國家因應市場發展所需進行管制和規範，這通常發生於戰爭結束後的經濟復甦階段（蔡中民，2015：10-11）。

　　其實，當前的工業先進國家絕大多數有由國家引導經濟發展的歷史階段，但這樣的歷程不能和2007年後受到關注的國家資本主義風潮混為一談。由國家主導經濟發展的歷史經驗（如德國和日本）都是以私有部門為主要的經濟行為者，它受到重商主義的影響，而重商主義則以經濟民族主義為標誌，強調通過貿易保護來繁榮本國工商業，最終實現經濟發展。但是，2007年後引發討論的國家資本主義是國有企業在經濟中居於主導地位，其商業經濟活動由國家以資本主義的管理和組織生產方式來承擔。同時，重商主義時期國家主導經濟的目的是為實現產業發展，而國家資本主義之下國家從事經濟活動的目標則是追求政治獲益。

表11-1　國家資本主義和發展型國家的比較

	國家資本主義	發展型國家
本質	國家領導的發展	國家領導的發展
公私比例	國有部門居於優勢	私有部門居於優勢
投資來源	極高的政府與外國資本投資	高比例的私有投資
社會表現	吉尼係數持續增長	經濟起飛時維持低吉尼係數
受全球化影響程度	起飛階段處於全球化高峰 更注重自由市場	起飛階段尚未進入全球化 鑲嵌式自由主義
代表經濟體	中國大陸、越南、俄羅斯	日本、南韓、台灣

資料來源：參考Huang (2008) 和McNally (2012).

　　進一步言，2007年後關於國家資本主義的討論，主要標的是國家所擁有或控制的資本，這包括三類型的經濟行為者，分別代表國家資本主義的三波發展歷程。第一是國有石油企業，如沙烏地阿拉伯國家石油公司（Saudi Aramco）、委內瑞拉石油公司（Petróleos de Venezuela）、馬來西亞國家石油公司（Petronas）等，這些石油公司很多成立於1970年代，因應當時嚴峻的石油危機而新設或將原有的石油公司國有化而來。他們除了控制世界絕大多數石油蘊藏外，也成為所屬政府鞏固其國內政治地位的工具。第二是國家冠軍企業（national champions），如中國大陸的華為、印度的塔塔集團（Tata）、巴西的淡水河谷集團（Vale）等等，雖然它們很多為私人所有，受惠於1980年代自由化浪潮而快速累積財富，但它們背後有政府資金政策大力支持，也往往成為政府的外交工具。第三是主權財富基金（sovereign wealth fund），雖然很多主權財富基金在2000年後才成立，但到2005年時主權財富基金已構成相當龐大的經濟力量。相當數量的主權財富基金其資金來自於國家透過石油或商品出口累積的外匯存底，基金由政府官員經營，操作過程不為外界所知，與市場經濟要求的公開透明和私人負責格格不入（Bremmer, 2009: 46-48）。

　　2008年金融海嘯之後，國家資本主義的現象進一步向先進工業化國家蔓延，這主要受到金融海嘯後政府對受困產業紓困，部分銀行形同被國

有化。2010年代後期，已開發國家在國內民粹主義浪潮下，日趨採行偏向經濟民族主義的政策（De Bolle & Zettelmeyer, 2019），部分歐洲國家主張採行積極的產業政策，加強對本國居於行業領導地位企業的保護和支持，與開發中國家推動國家冠軍企業相仿，而這樣的想法已展現於歐盟對本地電池製造的扶持（Anonymous, 2022: 5）。如果用政府持有股權投資基金作為衡量國家資本主義的成長情況，高所得國家政府持有股權投資基金從2001年的2.7兆美元成長到2018年的7.9兆美元，年成長率達6.9%，超過這些國家GDP年成長率4.1%。就個別國家來看，政府持有的股權投資基金規模排名，前五名依序是日本、挪威、德國、法國和南韓（Kim, 2021: 6）。因此，國家資本主義的影響日益廣泛，儼然成為新的發展典範。此外，國家資本主義的影響，還來自於國有企業強大的向外投資能力。2017年時，全球有1,000家左右國有的跨國企業，其中歐洲有420家（以瑞典和法國最多）、非洲的南非有55家、亞洲的中國大陸有257家、馬來西亞79家、印度61家、阿拉伯聯合大公國有50家、北美的加拿大有18家（United Nations Conference on Trade and Development, 2017: 31）。這些國家絕大多數都不是一般認知的社會主義國家，足見國家資本主義的跨國特質和國際影響。同時，由於國有資本具有長期投資的傾向，成為跨境金融和耐心資本（patient capital）的重要來源，對投資目的地往往帶來很大影響。而國有資本通過全球資產配置以擴大財富和維護國家主權，又對本國國內秩序帶來深遠影響。從更深的層次來看，國家資本主義的興起已不只是對新自由主義的挑戰，而是會否撼動西方世界建立的自由經濟秩序，會否改寫資本主義創造的世界經濟格局，這是討論國家資本主義無從迴避的嚴肅課題（Alami & Dixon, 2020: 79-82）。

第五節　結論

　　關於貿易與經濟發展的關係，早期的發展經濟學界多數認為自由貿易對開發中國家不利、價格機制無法充分引導資源配置，以及認為透過集中於農業或原物料的單一產業無法實現發展。在早期發展經濟學的思潮引領下，聯合國倡議採用進口替代的發展策略，透過貿易保護促進本國從簡單消費品邁向耐久消費品的製造業發展。不過，1960年代以後發展經濟學界開始反省貿易保護的危害，並展開對於制度失靈和制度建立的研究，對於民主和經濟發展的關係，和政府權力分配與政策品質的關聯，都提出豐富的研究成果。在戰後廢墟中實現經濟成長的東亞發展型國家，無疑是制度經濟學的最佳案例。東亞國家透過計畫理性、金融緊縮和壓抑勞工將資源導入產業發展，而優秀自主的官僚和與社會鑲嵌的安排，則讓引導產業發展的政策有效而成功，凡此都可看到制度建立在實現長期成長居於關鍵性的地位。不過，2010年代東亞四小龍面臨重重挑戰，顯示東亞四小龍的成功經驗有特殊的時空背景，如何快速調適以因應外在環境的變化是中小型經濟體的四小龍能否延續過去成功的關鍵。

　　1980年代東亞發展型國家的成功和拉丁美洲陷入困境，催生學界對舊生產模式的反省，認為應該走向一條新的道路，而英美兩國相繼推出的新自由主義改革，推動全面私有化和自由化，則通過國際貨幣基金組織和世界銀行用條件式貸款引導，以「華盛頓共識」之名席捲拉丁美洲、撒哈拉沙漠以南非洲以及前社會主義國家，成為經濟改革的標準藍圖。不過，「華盛頓共識」被批評為替新自由主義和市場基本教義的經濟意識形態背書，2008年金融海嘯後，力主解除管制的新自由主義成為眾矢之的，連IMF的研究人員都公開檢討新自由主義的開放資本流動和財政緊縮兩項政策，認為這兩項政策會擴大不平等，實有被濫用的危險。對於新自由主義最嚴厲的挑戰，莫過於2010年代廣受關注的國家資本主義模式。其

實，國家資本主義的歷史漫長，歷經1970年代國營石油企業成立、1980年代推動國家冠軍企業和2000年主權財富基金興起三波成長浪潮，國家資本主義模式早就不限於特定的新興市場國家。而2008年金融海嘯後，已開發國家對銀行紓困和扶持本國產業，形同採行部分國家資本主義模式。因此，國家資本主義已不只挑戰新自由主義，更是挑戰以資本主義為核心的自由經濟秩序。

參考書目

蔡中民（2015）。〈國家資本主義的歷史發展與理論脈絡〉。《台灣政治學刊》，第19卷第2期，頁7-39。

Acemoglu, Daron & James A. Robinson (2019). Rents and economic development: the perspective of Why Nations Fail. *Public Choice, 181*(1), 13-28.

Adam, C. & Stefan Dercon (2009). The political economy of development: An assessment. *Oxford Review of Economic Policy, 25*(2), 173-189.

Alami, llias & Adam D. Dixon (2020). State capitalism(s) redux? Theories, tensions, controversies. *Competition & Change, 24*(1), 70-94.

Amsden, Alice H. (1989). *Asia's Next Giant: South Korea and Late Industrialization.* New York: Oxford University Press.

Anonymous (2012). The visible hand. *The Economist, 402*(8768), 3.

Anonymous (2019). Still Hunting. *The Economist, 433*(9172), S3-S4.

Anonymous (2021). A Mixed-up Slowdown. *The Economist, 440*(9256), 14-16.

Anonymous (2022). Returning to Picking Winners. *The Economist, 442*(9279), 4-6.

Babb, Sarah & Nitsan Chorev (2016). International organizations: Loose and tight coupling in the development regime. *Studies in Comparative International Development, 51*(1), 81-102.

Balassa, Bela (1965). Tariff Protection in Industrial Countries: An Evaluation. *Journal of Political Economy, 73*(6), 573-594.

Barro, R. J. (1996). Democracy and growth. *Journal of Economic Growth, 1*(1), 1-27.

Besley, Timothy (2007). The new political economy. *The Economic Journal, 117*(524), F570-F587.

Bhagwati, J. N. (1974). On the underinvoicing of imports. In Jagdish N. Bhagwati (eds.), Illegal transactions in international trade (pp.138-147). Amsterdam: North-Holland publishing company.

Bhagwati, J. & Bent Hansen (1973). A theoretical analysis of smuggling. *The Quarterly Journal of Economics, 87*(2), 172-187.

Bhagwati, Jagdish (1958). Immiserizing growth: A geometrical note. *The Review of Economic Studies, 25*(3), 201-205.

Boas, Taylor C. & Jordan Gans-Morse (2009). Neoliberalism: From new liberal philosophy to anti-liberal slogan. *Studies in Comparative International Development, 44*(2), 137-161.

Bremmer, Ian (2009). State capitalism comes of age-the end of the free market. *Foreign Affairs, 88*(3)(May/June), 40-55.

Chakrabortty, Aditya (2016). You're witnessing the death of neoliberalism--from within. *The Guardian*. May 31 2016. https://www.theguardian.com/commentisfree/2016/may/31/witnessing-death-neoliberalism-imf-economists.

Chang, Ha-Joon (1996). *The Political Economy of Industrial Policy* (2 ed.). New York: St. Martin's Press.

Chenery, Hollis B. (1975). The structuralist approach to development policy. *The American Economic Review, 65*(2), 310-316.

Chenery, Hollis B. & Alan M. Strout (1966). Foreign assistance and economic development. *The American Economic Review, 56*(4), pp. 679-733.

De Bolle, M. & Zettelmeyer, J. (2019). Measuring the rise of economic nationalism. Peterson Institute for International Economics Working Paper, (19-15). 1-57.

Doucouliagos, H. & Mehmet Ali Ulubaşoğlu (2008). Democracy and economic growth: a meta-analysis. *American Journal of Political Science, 52*(1), 61-83.

Evans, Peter B. (1995). *Embedded Autonomy: States and Industrial Transformation*. Princeton. N.J.: Princeton University Press.

Friedman, Milton (1951). Neo-Liberalism and its Prospects. in Collected Works of Milton Friedman, Hoover Institution. February 17 1951. https://miltonfriedman.hoover.org/objects/57816/neoliberalism-and-its-prospects.

Furceri, Davide., Prakash Loungani, & Jonathan D. Ostry (2016). Neoliberalism: Oversold?. *Finance & Development, 53*(2), 38-41.

Gerring, J., Philip Bond, William T. Barndt, & Carola Moreno (2005). Democracy and economic growth: A historical perspective. *World Politics, 57*(3), 323-364.

Gerschenkron, Alexander (1962). *Economic Backwardness in Historical Perspective: A Book of Essays*. Cambridge: Belknap Press of Harvard University Press.

Gilpin, Robert (2001). *Global Political Economy: Understanding the International Economic Order*. Princeton, N.J.: Princeton University Press. 中文譯本：陳怡仲、張晉閣、許孝慈譯（2004）。《全球政治經濟：掌握國際經濟秩序》。台

北：桂冠。

Hagen, Everett E. (1958). An economic justification of protectionism. *The Quarterly Journal of Economics, 72*(4), 496-514.

Haggard, Stephan (2015). The Developmental State is Dead: Long Live the Developmental State! In James Mahoney & Kathleen Thelen (eds.), *Advances in Comparative-Historical Analysis* (pp. 39-66). Cambridge: Cambridge University Press.

Huang, Yasheng (2008). *Capitalism with Chinese Characteristics: Entrepreneurship and The State*. New York: Cambridge University Press.

Irwin, Douglas (2020). The Rise and Fall of Import Substitution. Peterson Institute for International Economics Working Paper 20-10. Washington, DC: Peterson Institute for International Economics.

Jafarey, V. A. (1992). *Structural Adjustment and Macroeconomic Policy Issues*. Washington, DC: International Monetary Fund.

Johnson, C. (1982). *MITI and the Japanese Miracle: Tthe Growth of Industrial Policy, 1925-1975*. Stanford University Press.

Johnson, Chalmers (1987). Political Institutions and Economic Performance: Government-Business Relationship in Japan, South Korea, and Taiwan. In Frederic C. Deyo (eds.), *The Political Economy of the New Asian Industrialism* (pp. 136-164). Ithaca: Cornell University.

Kalinowski, Thomas (2015). Crisis management and the diversity of capitalism: Fiscal stimulus packages and the East Asian (neo-) developmental state. *Economy and Society, 44*(2), 244-270.

Keefer, Philip (2004). What does political economy tell us about economic development—and vice versa?. *Annual Review of Political Science, 7*, 247-272.

Kim, K. (2021). Locating new 'state capitalism'in advanced economies: an international comparison of government ownership in economic entities. *Contemporary Politics*, 1-21.

Krieckhaus, J. (2004). The regime debate revisted: A sensitivity analysis of democracy's economic effect. *British Journal of Political Science, 34*(4), 635-655.

Krueger, Anne O. (1974). The political economy of the rent-seeking society. *The American Economic Review, 64*(3), 291-303.

Krueger, Anne O. (1997). Trade policy and economic development: How we learn. *The American Economic Review, 87*(1), 1-22.

Lewis, W. Arthur (1954). Economic Development with Unlimited Supplies of Labour. *The Manchester School, 22*(2), 139-191.

McNally, Christopher A. (2012). Sino-capitalism: China's reemergence and the international political economy. *World Politics, 64*(04), 741-776.

Meier, Gerald M. (1989). The old and new export pessimism: a critical survey. In Nurul Islam (eds.), *The Balance between Industry and Agriculture in Economic Development* (pp.197-217). London: Palgrave Macmillan.

Meller Patricio (1989). Criticisms and suggestions on the cross-conditionality of the IMF and the World Bank. *CEPAL Review, 37*, 65-78.

Mudge, Stephanie Lee (2008). What is neo-liberalism?. *Socio-Economic Review, 6*(4), 703-731.

Nurkse, Ragnar (1958). *Problems of Capital Formation in Underdeveloped Countries*. Oxford: Blackwell.

Nurkse, Ragnar (1961). *Patterns of Trade and Development*. New York: Oxford University Press.

Oatley, Thomas (2018). *International Political Economy*. London, New York: Routledge.

Olson, Mancur (1982). *The Rise and Decline of Nations: Economic Growth, Stagflation, and Social Rigidities*. New Haven, Conn.: Yale University Press.

Prebisch, R. (1950). *Economic Development of Latin America and its Principal Problems*. New York: United Nations.

Rodrik, Dani (2006). Goodbye Washington Consensus, Hello Washington Confusion? A Review of the World Bank's Economic Growth in the 1990s: Learning from a Decade of Reform. *Journal of Economic Literature, 44*(4), 973-987.

Rosenstein-Rodan, P. N. (1943). Problems of Industrialisation of Eastern and South-Eastern Europe. *The Economic Journal, 53*(210/211), 202-211.

Rostow, W. (1960). *The Stages of Economic Growth: A Non-Communist Manifesto*. Cambridge: Cambridge University Press.

Singh, Anoop, Agnes Belaisch, Charles Collyns, Paula De Masi, Reva Krieger, Guy Meredith, & Robert Rennhack (2005). Stabilization and Reform in Latin America: A Macroeconomic Perspective of the Experience since the 1990s. International

Monetary Fund Occasional Paper 238. Washington, DC: International Monetary Fund.

Tullock, G. (1967). The Welfare Costs of Tariffs, Monopolies, and Theft. *Western Economic Journal, 5*(3), 224-232.

UNCTAD (2021). *Trade and Development Report 2021*. Geneva: United Nations.

UN Millennium Project (2005). *Investing in Development: A Practical Plan to Achieve the Millennium Development Goals*. New York: United Nations.

United Nations (1951). *Measures for the Economic Development of Under-Developed Countries*. New York: United Nations.

United Nations (1959). *Economic Survey of Asia and the Far East 1959*. New York: United Nations.

United Nations Conference on Trade and Development (2017). *World Investment Report 2017*. New York: United Nations.

Wade, Robert (1990). *Governing The Market: Economic Theory and The Role of Government in East Asian Industrialization*. Princeton, N.J.: Princeton University Press.

Williamson, John (1993). Democracy and the "Washington consensus". *World development, 21*(8), 1329-1336.

Wohlmuth, Karl (1984). IMF and World Bank structural adjustment policies: Cooperation or conflict?. *Intereconomics, 19*(5), 226-234.

World Bank (2005). *Economic Growth in the 1990s: Learning from a Decade of Reform*. Washington D.C.: World Bank.

Chapter

12

能源生產與貿易

2022年2月俄烏戰爭爆發後，受到歐洲可能阻絕俄羅斯向歐洲輸送天然氣的影響，歐洲天然氣價格直線上衝。不過，從2021年10月到2022年2月戰爭爆發前，歐洲即因為天然氣供應不足，天然氣價格急劇上漲，數度刷新歷史紀錄。不斷攀升的天然氣價格除了加重民眾和企業的負擔，還造成空前的通貨膨脹（Chadwick, 2022）。對於天然氣供應不足的原因，有人懷疑俄羅斯天然氣公司（Gazprom）為讓北溪二號管道獲得建造許可刻意減少供氣。但更有可能是2021年冬季太長，全球經濟復甦對天然氣需求上升，以及英國和挪威的天然氣產量下降所致。歐洲若有其他能源供應自然有助於化解天然氣危機，但是其他的選項如煤炭和再生能源，不是受減碳法令限制就是杯水車薪。另一條出路是擴大採購液化天然氣，但無可避免要面臨亞洲和其他地區的搶購競爭（Anonymous, 2021）。為緩解歐洲的天然氣危機，美國適時擴大對歐洲輸出液化天然氣，並透過長期合約期望改變歐洲對俄羅斯天然氣的依賴。長期以來，俄羅斯占歐洲天然氣供應超過40%，而且，愈接近俄羅斯的國家依賴程度愈高，這也成為這些國家面對俄羅斯時必須考量的安全因素。因此，美國對歐洲擴大天然氣供應，可說同時具有經濟和戰略的深遠意義。

對於能源生產貿易的研究者，2021年到2022年歐洲的天然氣危機提供數項寶貴的啟發。一是能源貿易賣方主導的特質，特別在儲量有限且全球分布不均的化石燃料，作為主要供應商的賣方往往能夠透過限制供貨對買方帶來嚴重的傷害。一是能源供應來源無法於短時間改變，這除了涉及不同能源的供應設備需要長時間的投資和建設，也涉及買賣雙方的交易習慣，因為能源價格的劇烈波動，居於主導地位的賣方總是希望用長期合約確保價格穩定。但是，這會限制買方在供貨不足時的選擇空間，因此，買方會嘗試用多元化的短期交易方式以確保能源供應安全。還有就是能源生產能力同樣需要長時間的投資，要從化石燃料轉型到非化石燃料，更非一蹴可幾，需要技術和環境條件的配合。可以說，賣方主導市場、交易方式長期化與短期化互見和能源轉型的挑戰，即是當前能源生產貿易的三大特

徵。本章以能源生產貿易為主題,先說明全球能源生產貿易現況,繼則用
石油輸出國家組織為例,分析石油貿易中賣方主導格局的演變。再來介紹
化石燃料的交易方式,特別是長期合約和期貨交易的並存,以及能源買方
確保能源安全的相關措施,最後用再生能源的貿易摩擦和全球碳市場的建
立說明能源轉型的挑戰。

第一節　全球能源現況

　　一般來說,能源分為化石燃料和非化石燃料,前者包含石油、天
然氣、煤炭,後者包含核能、水力、太陽能、風能等等。若要再嚴格劃
分,能源又可分為傳統油氣、非傳統油氣、替代能源和再生能源。傳統油
氣指石油和煤炭,非傳統油氣指油頁岩、油砂、甲烷水合物和非傳統氣體
資源等,替代能源指替代傳統的化石燃料如天然氣、核能等等,而再生
能源則指可以再生或新生的能源,如水力、風力、太陽光能及熱能、海
洋能、生質能等等(蔡信行,2006:34)。目前,全球能源供應中化石
燃料仍居於主要地位。以2020年為例,該年石油占全球能源供應29%、煤
炭占26%、天然氣占24%,三者合計占全球能源供應79%,其他則為再生
能源12%、核能5%和傳統生質能源4%。但若就再生能源細項來看,太陽
能和風力的供應量相對有限,各只貢獻1%、水力貢獻3%、固態生質能則
貢獻5%。不過,若只看全球電力業的能源供應,則再生能源的貢獻比例
大幅上升,達到28%,其中包含太陽能3%、風力6%、水力16%,此外,
核能對發電的貢獻為10%,而化石燃料對發電的貢獻則降到61%,並以煤
炭(35%)和天然氣(23%)為主(International Energy Agency, 2021: 294,
297)。

　　如果對照過去十年再生能源對全球發電的貢獻,會發現化石燃料貢
獻持續下降,但更大的變化來自於再生能源內部組成的改變。以2010年為

例，當年化石燃料對全球發電的貢獻為68%，主要來自於煤炭（41%）和天然氣（22%），核能的貢獻為13%，再生能源對發電的貢獻則為20%，包含風能2%、生物能源2%和水力16%（International Energy Agency, 2012: 554）。當然，再生能源對全球能源的意義不能僅從現有的貢獻來看。再生能源可以不斷再生或新生，而傳統油氣或替代燃料來自蘊藏量有限的初級能源，因此都會面臨未來蘊藏量用罄的限制。受到全球暖化日益迫切的威脅，各國相繼達成《京都議定書》和《巴黎氣候協定》等國際規範，並依據國際規範釐訂的CO_2排放減量要求提出相應政策，化石燃料的需求不斷受到政策環境變動而修正，這對於化石燃料的供給同樣帶來巨大的挑戰。鑑於化石燃料在全球能源貿易的長久歷史，以及當前改變化石燃料供需狀態在全球議程的優先地位，本章將以討論化石燃料的生產貿易為主。

根據英國石油公司（British Petroleum）估計，2020年全球石油蘊藏量17,324億桶，較2000年蘊藏量13,009億桶成長超過4,000億桶。以各區域分布來看，中東地區占全球蘊藏48%，居各區域之冠，其後為中南美洲占18%和北美洲占14%。在各國分布之中，委內瑞拉蘊藏量占全球17.5%、沙烏地阿拉伯占17.2%、加拿大占9.7%分居前三名。2020年天然氣蘊藏量188.1兆立方米，較2000年蘊藏量138.0兆立方米成長50兆立方米。以各區域分布來看，中東地區占全球蘊藏40.3%、獨立國家國協區域占30.1%、北美洲和亞太地區皆占8%。在各國分布之中，俄羅斯蘊藏量占全球19.9%、伊朗占17.1%、卡達占13.1%，分居全球前三名。2020年全球煤炭蘊藏10741.08億公噸，以各區域分布來看，亞太地區占全球蘊藏42.8%、北美地區占23.9%、獨立國家國協占17.8%。在各國分布之中，以美國占全球蘊藏23.2%居冠、俄羅斯占15.1%、澳洲占14.0%，分居第二、三名（British Petroleum, 2021: 16, 34, 46）不過，受到產能和內部需求的影響，全球生產和出口的地區分布與蘊藏量未必相符。整體而言，2020年受到新冠肺炎疫情的影響，化石燃料的生產受到需求萎縮衝擊而下滑。

2020年石油生產量為每日8,920萬桶，就區域分布來看，以中東地區生產每日2,770萬桶、北美地區生產每日2,380萬桶、歐亞大陸地區每日1,340萬桶，分居前三名。2020年全球天然氣生產為4,014億立方米，其中以北美生產1,165億立方米居冠，其次為歐亞大陸生產926億立方米，再來為中東地區645億立方米。至於煤炭部分，20202年全球生產量為54.62億噸，其中絕大多數來自於亞太地區，以生產42.03億噸居各區域之冠，其次為北美地區生產4.10億噸，再來是歐亞大陸生產3.78億噸（International Energy Agency, 2021: 315, 317, 318）。若以能源出口來看，2020年石油出口前三名國家分別是美國、沙烏地阿拉伯和俄羅斯。天然氣的出口分為液化天然氣和管線天然氣，2020年液化天然氣出口前三名國家分別是澳洲、卡達和美國，而管線天然氣出口前三大國分別是俄羅斯、挪威和美國。至於煤炭出口，2020年的前三大出口國則分別是澳洲、印尼和俄羅斯（British Petroleum, 2021: 32, 44-45, 51）。

表12-1　全球石油蘊藏與生產

蘊藏量單位為每日億桶，生產量單位為每日千桶

石油蘊藏			石油生產		
國家	產量	全球比重	國家	生產量	全球比重
委內瑞拉	303.8	17.5%	美國	16,476	18.6%
沙烏地阿拉伯	297.6	17.2%	沙烏地阿拉伯	11,039	12.5%
加拿大	169.1	9.7%	俄羅斯	10,667	12.1%
伊朗	157.8	9.1%	加拿大	5,135	5.8%
伊拉克	145.0	8.4%	伊拉克	4,114	4.7%
俄羅斯	107.8	6.2%	中國大陸	3,901	4.4%
科威特	101.5	5.9%	阿拉伯聯合大公國	3,657	4.1%
阿拉伯聯合大公國	97.8	5.6%	伊朗	3,084	3.5%
美國	68.8	4.0%	巴西	3,026	3.4%
利比亞	48.4	2.8%	科威特	2,686	3.0%

資料來源：British Petroleum (2021: 16, 18).

表12-2 全球天然氣生產與出口

產量與出口量單位為十億立方米（billion cubic metres）

天然氣生產			管線天然氣出口		液化天然氣出口	
國家	產量	全球比重	國家	出口量	國家	出口量
美國	914.6	23.7%	俄羅斯	197.7	澳洲	106.2
俄羅斯	638.5	16.6%	挪威	106.9	卡達	106.1
伊朗	250.8	6.5%	美國	76.1	美國	61.4
中國大陸	194.0	5.0%	加拿大	68.2	俄羅斯	40.4
卡達	171.3	4.4%	土庫曼	31.6	馬來西亞	32.8
加拿大	165.2	4.3%	荷蘭	28.1	奈及利亞	28.4
澳洲	142.5	3.7%	阿爾及利亞	26.1	印尼	16.8
沙烏地阿拉伯	112.1	2.9%	卡達	21.8	阿爾及利亞	15.0
挪威	111.5	2.9%	伊朗	16.0	千里達	14.3
阿爾及利亞	81.5	2.1%	哈薩克	14.0	阿曼	1,302

資料來源：British Petroleum (2021: 36, 44-45).

表12-3 全球煤炭生產與出口

產量與出口量單位為艾焦耳（exajoules）

煤炭生產			煤炭出口		
國家	產量	全球比重	國家	出口量	全球比重
中國大陸	80.91	50.7%	澳洲	9.25	29.1%
印尼	13.88	8.7%	印尼	8.51	26.8%
印度	12.68	7.9%	俄羅斯	5.66	17.8%
澳洲	12.42	7.8%	哥倫比亞	1.66	5.2%
美國	10.71	6.7%	南非	1.64	5.2%

資料來源：British Petroleum (2021: 48, 51).

　　在三種化石燃料之中，石油是提供人貨運輸工具動力的主要能源，又可作為製造眾多日常用品的原材料，影響層面最為廣泛。同時，石油生產長期集中於中東地區，中東地區宗教民族關係帶來複雜的政治情勢，往往成為全球石油供應的不穩定因素，也不時引發全球強權介入中東局勢。當然，坐擁石油的中東國家，也會希望運用寶貴的石油資產改變自身的政治經濟地位。1960年以中東地區為主的產油國組成石油輸出國家組織

（Organization of Petroleum Exporting Countries, OPEC），嘗試改變二戰後市場由歐美跨國公司控制的低油價狀態，雖歷經十年努力成效仍相當有限，直到1973年以阿戰爭爆發，石油輸出國家組織採取石油禁運，順利推升油價和擴大對於石油生產貿易的控制權。1970年代石油輸出國家的成功操作，為政治經濟力量影響能源生產貿易提供極具理論意涵的個案，下一節著重於從卡特爾的相關理論解析石油輸出國家對石油生產貿易的影響。

🌐 第二節　卡特爾與石油政治

　　一般看法認為，能源生產者是南方國家、能源使用者是北方國家，若就當前所有的能源生產來說未必如此，比如煤炭生產大國澳洲和天然氣生產大國美國，都是工業先進的北方國家。但若以二次大戰後的石油生產來說，當時主要的石油產地如沙烏地阿拉伯和伊朗都是南方國家，而來自北方國家的跨國公司則掌握石油開採銷售，決定南方國家的生產地所能享有的利潤。因此，1973年石油危機改變全球石油的價格和利潤分配，可說是南方國家成功逆轉南北依賴關係的少數案例。

　　為什麼1970年代石油輸出國家組織能夠大舉推升油價？政治經濟學的觀點向來認為，要主導市場運作往往需要具備足夠的市場權力，以改變市場原本的競爭結構。因此，石油市場的結構如何，石油輸出國家組織在石油市場的地位如何，都是非常需要探究的課題。對此，政治經濟學對於跨國卡特爾的研究，提供極具啟發的觀察。簡單說，卡特爾就是一種壟斷性組織，透過生產者的協力，來決定生產數量與價格。卡特爾有跨國的、一國內的；也有政府的、純粹私營的，石油輸出國家組織就屬於跨國的、政府間的卡特爾。根據學者A. F. Alhajji和David Huettner的研究，卡特爾成功的條件包括以下六項：(1)依據配額制度分割市場：各生產者

必須依據既有的數量分割市場;(2)建立監督機制並有效執行:在確定市場分割以後,需要監督每個廠商是否依據決議進行生產銷售;(3)建立懲處機制並有效執行;(4)確保卡特爾本身(而非卡特爾成員)享有執行權威;(5)具備足夠的現金和庫存以穩定價格:當價格有波動時,可以買回餘貨或賣出庫存,以維持市場價量;(6)具備足夠大的市場份額以控制市場:卡特爾成員的產量加總起來占產品市場比例越高,則影響市場的能力越大。簡而言之,卡特爾必須是超國家組織,而不只是卡特爾成員的組合(Alhajji & Huettner, 2000: 1151, 1153)。

用上述條件來檢視OPEC是否是成功的卡特爾,可以發現1970年代OPEC有效推升油價時,並不具備成功卡特爾的各項條件,無論最低價格、配額制、監督機制和懲處機制都付之闕如。首先,OPEC沒有制定石油的最低價,僅設有參考價,對會員國的價格要求相對不高。同時,OPEC在1983年才建立配額制度,並且會員仍然保有生產自主權,各國究竟要生產多少,OPEC沒有硬性規定。而且,配額制度不是強制性,有的國家甚至沒有分配到配額。然後,OPEC是按照石油儲備與現有產能來分配,但卻沒有考慮到各國出口情況,這是因為OPEC對於各國出口資訊掌握不足。最後,OPEC成員國的剩餘產能不屬於組織,而由各國保有。由於組織沒有控制剩餘產能,自然無法有效貫徹參考價值(Alhajji & Huettner, 2000: 1151, 1153-1157)。

其次,OPEC在 1985年才設立「部長監督委員會」作為監督機制,而且該委員會是個案監督,也就是當有國家有發生不符合規定生產量的狀況才介入。因此,要啟動監督機制必須經過有人舉報,而非要求成員國主動申報或由組織進行定期查核,這種情況很容易發生欺瞞行為。而且,OPEC沒有懲處機制,也從未以組織力量捍衛參考價值,自然難以有效執行參考價值。若要捍衛組織價格,需要在市場價格偏高時,藉由販售儲備石油壓低價格,當市場價格偏低,組織可協調其他成員減少產量,但OPEC不具備這類制度。另外,OPEC採取「一國一票」制,而非依照

生產量分配，這也影響生產大國對協議執行的意願（Alhajji & Huettner, 2000: 1151, 1153-1157）。

因此，1970年代石油輸出國家組織成功推升油價，要從當時的石油市場生態來理解。石油輸出國家由5個創始會員國成立[1]，到1973年時成長到12國[2]，幾乎囊括全世界主要石油生產國。石油生產其實需要很高的技術，生產國除了具備蘊藏量外，還需要「開採能力」，而且，石油生產需要耗費不貲的設備、地質探勘能力和優秀的專家，種種條件缺一不可，因此新生產者不容易進入生產市場（Spero，譯本1994：305）。另外，沙烏地阿拉伯扮演「彈性生產者」（swing-producer）的角色，願意視其他國家產量多少，調整自己的產量以使整體生產量固定。沙烏地阿拉伯占OPEC石油生產的三分之一，本身人口規模又不大，有相當大調整生產的餘裕。因此，沙烏地阿拉伯的積極主導，促成了石油輸出國家組織的初期成功（Spero，譯本1994：307）。換個角度說，因為以阿戰爭激起阿拉伯民族主義，促使主要產油國團結一致，再加上沙烏地阿拉伯的成功領導，這是當年石油輸出國家組織成功的原因。

1980年代，石油輸出國家組織內部結構接近成功的卡特爾時，石油輸出國家組織成員國的產油量在石油市場份額卻愈來愈小。1973年第一次石油危機到1979年第二次石油危機之間，新興產油國陸續出現，包括已開發國家的英國和挪威因為北海油田成為產油國，以及開發中國家的巴西、馬來西亞等等都加入產油國的行列。今天，OPEC成員國石油生產占全球生產40%，石油出口占全球出口60%（U.S. Energy Information Administration, 2021）。雖然這樣的分量還是相當可觀，但相對於其他產業成功的跨國卡特爾，比例仍不夠高。例如橡膠、硒的生產，這些產業的

---

[1] 沙烏地阿拉伯、伊朗、伊拉克、科威特和委內瑞拉。

[2] 到1973年加入石油輸出國家組織的國家包括卡達（1961）、印尼（1962）、利比亞（1962）、阿拉伯聯合大公國（1967）、阿爾及利亞（1969）、奈及利亞（1971）和厄瓜多（1973）。

跨國卡特爾占到全世界市場比例高達80～90%。同時，作為彈性生產者的沙烏地阿拉伯，其石油生產占全球生產比例最高時也僅有17%，相對於其他產業成功的跨國卡特爾，其主導廠商往往占有50%以上，沙國所占的比例也不夠高。另外，OPEC成員國對石油出口的依賴，遠高於其他產業卡特爾成員對其商品出口的依賴。假設一國的出口產品多樣化，便可以控制石油產量以爭取更好的價格，但倘若石油出口是該國主要利潤來源，減量代表自己勒緊褲帶，如此沒多久即必須提高產量，價格自然難以維持（Alhajji & Huettner, 2000: 1151, 1153-1157）。

從需求面來看，1970年代因為高油價導致消費者減少石油使用，一旦大眾調整消費行為，如改搭公車、騎腳踏車等，需求和價格會立刻下降。同時，石油價格的上漲，也使得新能源開發的價格相對可以忍受。這也可說明，為何石油價格下降，新能源開發隨之放緩，同樣是因為相對價格的問題。同時，各國開始制定低油耗標準，發展替代能源。以美國為例，新能源的發展即始自於1970年代石油危機。2010年後備受關注的頁岩油，需要仰賴水力壓裂（Hydraulic fracturing）技術讓頁岩層釋放石油和天然氣，而美國政府投入應用水力壓裂技術開發天然氣的研究即始自於1970年代中期（Morton, 2013）。然而，由於1980年代石油價格崩跌，導致替代能源價格相對昂貴，從而延緩新能源的開發。2007年石油價格來到歷史新高，兩年後頁岩油產量迸發，也可以說明新能源開發與石油價格升降間的密切關係。

那麼，2000年代中期以後石油價格驟然升高，又該如何解釋呢？瑞典經濟學者Marian Radetzki 認為，這不是因為OPEC的配額制度，而是因為石油產業本身的變化所致。這裡所稱的變化主要來自生產國面臨的限制因素，這些因素包括：(1)1970年代開始國營企業逐漸成為產油國的石油生產主力企業，私人企業所控制的油源則多限於開採成本高的油源。然而，這些國營企業缺乏效率，不少產油國政府又過於貪婪，不願意投入足夠財政資源更新生產設備，導致石油生產越發無效率；(2)因為石油的鉅

額利潤，容易造成產油國內部派系分立，乃至於衍生為內戰，限制甚至摧毀產油國的生產能量；(3)因為容易開採的石油都已被開採，剩下的石油都在深層的地底或海底，導致生產成本持續升高（Radetzki, 2012: 383-385）。

上述的分析透露關於石油政治一個有趣的因果機制，即不僅各國國內政治經濟會影響石油生產，石油生產也反過來會影響各國國內政治經濟。對於石油產業如何影響國家經濟，學術界最常引用的理論莫過於「資源詛咒」論（Resource Curse）。「資源詛咒」又稱為「富足的悖論」（Paradox of Plenty），指擁有資源原本應該是值得慶幸之事，但經過幾十年的發展後發現，天然資源豐富的國家反而不如資源貧乏的國家來得富裕。資源詛咒的現象，已印證於無數經濟學家的實證研究，他們發現，以出口石油和天然礦物為主的開發中國家，其平均成長率低於資源貧乏的開發中國家（Nankani, 1980; Grilli & Yang, 1988: 1-47; Sachs & Warner, 2001: 827-838）。為何會如此呢？其實，早在1950年代，已有學者懷疑天然資源出口對經濟發展可能帶來不良影響。當時學者們提出三種可能原因，包括天然資源的貿易條件不佳、天然資源的價格容易巨幅波動，以及天然資源生產無法帶動國家內其他部門成長。後來，也有學者運用「荷蘭病」（Dutch Disease）的概念，認為資源豐富可能導致物價上漲傷害製造業。這些解釋都偏向資源豐富的經濟效果。然而，從政治效果來看，資源豐富帶來的影響，主要是認知上的富裕假象影響正常經濟規劃、資源豐富造成阻礙成長的利益團體更形有力，以及資源豐富導致政府缺乏致力發展的動機（Ross, 1999: 301, 304-305, 308）。

睽諸二次戰後的經驗，很多資源豐富的國家都是位處南方的開發中國家。當國內自然資源豐富，國內的資金會往自然資源相關產業移動，結果導致產業過度集中，產業無法有效地多元發展。同時，自然資源的價格具有高度波動性，一旦自然資源價格下跌，仰賴自然資源的國家經濟就會受到莫大傷害。而且，因為這些天然資源往往會進入國家掌握，因此天然

資源的生產部門擴大，就意謂著國有部門的擴大，造成不效率的擴大，從而導致一國產業發展缺乏效率。此外，由於國有企業膨脹使得國家產生一大批有錢的菁英，這些手頭寬裕的菁英會傾向購買奢侈品，不是將資源投入提升生產力的製造業發展，進而更加扭曲國家的資源配置。

反過來說，石油或原物料價格崩跌，有時候也會帶來正面影響。比如1980年代中期原物料價格大跌，仰賴原物料出口的印尼和馬來西亞面臨財政枯竭，紛紛對外開放，吸引日韓台大量投資，創造1990年代的高成長榮景。又如美國受惠於頁岩油的開發，一躍成為全球最大石油生產國。雖然因為頁岩油量產造成油價下跌，但因為許多物品與石油有關，石油占日常支出有相當比例，如果相對於其他國家享有更低廉的石油，就意味著所有的生產成本降低，由此帶動所得上升。有的觀點就認為，2008年金融海嘯本該對美國經濟造成重創，但歐巴馬時代美國經濟成長卻十分強勁，應是拜廉價石油所賜（Moore & White，譯本2017：第三章）。

🌐 第三節 化石燃料定價與能源安全

正如石油輸出國家組織的案例所揭示，石油的定價是南方國家與北方國家在石油市場相互角力的結果，從石油定價方式的演變也可看出雙方市場權力的變化。二次戰後初期，全球石油市場由被稱為「七姊妹」的七家跨國公司主宰[3]，當時的石油價格即由開採石油的跨國公司決定。這是因為這些公司整合石油生產的上中下游，石油交易基本上就是這些跨國公

---

[3] 這七家公司分別為英伊石油（Anglo-Persian Oil）、荷蘭皇家殼牌石油（Royal Dutch Shell）、加州標準石油（Standard Oil of California）、紐澤西標準石油（Standard Oil of New Jersey）、紐約標準石油（Standard Oil Co. of New York）、海灣石油（Gulf Oil）和德士古石油（Texaco Oil），因為這七家公司組成伊朗石油聯盟，壟斷伊朗石油國有化事件後的伊朗石油出口，被義大利國營石油公司董事長 Enrico Mattei 稱為「七姐妹」。

司的內部交易，因此石油價格就由這些跨國公司公告，而計算方式則是根據成本利潤和繳交給產油國的所得稅和使用費而來，當時的定價方式稱為公告價格（posted price）。1960年代雖然委內瑞拉、利比亞等新興產油國出現，一群獨立於七姊妹的石油生產商出現，但並未撼動七家跨國公司的寡占地位。直到1973年第一次石油危機爆發後，石油輸出國家組織透過石油禁運成功提高油價，部分成員取得跨國石油公司的股權參與，部分成員推動全面國營化，產油國因而取得可以自行販售的石油，遂改為採取官定價格（official selling price）的方式，並以沙烏地阿拉伯的阿拉伯輕質原油（Arabian Light Crude）作為基準價格（Fattouh, 2011: 14-17）。

　　1970年代晚期，一批產油國國營公司出現，打破原本跨國公司的垂直整合結構，也催生一群獨立的煉油廠、貿易商和石油業者，創造龐大的市場空間。1979年第二次石油危機爆發，伊朗中止與主要跨國公司的長期合約，導致愈來愈多煉油廠直接向原油生產者購買現貨，一個粗具規模的石油現貨市場於焉誕生。同時，由於石油輸出國家組織內部意見分歧，加上石油輸出國家組織以外的油源日益擴大，石油輸出國家組織對石油價格控制難以維繫，於是形成現貨交易和長期合約兩種石油定價方式。現貨交易往往參考期貨價格，而長期合約則是參採現貨交易價格，並根據固定公式計算（Fattouh, 2011: 17-21）。可以說，無論現貨交易或長期合約，都會和原油期貨交易相互對照，石油期貨交易價格成為影響石油定價的關鍵因素。

　　目前，全球有兩個最大的原油期貨交易中心，分別是紐約商品期貨交易所（New York Mercantile Exchange）和倫敦國際石油交易所（International Petroleum Exchange），紐約商品期貨交易所於1983年開啟原油期貨交易，交易的原油為西德州中級石油（Western Texas Intermediate, WTI），所交易的原油在奧克拉荷馬州的庫欣（Cushing）交貨。西德州中級石油又稱為德州輕甜原油（Texas Light Sweet），且重量為美國石油學會（American Petroleum Institute, API）比重39.6度。倫敦國

際石油交易所則於1988年開啟原油期貨交易，所交易的原油是北海布蘭特石油（Brent Crude），按重量為API比重38度，倫敦國際石油交易所交易的原油在蘇格蘭的薩洛姆灣（Sullom Voe）交貨。兩相比較，美國石油期貨交易的供貨穩定，其原油來源除了美國外，主要來自加拿大，而歐洲石油期貨交易的供貨較不穩定，其原油來源除了北海石油外，高度依賴中東產油國。因此，倫敦的布蘭特原油經常比紐約的西德州原油貴一美元以上。其他原油期貨還包括在杜拜交易的杜拜阿曼原油、在新加坡交易的馬來西亞原油（Tapis）以及印尼原油（Minas）。西德州原油、布蘭特原油和杜拜原油是目前全球石油貿易三大基準價格石油（Markus, 2016: 227-229）。

化石燃料除石油外，還有天然氣和煤炭。天然氣的價格與石油相近，同樣容易出現劇烈波動，但區域間差異較石油更大。相對而言，煤炭價格較為穩定，但仍存在一定程度的區域差異。天然氣的定價方式，因運送方式不同而彼此相異。依照運送方式的不同，天然氣分為由管線輸送的一般天然氣和由船隻輸送的液化天然氣（Liquefied Natural Gas, LNG）。一般天然氣根據石油價格定價，但由於一般天然氣須通過管線輸送，為確保管線投資得到回收，在美國以外的絕大多數地區，一般天然氣的價格均由長期合約決定。美國天然氣價格以期貨交易為基礎，期貨交易場所在紐約商品期貨交易所，美國的天然氣期貨交易自1989年開啟，所交易的天然氣在路易斯安那州的亨利港（Henry Hub）交貨。由於北美天然氣是美加墨三國相互交換，天然氣供應相對穩定。歐洲也有天然氣期貨交易，交易中心在英國設置的國家平衡點（National Balance Point）[4]，但是期貨交易總量不及長約交易，因此歐洲的天然氣價格決定仍以長約交易為主。歐洲

---

[4] 歐洲的天然氣交易除了英國的國家平衡點外，還荷蘭的所有權轉讓設施（Title Transfer Facility, TTF），這是設於荷蘭的一個天然氣的虛擬交易點，雖然該中心以荷蘭本地的天然氣交易為主，其交易價格按每兆瓦時（megawatt hour）計算，常被用做歐洲天然氣的參考價格。

天然氣來源按地區而不同，中東歐地區天然氣來自俄羅斯，而伊比利半島的天然氣則來自阿爾及利亞。與美國和歐洲不同，亞洲天然氣的來源主要是進口的液化天然氣，其定價分兩套系統，一個系統是根據日本海關公告的進口原油加權平均價（Japan Crude Cocktail, JCC），台灣、南韓和日本皆以此定價。另一個系統是官方自訂價格，如中國大陸和印度都是由政府自訂價格，其中中國大陸採取的定價方式是參考美、英、日三大基準價格定價，避免官方價格和國際價格有太大落差（Markus, 2016: 236-240）。

至於煤炭，可分為動力煤（steam coal）和焦煤（coking coal）兩種，前者用於發電和運輸，後者則用於煉鋼。因此，作為能源使用的煤炭主要是動力煤。與劇烈起伏的石油和天然氣價格不同，煤炭價格在二十世紀相對穩定，這是由於煤炭平均分布於亞歐美三大洲，很多國家都自己生產，不至於受到部分生產國的產量變化而劇烈波動。然而，二十一世紀以來，因為開發中國家對於煤炭需求大幅上升，且煤炭期貨自2003年開始於紐約商品期貨交易所交易，造成煤炭價格不斷向上攀升，也呈現一定程度的波動。但是，相對於石油和天然氣，煤炭價格依然是相對廉價而穩定（Energy Charter, 2010），惟因其造成嚴重的碳排放，在氣候變遷的時代成為必須轉型的能源。

鑑於能源對於一國國計民生至關重要，能源價格的劇烈波動和政治情勢對能源供應的衝擊，都構成對於能源消費國的安全挑戰。比如二戰前日本因為擔心石油供應不穩，先發制人發動珍珠港事變。國際能源總署將能源安全定義為能源來源的價格可負擔和可取得性不受干擾（International Energy Agency, 2019）。為確保能源安全，國家會追求一定程度的能源獨立性，降低外來能源供應在數量或價格劇烈波動時帶來的衝擊，以降低國家的脆弱性。進一步說，能源安全除了包含物理上可取得能源和經濟上可負擔能源，還包括環境上目前的能源使用不會減損下一代的能源取得（Ayoo, 2020: 15-40）。為推廣能源安全的保障措施，國際能源總署自1970年代起推動石油儲備制度，要求石油淨進口量為正值的國

家，建立該國90日淨進口量的安全存量。對於能源安全的成本，有些國家
要求業者全部承擔，有些國家則由政府和業者分別承擔。

除了建立石油安全存量外，其他確保能源安全的措施還包括多元
化、擴大供應和需求控制。實現多元化的方式有三種，分別是能源種類多
樣化、能源供應商多樣化和供應路線多樣化。能源種類多樣化是指政府鼓
勵發展不同形式的能源以補充或甚至取代石油，對於進口國來說，如此
可以降低依賴石油的風險，對出口國來說，則可以降低出口收入的不穩
定。供應商多樣化與供應路線多樣化則如同歐盟與中國大陸的做法，盡
量開拓多元的能源來源區域，以及建立多樣的運輸路線，以確保能源安
全。所謂擴大供應，除了進口國可以在國內大規模開發外，也可以由政府
在海外簽署長期契約並進行投資，以確保國內能源供應穩定。至於需求控
制則有兩種方式，一是提高本國的能源效率以避免浪費，一是採取「可中
斷合約」（interruptible contracts），允許能源供應商在某些情況中斷與約
定客戶的供應協定，以提高能源供應的靈活性。比如在北美或西歐地區
常用可中斷合約，在緊急狀況切斷對工業用戶的瓦斯與電力供應，以維
持對家戶的供應，降低能源供應中斷時的衝擊（Energy Charter Secretariat,
2015: 21-23）。

第四節　再生能源貿易及全球碳市場

隨著全球各國意識到化石燃料對環境的破壞，再生能源逐漸成為各
國關注的重點產業。然而，當再生能源相關設備（如太陽能板和風力發電
機）的製成品或零組件在全球能源貿易的比例逐漸上升，許多貿易爭端
隨之而來。這主要是因為各國對進口的再生能源設備課徵高關稅或設置非
關稅貿易障礙，以及對本國生產相關產品的廠商採取各項支持措施，以致
阻礙再生能源產品貿易。儘管名目上再生能源設備的關稅持續下降，但對

於再生能源設備進口的非關稅貿易障礙卻不斷增加。以亞洲國家為例，關於再生能源的非關稅貿易障礙從1990年的25項成長到2016年的250項，而2014年到2016年之間亞洲國家對於再生能源設備設置的非關稅貿易障礙占全球四分之三，這些非關稅貿易障礙主要是技術性貿易障礙，如技術標準和進口限制等等。此外，各國對於本國廠商的支持措施則包括補貼、租稅減免、土地和融資優惠。此外，常見的情況還有如對於外資投入再生能源，要求以本地自製率作為獲得政府電力收購（Feed-in Tariff, TIF）的條件（Lopez, 2020: 2-5）。

　　事實上，各國政府鼓勵本國廠商發展再生能源的動機不盡相同。一方面，政府可能出於增進公共利益的動機，比如為增加供電來源確保偏鄉地區享受電力，政府會透過補貼方式讓再生能源市場能夠與傳統能源競爭，以降低再生能源產業發展初期的高昂成本。一方面，國家也可能出於扶持戰略產業的動機，試圖確保國家在該產業的技術領先，並在海外市場尋求一席之地（Ghosh, 2016: 183-184）。這些扶持措施如同在其他產業施行的扶持措施，在一定程度可以增加就業、促進技術轉移，並降低可再生能源的生產成本。然而，對於本國再生能源設備產業的扶持同時也造成全球產能過剩，且導致本國產品出口到其他國家時受到傾銷的指控（Ghosh, 2016: 193-194）。

　　針對其他國家為保護再生能源產業而設置的貿易限制措施，部分國家採取如課徵反傾銷稅的單邊措施反制，進而引發兩國貿易爭端。也有國家直接訴諸世貿組織，尋求世貿組織的爭端解決機制進行裁決。根據統計，自2010年第一次出現向世貿組織投訴的再生能源貿易爭端開始，到2017年中，世貿組織接受的再生能源產業貿易爭端案件共有13件（Dent, 2018），其中與太陽能相關的貿易爭端有5件。2018年關於太陽能板的貿易爭端案件新增3件，占當年全部新增爭端案件7%（Hajdukiewicz & Pera, 2020: 8），足見再生能源案件在世貿組織貿易爭端具有一定分量。然而，世貿爭端解決機制能否有效裁量，或是否存在裁量的具體標準，恐

怕值得懷疑。比如2012年12月在有關控訴加拿大安大略省要求再生能源產業具備「當地成分要求」（local content requirement）時，爭端解決小組指出該要求賦予國內生產商相當的「優勢」（advantage），但沒有造成「益處」（benefit）。後經日本提出上訴後，上訴機構裁定安大略省的要求確實對國內廠商造成益處（Ghosh, 2016: 194），反映相關案件裁決的高度不確定性。

基本上，1994年GATT協定第20條是世貿組織處理與環境相關的貿易措施的主要法源，該條規定成員為保護人類、動物、地球、環境可採取與世貿組織不一致的政策。據此，貿易福祉的損失和環保福祉增進兩者應平衡觀之。但是，該條款是針對環保政策的例外條款，而再生能源的貿易障礙則多採取產業政策的形式，並以推動產業發展為目標，恐怕不能適用該條款，反而應參酌補貼和平衡措施協定（Agreement on Subsidy and Countervailing Measures, ASCM）和反傾銷協定（Anti-Dumping Agreement, ADA）。根據補貼和平衡措施協定，對於再生能源的支持措施屬於限定於特定產業且無意對貿易帶來不利影響的措施，這是世貿組織允許的，只是若造成其他成員受害，仍可訴諸爭端解決機制或課徵反傾銷稅或平衡稅（Dent, 2018: 8-9）。

因為爭端解決機制的程序進行緩慢，無論是基於GATT第20條或是補貼和平衡措施協定或是反傾銷協定，受影響的一方要解決爭端都相當不易，對於再生能源設備貿易帶來極高的不確定性。為此，亞太經合會（APEC）於2012年通過決議，推動54項環境商品的貿易自由化。受到此一鼓勵，自2014年起46個世貿組織成員展開環境商品協定（Environment Goods Agreement）談判，希望對環境商品建立分類清單，以降低關稅和非關稅貿易障礙。其後，隨著土耳其加入談判，談判成員的環境商品出口量超過協定生效所需的全球占比80%，大幅提高協定通過並生效的希望。然而，由於對環境產品的涵蓋範圍和具有雙重功能產品的涵蓋範圍皆無法達成協議，且談判未納入環境服務和其他非關稅貿易障礙，再加上部分課

徵高關稅的開發中國家（如巴西和印度）未能參與談判，到2021年底環境商品協定的談判仍未能順利完成（Reinsch et al., 2021）。

要應對全球暖化推動能源轉型，除了發展再生能源之外，要求減少碳排放是更直接的做法。根據《京都議定書》，目前國際上減少碳排放的做法，分為清潔發展機制（Clean Development Mechanism, CDM）、共同減量機制（Joint Implementation, JI）和國際排放交易。清潔發展機制允許先進工業化國家和發展中國家間進行交易，由先進工業化國家投資位於發展中國家的減量合作計畫以取得排放減量認證（Certified Emission Reductions, CERs），再向締約國大會指定的認證機構申請認證。如此一方面工業化國家可以最低成本達成減量目標，一方面又可協助發展中國家推動永續發展（李明堅，2002：115-117）。共同減量機制和國際排放交易都是在已承諾減量的先進工業化國家間進行交易，前者是由減排成本不同的兩個承諾減排國家簽約共同合作投資溫室氣體的排放減量計畫，再通過認證就其所帶來的溫室氣體減排進行減排單位核證與轉讓（陳香梅等，2013：77）。後者則是在國家與國家之間進行減排單位核證的轉讓或獲得，自2007年起排放交易在國際交易日誌（International Transaction Log, ITL）機制下進行。

除了《京都議定書》的三種交易機制外，各國也可在國內發展碳定價機制。這有兩種方式，一是直接課予碳稅，一是建立碳交易市場。碳稅的想法早於1970年代即已出現，當時學者David Gordon Wilson提議對廠商徵收碳費，再平均返還所有公民，此一想法後來為加拿大英屬哥倫比亞省採用。碳稅雖然可確定碳的價格，但排放總量卻不限制。由於許多企業寧可繳交碳稅也不願意改變生產結構，且國家能否有效監管也會受到內部條件的限制，碳稅會有導致溫室氣體排放量增加的風險（Pollitt, 2019: 6-8）。截至2021年底，已有超過20個國家課徵碳稅，絕大多數課徵碳稅的國家為先進工業化國家，但也包括開發中國家如阿根廷和南非，歐盟更進一步針對進口產品中的碳密集型產品課徵碳邊境稅（carbon border tax），以避免碳洩漏（carbon leakage）。[5]

　　相對而言，碳交易市場則是限制排碳總量，但允許價格變動，讓排放許可證在市場上交易，藉由市場交易，刺激企業改進生產方式或投資減碳技術（Pollitt, 2019: 6-8）。歐盟於2005年設立的歐盟排放交易體系（EU Emission Trading System）是全球最早的碳交易市場，此後英美澳日陸續設立，中國大陸則於2021年正式開啟碳排放權交易市場，截至2021年底，全球已有超過20個碳排放交易市場。碳市場被認為是強調自由市場運作的氣候變遷解決方案，是自然資源被「新自由化」（neoliberalization）與「商品化」（commodification）的過程。藉由將碳商品化，使其以更具經濟效益的方式進行減碳（Lane & Newell, 2016: 251-253）。儘管碳市場機制蓬勃發展，實際效果卻收效甚微。碳交易市場最為人所詬病的，是無法有效促進企業投資減碳技術，一方面是因為碳價持續下跌，一方面也受到交易市場的醜聞與詐欺犯罪行為影響（Lane & Newell, 2016: 249-251）。換個角度來看，任何市場交易都需要穩固的財產權制度，而要對自然環境樹立明確的產權制度極為不易，這自然會阻礙環境商品的市場發展。這也可看出，要推動能源轉型，無論是透過市場機制、強制課稅或是任何其他途徑，最終都還是需要政府扮演積極的領導角色。

第五節　結論

　　自2010年以降，全球再生能源發展快速，對發電貢獻不斷增加，但到2020年，化石燃料仍占全球能源供應79％，對發電貢獻則為61％。在化石燃料中，石油和天然氣的蘊藏中東地區均居於首位，超過40％，煤炭的蘊藏則以亞太地區居於首位，同樣超過40％。受到產能和內部需求的影

---

[5] 即因為本國嚴格的氣候政策，導致產業遷徙到管制較為寬鬆的區域，結果抵銷本國政策對全球碳排放減量的幫助。

響，全球生產和出口的地區分布與蘊藏量未必相符。2020年石油生產以中東地區居冠，天然氣生產以北美地區最多，煤炭生產則集中於亞太地區。至於能源出口，美國為石油和天然氣出口前三大國，俄羅斯則無論石油、天然氣還是煤炭，都位列前三名。中東地區國家沙烏地阿拉伯為石油出口第二大國，卡達為液化天然氣出口第二大國。中東地區雖然是石油生產最大來源，但長期受制於跨國公司，直到1973年石油危機後才取得石油貿易的主導權，並順利推升油價。參考學者對卡特爾的研究發現，1970年代石油輸出國家不具備成功卡特爾的條件，當時能夠推動石油禁運主要因為以阿戰爭激起阿拉伯民族主義，促使主要產油國團結一致，再加上沙烏地阿拉伯作為「彈性生產者」的成功領導。2000年後石油價格再度升高，則因為以國營企業為主力的生產結構推升成本、產油國政治不穩影響生產能力，以及開採難度日益升高。而且，不但國內政治會影響石油生產出口，石油生產出口也會影響國內政治，著名的「資源詛咒」理論即說明石油財富如何阻礙生產國的經濟發展。

石化燃料的定價是買方與賣方角力的結果，反映雙方的市場權力。戰後初期，石油價格由跨國公司採取公告價格決定，後來產油國逐步掌握油源，改採官定價格。1980年代以後，石油市場壟斷結構被打破，現貨交易市場日益興盛，且現貨交易參考快速發展的期貨交易定價，讓北美洲交易的西德州石油、歐洲交易的布蘭特石油和中東交易的杜拜原油成為決定全球石油價格的基準石油。天然氣是長期合約和短期交易並存的市場，一般來說管線天然氣多由長期合約決定，而北美洲和歐洲皆以管線天然氣為主，亞洲的天然氣來源則以液化天然氣為主。相對而言，煤炭雖因期貨市場出現和開發中國家需求增加而價格波動，仍屬於廉價且穩定的能源來源，惟因其造成的碳排放而成為必須轉型的能源。面對能源價格波動劇烈，且能源供應常受地緣政治變動影響，能源安全日益受到重視。確保能源安全的措施除建立安全存量外，主要是尋求來源多元化、擴大供應來源和控制需求。鑑於再生能源的巨大潛能，各國相繼保護再生能源產業，

導致再生能源的貿易爭端不斷發生，且世貿組織的爭端解決機制進行緩慢，往往緩不濟急，為此，各國嘗試推動環境商品協定，但對於環境商品的界定不易，加上部分關鍵國家持保留態度，皆阻礙談判有效推進。至於全球碳市場，雖已在二十餘個國家建立，但因產權界定不易，仍需要在價格穩定和規則明確方面繼續努力。從再生能源貿易和全球碳市場兩個例子可看出，推動能源轉型，政府間的有效合作以及政府和市場的有效結合，兩者可說是缺一不可。

參考書目

李明堅（2002）。〈抑制溫室氣體之良方——清潔發展機制的最新發展分析〉。
　　《台灣綜合展望》。第6期，頁113-125。

陳香梅、陳文典、游懷萱（2013）。〈清潔發展機制（CDM）對溫室氣體之減量
　　效果分析〉。《應用經濟論叢》，第94期，頁75-112。

蔡信行（2006）。〈替代能源之回顧與展望（上）〉。《石油季刊》，第42卷第1
　　期，頁33-48。

Alhajji, A. F. & David Huettner (2000). OPEC and other commodity cartels: a
　　comparison. *Energy Policy, 28*(15), 1151-1164.

Anonymous (2021). Uncomfortable truth. *The Economist*, 441(9267), pp. 31-32.

Ayoo, Collins (2020). Towards energy security for the twenty-first century. In Tolga
　　Taner (eds.), *Energy Policy* (pp. 15 - 40). London: IntechOpen.

British Petroleum (2021). Statistical Review of World Energy, June.

Chadwick, Lauren (2022). Europe's energy crisis: Five charts to explain why your bills
　　might go up this winter. Euronews. Feb. 11. https://www.euronews.com/2022/02/11/
　　europe-s-energy-crisis-five-charts-to-explain-why-your-bills-might-go-up-this-
　　winter

Dent, Christopher M. (2018). Clean Energy Trade Governance: Reconciling Trade
　　Liberalism and Climate Interventionism?. *New Political Economy, 23*(6), 728-747.

Energy Charter (2010). Putting a price on Energy: International Coal Pricing. https://
　　www.energycharter.org/what-we-do/trade-and-transit/trade-and-transit-thematic-
　　reports/putting-a-price-on-energy-international-coal-pricing-2010/.

Energy Charter Secretariat (2015). *International Energy Security: Common Concept for
　　Energy Producing, Consuming and Transit Countries*. https://www.energycharter.
　　org/fileadmin/DocumentsMedia/Thematic/International_Energy_Security_2015_
　　en.pdf.

Fattouh, Bassam (2011). An Anatomy of the Crude Oil Pricing System. The Oxford
　　Institute for Energy Studies Working Paper WPM 40. Oxford, London.

Ghosh, Arunabha (2016). Clean Energy Trade Conflict: The Political Economy of a
　　Future Energy System. In Thijs Van de Graaf, Benjamin K. Sovacool, Arunabha

Ghosh, Florian Kern, & Michael T. Klare (eds.), *The Palgrave Handbook of the International Political Economy of Energy* (pp. 175-204). London: Palgrave Macmillan.

Grilli, E. R. & Maw Cheng Yang (1988). Primary commodity prices, manufactured goods prices, and the terms of trade of developing countries: what the long run shows. *The World Bank Economic Review, 2*(1), 1-47.

Hajdukiewicz, A. & Pera, Bożena (2020). International trade disputes over renewable energy--the case of the solar photovoltaic sector. *Energies, 13*(2), 500, 1-23.

International Energy Agency (2019). Energy security: Ensuring the uninterrupted availability of energy sources at an affordable price. https://www.iea.org/areas-of-work/ensuring-energy-security.

International Energy Agency (2021). *World Energy Outlook 2021*. Paris: International Energy Agency.

Lane, Richard & Peter Newell (2016). The Political Economy of Carbon Markets. In Thijs Van de Graaf, Benjamin K. Sovacool, Arunabha Ghosh, & Michael T. Klare (eds.), *The Palgrave Handbook of the International Political Economy of Energy* (pp. 247-267). London: Palgrave Macmillan.

Lopez, Anne Ong (2020). Protectionism and Trade in Renewable Energy Infrastructure. Beijing: Asian Infrastructure Investment Bank.

Markus, Ustina (2016). The International Oil and Gas Pricing Regimes. In Thijs Van de Graaf, Benjamin K. Sovacool, Arunabha Ghosh, Florian Kern, & Michael T. Klare (eds.), *The Palgrave Handbook of the International Political Economy of Energy* (pp. 225-247). London: Palgrave Macmillan.

Moore, Stephen & Kathleen Hartnett White (2016). *Fueling Freedom: Exposing the Mad War on Energy*. Old Saybrook: Tantor Audio. 中文譯本：陳珮榆譯（2017）。《能源大騙局：綠能神話引燃的世紀豪賭》。台北：好優文化。

Morton, Michael Quentin (2013). Unlocking the Earth - A Short History of Hydraulic Fracturing. *GEO ExPro, 10*(6). https://www.geoexpro.com/articles/2014/02/unlocking-the-earth-a-short-history-of-hydraulic-fracturing.

Nankani, G. T. (1980). Development problems of nonfuel mineral exporting countries: An analysis of policies relevant to countries which depend on depletable non-oil resources. *Finance & Development, 17*(001), 7-10.

Pollitt, Michael G. (2019). A Global Carbon Market. *Frontiers of Engineering Management, 6*(1), 5-18.

Radetzki, Marian (2012). Politics--not OPEC interventions--explain oil's extraordinary price history. *Energy Policy, 46*, 382-385.

Reinsch, William A., Emily Benson, & Catherine Puga (2021). *Environmental Goods Agreement: A New Frontier or an Old Stalemate?*. Washington, DC: Center for Strategic and International Studies.

Ross, Michael L. (1999). The political economy of the resource curse. *World Politics, 51*(2), 297-322.

Sachs, J. D. & Andrew M. Warner (2001). The curse of natural resources. *European Economic Review, 45*(4-6), 827-838.

Spero, Joan Edelman (1990). *The Politics of International Economic Relations*. New York: St. Martin's Press. 中文譯本：楊鈞池、賴碧姬、梁錦文、童振源等譯（1994）。《國際政治經濟學》。台北：五南。

U.S. Energy Information Administration (2021). What drives crude oil prices: Supply OPEC. U.S. Energy Information Administration, July 7. https://www.eia.gov/finance/markets/crudeoil/supply-opec.php.

Chapter 13

全球化的未來

　　如果說二十世紀末期到二十一世紀初期是歌頌與擔憂全球化勃興的年頭，二十一世紀的第二個十年應該是嘗試理解與哀嘆全球化衰退的年頭。2013 年，經濟學家Arvind Subramanian和他的夥伴剛剛為「超級全球化」（hyper-globalization）歡呼，認為全球貿易整合已來到史上最快速的階段（Subramanian & Kessler, 2013）。不到三年，荷蘭趨勢專家Adjiedj Bakas提出「慢全球化」（Slowbalization），認為全球整合速度已經放緩，原本的全球化正轉為「慢全球化」（Bakas, 2016）。再過四年，在第一波新冠肺炎疫情稍歇之際，哈佛大學經濟學家Pol Antràs安慰全球化的倡議者，尚無須憂慮墮入「逆全球化」（deglobalization）（Antràs, 2020）。其實，「逆全球化」一詞，早於2008年為菲律賓的學者Walden Bello所提出，認為當時嚴峻的金融海嘯有機會結束全球化，為世界掙脫新自由主義的束縛提供難得的機會（Bello, 2009 & 2008）。

　　從後見之明來看，2008年正是這一波超級全球化的終點，象徵著從1980年代末期起，因為蘇聯東歐自由化、中國大陸和印度經濟改革，以及資通訊革命所帶來全球貿易金融整合，到金融海嘯之前已用盡其潛能。將時間跨度拉長到五十年，1986～2008年這二十餘年的高速全球化本是例外，2008年後的全球貿易整合放緩則應該是正常現象（Antràs, 2020: 6）。從技術面來看，2008年後貿易的運輸成本不再下降，貿易成長自然受限。此外，2008年後全球商品貿易漸趨飽和，需要依賴服務貿易推動貿易成長，但服務業貿易又受到各地條件限制，不如商品貿易容易成長。而且，全球金融海嘯後銀行不敢大膽為貿易提供融資，這也限制全球貿易成長。2018年後美國開啟全方位的貿易戰，以及美國對中國大陸施加的各項制裁，既升高貿易成本，又讓供應鏈陷於不穩定，進一步打擊全球貿易的復甦（Anonymous, 2019）。台灣大學朱雲漢教授則認為，貿易規模成長放緩是因為中國大陸成功實施進口替代、貿易從以滿足富裕國家需求為主轉向滿足非富裕國家需求、製造業回流西方國家和非實體貿易躍居主流四重深層變化，這是全球化的演化而不是全球化的退化（朱雲漢，2020：188-198）。

　　但是，無論是全球化的放緩，或是全球化的逆勢生存，都不能僅從經濟或技術層面理解。正如川普從當選總統到發動貿易戰的過程所揭示，已開發國家社會對於全球貿易的不滿情緒，蓄積已久，相似的情緒也可見於英國脫歐，以及部分歐盟國家的反歐盟浪潮，如果不能找到克服之道全球化將難以為繼。此外，隨著新興市場國家被整合進全球貿易金融，如果全球經濟管理體系不能相應調整，反映開發中國家的市場分量，既有的管理體系也很難行穩致遠。因此，本章用民粹主義的挑戰和金磚國家的挑戰兩節，分別分析已開發國家社會變化，和新興市場國家間的合縱連橫，以及它們如何改變既有全球經濟管理體系。最後延續前面所談的民主和主權架構，運用學者提出全球市場和政治民主的兩難困境，討論超國家層次的全球治理如何實現。在進入相關的分析和闡述之前，以下先介紹全球化的定義及其現況。

第一節　全球化的現況

　　自全球化的概念問世以來，這個名詞一直充滿各種矛盾解釋，引發激烈的討論和辯論。2000年代初期學者David Held、Anthony McGrew、David Goldblatt、Jonathan Perraton等人將全球化辯論分為「超全球主義」、「懷疑論」和「轉型主義」三種觀點。「超全球主義」認為全球市場擴張將終結民族國家，嶄新的全球時代已經到來。「懷疑論」則認為全球化早已有之，且國際市場的擴張來自國家的支持，目前並無國家終結的徵兆。採取折衷立場的「轉型主義」則認為當前的全球市場擴張的確空前未有，並將帶動社會政治的全面轉型，但是，轉型過程不是一帆風順，而是包含各種相互矛盾的力量彼此撞擊，未來如何前途未卜（Held，中文譯本2001：3，轉引自蔡育岱，2020：385-390）。當然，這三種觀點並非截然對立，不同觀點間仍然會相互重疊。比如認為全球化早已有之，不代表

當前的全球化不會帶來社會轉型，更不表示歷史只是不斷重複而不存在根本轉變的可能。2020年經濟學家Jeffrey Sachs的著作即呼應折衷論的觀點，他認為從舊石器時代至當前的數位時代，人類已經經歷七波的全球化，貫串這七個全球化時代的是人類社會的不斷變遷，透過地理、科技和制度三個因素的相互作用，人類社會不斷朝向同一個方向前進，即人們對外在世界的認知愈來愈強，不同地區的互賴愈來愈深，最終將原本的地域性政治從轉變為全球性政治（Sachs, 2020）。

從Held到Sachs對全球化的歷史認識可看出，全球化驅動的社會政治轉型其核心在於「去疆域化」（deterritorialization），即藉由各種跨國活動對主權國家疆界的滲透，鬆動人類附著於主權國家的僵固性，受到鬆動的不只是社會型態和生活方式，還包括社會行動者的感知結構，如知識建構、身分認同和政治論述的可能性（房思宏，2004：7-8, 11-12）。而且，不僅要鬆動既有生活和思考型態的僵固性，還要根據跨國活動所創造的互賴性，劃定人類生活和思考範圍的新疆界，從而用「再疆域化」（reterritorialization）來創造轉型後的新世界。從舊石器時代到數位時代的全球化，看起來雖然是「解疆域化」到「再疆域化」的不斷重複，但若從再疆域化的結果來看，卻是將人類相互連結的範圍不斷向全球延伸，從而根本改變人類活動和思想的性質，這種轉變的源頭來自於人類相互連結不斷加深所蘊含的革命性爆炸力量。因此，要理解全球化的現況，自然要從人類生活的相互連結著手。為理解當前人類生活如何相互連結，不同機構曾嘗試用不同角度提供可測量比較的全球化圖像，其中DHL的全球連結程度指數（Global Connectedness Index, GCI）、瑞士經濟研究所（KOF Swiss Economic Institute）的全球化指標（Globalization Index）和貝塔斯曼基金會（Bertelsmann Stiftung）的全球化報告，分別提供長時間帶的全球化進展比較、個別國家的全球化進展比較和各國受全球化影響程度比較，可以掌握過去二十年來不同面向的全球化進展，並整合為一個完整的全球化面貌，以下分別介紹。

　　首先，DHL快遞公司每年發布全球連結程度指數（GCI）報告，用貿易、資金、人員、訊息四個方面測量全球連結程度。按照全球連結程度指數的變化，2000年以後的全球化可分為四個階段，分別是危機前的強勁成長（2001～2007）、全球金融危機（2007～2009）、不穩定和不平衡的恢復期（2009～2019），以及新冠肺炎疫情期（2020～）。DHL的全球連結指數將2000年訂在基線的100分，此後二十年維持上升趨勢，到2020年時達到125分上下。中間經歷2007～2008年金融海嘯和2020年新冠肺炎疫情，都未改變全球連結程度持續上揚的趨勢，而且新冠肺炎疫情的衝擊對全球連結程度影響相當有限。再就全球化的不同方面來看，全球貿易量於2008年金融海嘯前達到最高點，金融海嘯期間重挫後雖於2011年前部分恢復，但2011年後又緩步下降，2020年受新冠肺炎疫情衝擊持續下降，已降到與金融海嘯期間的最低點相當，但仍高於2000年貿易水準。全球人員移動量自2000年持續上升，並未受到金融海嘯影響，但是2020年在肺炎疫情下巨幅下降，已跌到接近2000年的人員移動水準（主要是國際旅客呈現斷崖式下跌）。相對而言，全球資本移動於疫情後來到2017年後的新高點，全球資訊流動則在2020年來到2000年以來最高點，且兩者成長路徑又不盡相同。全球資本移動於2008年、2011年和2018年都曾巨幅下挫，其後又急遽上升，隱然和貿易變化呈現相反的路徑。新冠肺炎雖衝擊全球資本移動，但資產組合投資很快復於穩定，且對外直接投資也很快重拾增長。至於全球資訊移動則始終維持高速成長，完全不受世界經濟重大事件影響。整體而言，新冠疫情並未讓全球化被區域化取代，疫情期間長距離貿易成長速度仍高於區域內貿易，且無論貨品貿易或資金移動，疫情後均快速復甦，甚至超過疫情前水準，惟低度開發國家復甦力道緩慢，無論貿易或投資仍低於疫情前水準（Altman & Bastian, 2021: 10, 15）。

　　其次，瑞士經濟研究所每年發布全球化指標報告，對於各國全球化程度進行評估，且涵蓋時間上溯到1970年，為各國全球化進展提供長時間帶的比較。瑞士經濟研究所的全球化指標把全球化的程度分為法律上的全

球化跟事實上的全球化，法律上的全球化衡量允許、促進和提升跨境流動與活動的政策和條件，事實上的全球化則衡量實際上發生的跨境流動與活動。同時，全球化指標還將全球化分為經濟全球化、社會全球化和政治全球化。經濟全球化包含貿易全球化和金融全球化，社會全球化包含人際關係全球化、資訊全球化和文化全球化，政治全球化則是與其他國家進行政治合作的能力。簡而言之，經濟全球化衡量市場交換，社會全球化衡量觀念交流，而政治全球化衡量政策擴散（Gygli et al., 2019: 544-546）。

按照瑞士經濟研究所全球化指標的測量，從1970年以來無論法律上全球化或是事實上全球化都持續成長，且從1990年到2010年間全球化成長特別顯著，這與DHL全球連結程度指標認為2007年前全球化達到高峰大致相當。2021年全球化前五名的國家都是歐洲國家，分別是荷蘭、瑞士、比利時、瑞典、英國，將這個名單延伸到前十五名，也都是歐洲國家，而且除了英國和瑞士外，都是歐盟國家。這應該和作為歐盟成員的身分有關，因為歐盟的建立，使得歐盟成員國彼此互動加深，且除了貨品、資金和人員移動增加外，歐盟國家間的政治合作也大幅度擴展。若將地理範圍限於東亞地區，東亞全球化程度最高國家是新加坡，再來依序是馬來西亞、南韓、日本和泰國，這五個國家中有三個位於東南亞。如果以經濟全球化來看，前五名是新加坡、荷蘭、比利時、愛爾蘭、盧森堡。再看東亞，排名前五名的又分別是新加坡、香港、馬來西亞、汶萊和泰國，有四個位於東南亞，顯然在東協和東協自由貿易區的框架下，東南亞國家的全球化程度顯著高於東亞其他國家和地區。轉換到社會全球化，新加坡和香港的全球化程度也在全球前十五名，甚至還高於德國和美國，但兩者在國際組織或國際條約能夠發揮的角色遠不如大型國家或歐洲國家，在政治全球化的排名居於後位，以至於整體全球化的排名不如歐洲國家（KOF Swiss Economic Institute, 2021）。

最後，對於各國受到全球化的影響程度，可參考貝塔斯曼基金會的全球化報告。該基金會從2014年開始，每兩年發布一次調查報告，調查的

Chapter 13
全球化的未來

表13-1　DHL全球連結度指數排行前十名

全球連結度	貿易面向 全球連結度	資本面向 全球連結度	資訊面向 全球連結度	人員面向 全球連結度
荷蘭	新加坡	盧森堡	英國	賽席爾
新加坡	荷蘭	愛爾蘭	法國	瑞士
比利時	比利時	荷蘭	荷蘭	冰島
阿拉伯聯合大公國	馬來西亞	新加坡	丹麥	盧森堡
愛爾蘭	越南	挪威	義大利	德國
瑞士	阿拉伯聯合大公國	英國	芬蘭	馬爾他
盧森堡	捷克	瑞典	美國	愛爾蘭
英國	泰國	丹麥	加拿大	英國
丹麥	香港	美國	澳洲	匈牙利
馬爾他	瑞士	芬蘭	紐西蘭	挪威

資料來源：Altman & Bastian (2020: 5-11).

表13-2　KOF全球化指標排行前十名

全球化	經濟全球化	社會全球化	政治全球化
荷蘭	新加坡	盧森堡	法國
瑞士	荷蘭	摩納哥	德國
比利時	比利時	列支敦士登	義大利
瑞典	愛爾蘭	瑞士	英國
英國	盧森堡	加拿大	西班牙
德國	馬爾他	挪威	比利時
奧地利	阿拉伯聯合大公國	英國	荷蘭
丹麥	瑞士	聖馬利諾	瑞典
芬蘭	愛沙尼亞	新加坡	瑞士
法國	丹麥	香港	奧地利

資料來源：KOF Swiss Economic Institute (2021).

主題是從1990年開始追蹤全球化下的受益者與受害者。2020年的報告調查全球化對於各國經濟發展的影響程度，結果發現全球化進展對經濟發展有正面幫助，如果用平均國民所得成長的絕對值來看，還發現已開發國家得

益多於開發中國家,這是因為已開發國家的國民所得起始點高,全球化開始時間早,以及全球化的進展程度高,也就是說、已開發國家的全球化程度比較澈底。其中,獲益最高的前三名是日本、愛爾蘭和瑞士。如果將衡量標準從平均國民所得改為成長率的變動,開發中國家的獲益程度大幅提高,據此,全球化獲益的前三名變成中國大陸、南韓和波蘭(Sachs et al., 2020: 16-18)。報告還認為,全球化帶來的增長用來改善生態環境相對有限。此外,全球化帶來歐洲小型國家對於外貿的高度依賴,而愈是依賴外貿,愈容易在新冠疫情下受到經濟損失,新冠疫情一定程度減少各國可受益於全球化的程度(Sachs et al., 2020: 6)。綜合而言,DHL的全球連結指標提供全球化的整體面貌,瑞士經濟研究所和貝塔斯曼基金會則呈現各國參與全球化的努力,和所承受的影響,且特別能凸顯已開發國家和開發中國家在全球化下的路徑,前者全球化程度高於後者,且絕對獲益高於後者,而後者雖全球化程度低於前者,但相對獲益則高於前者。因此,已開發國家社會容易感到獲益不公,而開發中國家則容易體會參與不足,這正是下面兩節的重點。

🌐 第二節　民粹主義的挑戰

　　論及全球化對已開發國家的衝擊,民粹主義興起應該是最受矚目的政治現象,從美洲到歐洲各國都看到民粹主義旋風對國內政治版圖帶來的劇烈改變。要探究民粹主義和全球化的關係,不免要先問民粹主義何時興起的?雖然,民粹主義的現象於金融海嘯結束後的2010年代方為各界關注,但學者Dani Rodrik追溯20個歐美國家的33個民粹主義政黨發展歷程,發現民粹主義並非是金融海嘯後突然出現,而是從2000年起即看到民粹主義政黨得票率急速上升,此一趨勢一直延續到2008年金融海嘯後,到2015年民粹主義政黨得票率較2000年時成長兩倍有餘,得票率超過20%

（Rodrik, 2018: 12-13）。民粹主義興起和全球化關係密切，1990年代全球化大行其道，在生產全球化的浪潮下廠商大規模外移，導致本地工作機會流失，同時金融全球化帶來一連串金融風暴，從中南美洲到東南亞，造成很多人生活陷入困難，很自然會對於以全球化為中心的政經秩序產生抗拒。但也不能忽略科技因素對民粹主義興起的影響，科技變遷催生新興產業，依賴新科技的新興產業人力需求遠低依賴人力的傳統產業，造成人力需求下降，很多人因此失去工作。同時，新興科技也可能創造壟斷性企業興起，導致中小企業被逐出市場，這種贏者全拿的市場更是民粹主義的溫床。面對競爭日益激烈的全球市場，一般人對於勞動保護的需求日益增加，然而，政府預算卻日益縮減，如此造成勞工所能享受的福利範圍日益不足，這也會刺激民粹主義的滋長（Rodrik, 2018: 13-18）。此外，地理因素和階級因素所形成的失落與相對剝奪感，會挑動人們心中不平等和不公平的感受，從而刺激民粹主義的發展。從地理的觀點來看，投向反建制政黨的選票，很多來自於曾經繁榮卻因為產業變遷而陷入長期蕭條的地區（Rodríguez-Pose, 2020；Broz et al., 2021）。從階級的觀點來看，各種經濟文化因素結合起來會激發未受大學教育者產生喪失社會地位的焦慮，從而擁抱民粹主義（Gidron & Hall, 2017）。

　　進一步來說，民粹主義又可以分為右翼民粹主義和左翼民粹主義，兩者的區別在於對人民的界定方式不同。右翼民粹主義著重文化的特殊性，用民族界定人民，而左翼民粹主義則重視經濟的功能性，用階級界定人民（Huber & Schimpf, 2017: 148; Mény & Surel, 2002; Kriesi, 2014: 362）。不過，作為民粹主義，兩者的共同特質是將建制菁英放在人民的對立面，因為建制菁英的腐化阻礙人民的意志，因此必須打破代議民主常規轉向直接民主（Greven, 2016: 1）。一般將2010年代歐洲興起的民粹主義政黨歸於右翼民粹主義，而將拉丁美洲的民粹主義運動歸於左翼民粹主義。但美國的情況比較特殊，右翼民粹主義和左翼民粹主義同時颳起旋風，分別由川普總統和民主黨總統候選人桑德斯（Bernie Sanders）引領

風騷。對於不同國家出現不同型式的民粹主義，Rodrik認為這是受到既有的社會分歧所影響，若社會的既有分歧是階級對立，該社會就會興起左翼民粹主義，若社會的既有分歧是種族對立，該社會就會興起右翼民粹主義。至於既有的社會分歧從何而來，貿易自由化的歷史會提供相當的線索。比如歐洲從1950年代開始推動經濟整合，且歐洲國家的貿易對象主要是其他歐洲國家。因此，歐洲的民粹主義不是反對自由貿易，而是反對歐盟剝奪各國的自主性，以及反對大量湧入歐洲的移民和難民。相比之下，美國在1990年代全球化開始後對外貿易比重才大幅上升，且美國貿易主要對象是收入低於美國的國家，同時，美國也有相當數量的中南美洲移民，因此美國既有反對貿易衝擊的左翼民粹主義，又有反對移民的右翼民粹主義。至於拉丁美洲，其所受衝擊主要是過於快速的貿易開放、金融危機、IMF條件式紓困和跨國企業控制，因此呈現以階級為基礎的民粹主義（Rodrik, 2018: 23-27）。

　　民粹主義的興起促使各國採取富有經濟民族主義色彩的經濟政策，推動經濟民族主義政策的現象可見於已開發國家和開發中國家，而作此倡議的政治行動者更橫跨政治光譜的左右兩極。經濟民族主義一詞最早用於描述1920年代新興獨立的東歐國家所採取的經濟政策，指「透過一套對外經濟政策，讓國家免於外國的經濟干預」（左正東，2011：62-64）。在2010年代後期的經濟民族主義政策同樣強調國家主權、拒絕多邊主義和為保護本國利益不惜犧牲外國利益。不過，受到民粹主義引導的經濟民族主義政策，會因為國家本身的特質不同而展現不同的面貌，且左翼政黨和右翼政黨的側重面向也有所不同。美國彼得森國際經濟研究所（Peterson Institute for International Economics）的學者Monica de Bolle and Jeromin Zettelmeyer用二十國集團成員國作為研究對象，發現已開發國家更傾向於採用限制移民措施、限制貿易措施和採取民粹色彩的總體經濟政策[1]，開

---

[1] 民粹色彩的總體經濟政策指貨幣和財政政策不以維持總體經濟穩定為目標，而是追求其他目標，且不願為總體經濟穩定而有所妥協。

發中國家則偏好扶持特定企業的產業政策、容忍產業集中，以及採取民粹色彩的總體經濟政策。另外，就政黨而論，右翼政黨比左翼政黨在限制移民、限制外資和反對多邊主義方面態度更為積極。整體而言，無論已開發國家或開發中國家，無論右翼政黨或左翼政黨，對於貿易保護主義的偏好以及對於多邊主義的保留都日益增加（de Bolle & Zettelmeyer, 2019）。

的確，近來各國轉向保護主義，並撤出區域貿易協定的例子所在多有，已開發國家如美國撤出跨太平洋夥伴協定，開發中國家如印度撤出區域全面夥伴協定，都是可視為保護主義興起的個案。不可諱言，1990年代以後全球推動貿易自由化和各國推動區域貿易協定，多少都有些為自由化而自由化的傾向（Anonymous, 2021a: 4）。如今在民粹主義下各國對於自由貿易的態度丕變，不再如過去般執著於推進貿易自由化，自然不會執著於成本過高的貿易協定。除了撤出既有或尚待形成的貿易協定外，各國運用貿易工具追求非經濟非貿易目標的情況，也日益頻繁。其中常見的非貿易目的便是保護勞工權利。比如美國於2021年8月援引美墨加貿易協定規定，要求墨西哥政府調查汽車業侵犯工會權利，或歐盟運用提供開發中國家的普遍優惠關稅，要求獲得關稅優惠的開發中國家保障勞工權利和改善人權（Anonymous, 2021b: 8）。這些關於貿易政策的新做法，也算是反全球化力量興起的副產品。

簡而言之，民粹主義的原動力來自憂慮淪為輸家和不滿規則不公，舉凡貿易全球化造成工作外移、加倍獎勵全球競爭的贏家、大規模跨境移民搶占工作機會，和移民在種族與文化的異質性，都加劇西方世界處於經濟劣勢者的憂慮和不滿。當2008年金融海嘯來到後，很多人失去工作，再也無法回復危機前的收入和地位，但部分富裕階級卻能夠承受金融危機的衝擊，外加政府對於原本收入優渥的金融業大規模紓困，更加劇貧富差距，引發民眾對於少數人和外國人利用不公規則獲利的不滿，從而激起要打破現有規則的強大期望，這是金融危機後民粹主義蔚為風潮的根本因素。而民粹主義的興起促使已開發國家相繼擁抱經濟民族主義，從政策上

修正原本的全球化進程，侵蝕全球化的政治基礎，讓相互連結的全球經濟搖搖欲墜。

🌐 第三節　金碑國家的挑戰

　　如果說民粹主義是從全球化核心的已開發國家內部反抗全球化，金碑國家嘗試推動替代性的全球經濟治理架構，則是從全球化的上層結構改變既有的全球化體制。嚴格來說，當前的全球化體制肇始於1970年代，承接布雷頓森林體制，把原本有貿易自由化加上資本流動自由化，後來再加入人員跨境移動，形成全面打破國界的全球市場交換體制。2000年代晚起開始的金碑國家合作，不是要扭轉市場化和自由化的全球經濟議程，而是再次修正布雷頓森林體制，包括改變布雷頓森林體制的權力分配，和改寫布雷頓森林體制部分的操作規則，賦予原本被排除在國際決策外的新興國家更大的發言權和政策空間。既然布雷頓森林體制是當前全球化議程依託的制度基礎，修改布雷頓森林體制必然對於全球化議程帶來深刻挑戰。

　　金碑四國（BRIC）一詞來自於Goldman Sachs於2001年發表的研究報告，該報告認為巴西、俄羅斯、印度和中國大陸將成為改寫全球經濟結構的新興經濟體（O'Neill, 2001）。該報告最初只提到金碑四國，但因為兩組三邊對話的持續進行，讓金碑四國後來發展為五個金碑國家的組合。這兩組三邊對話分別是中國大陸、俄羅斯和印度的三方年度會議和印度、巴西、南非的年度論壇。這兩個論壇原本各自舉辦，但2008年八國高峰會議（G8）[2]時會議主辦方想擴展和開發中國家的對話，因而舉行海利根達姆進程（Heiligendamm Process），邀請中國大陸、印度、巴西、南非、墨西哥進行對話。只是後來二十國集團（G20）成立，繼續在八國高

---

[2] 當時七大工業國高峰會定期邀請俄羅斯與會。

峰會上與部分開發中國家對話似乎不具意義。與此同時，在第一次G20高峰會召開前，俄羅斯出面邀請金磚四國的其他三國領袖，在葉卡捷琳堡（Yekaterinburg）召開會議，討論如何改革既有的全球經濟體制，這便是2009年6月首次舉行的金磚四國領袖峰會。[3] 此次峰會提出的改革建議要求在國際貨幣基金組織和世界銀行擴大新興國家的股權分配和在董事會的代表權，同時，金磚四國呼籲結束由美國和歐洲分別任命世界銀行行長和國際貨幣基金組織總裁的慣例，改採公開、透明和擇優原則（Stuenkel，中文譯本2017：35-37）。此次改革，延續2000年代初期要求國際貨幣基金組織和世界銀行的改革倡議[4]，被稱為發言權改革（Voice Reform）（Vestergaard & Wade, 2015）。

　　金磚國家要求股權和代表權改革的建議經2009年G20高峰會通過，並於2010年提交IMF獲得多數成員同意，但因為美國國會沒有批准，美國代表沒有投票支持，該決議未能達到IMF決議生效需要的85%代表權門檻，以致於2016年前都無法付諸實行。同時，在IMF和世界銀行的人事任命方面，依然維持過去由美歐主導的慣例。不滿於IMF和世界銀行的改革停滯，金磚國家於2015年成立新開發銀行（New Development Bank），並嘗試建立和世界銀行相當不同的開發金融模式。首先，世界銀行自1970年代後越來越不重視基礎建設，轉向醫療、教育以及結構改革。然而，開發中國家對於基礎建設還是有很高的需求，估計每年基礎建設需求達1.5兆美元。因此，新開發銀行將貸款目標設定於協助開發中國家進行基礎建設。此外，新開發銀行還希望協助發起國的援外政策，並降低發起國對美元的依賴。第二，新開發銀行的初始資金由五個創始會員國平均承擔，股

---

[3] 後來經過密集的外交遊說，南非於2010年加入金磚國家集團（BRICS），參與金磚國家各項會議。

[4] IMF於2000年代初期的改革主要是回應國際社會要求IMF改善應對金融危機的方式，當時的改革集中於六個領域，分別是加強金融情勢監控、協助國家提升制度能力、改善IMF條件式借貸、強化IMF危機解決架構、強化對低所得國家支持、確保IMF是開放和不斷學習的，見於IMF總裁Horst Köhler於2000年9月在IMF-World Bank年度會議的演講（International Monetary Fund Staff, 2002）。

權和投票權也由五個創始會員國平均分配[5]，這和世界銀行各國認購股份和投票權大小不均的情況截然不同。換個角度看，新開發銀行對既存的布雷頓森林體制可以有所幫助，一方面過去區域開發銀行多數和世界銀行共同借貸，若新開發銀行循此途徑，可擴大開發中國家接受的資金，並促進開發中國家基礎建設。另一方面，新開發銀行維持小規模的人力結構，相對於世銀的龐大官僚更有效率，如果經營成功，也可為所有開發銀行樹立良好典範，刺激既有開發銀行改革（Wang, 2017）。

此外，新開發銀行的股權和投票權設計，已經對世界銀行帶來衝擊。在新開發銀行成立後，世界銀行再次就股權分配改革展開磋商，最後於2018年通過增資案，增資後中國大陸的股權比重從4.42%上升到5.71%，但與2010年改革後一樣維持在第三位，且美國仍保持超過15%的投票權，維持關鍵的否決權地位。新開發銀行和世界銀行的競爭不僅至於股權和代表權分配模式，還延伸到貸款方式的相互競爭。自1980年代起，世界銀行通過條件式借貸推動結構改革。金磚國家則認為條件式借貸破壞主權原則，為此，新開發銀行致力於沒有政治條件的貸款，但沒有條件的借貸又被認為會破壞西方國家推動開發中國家實現善治的努力。而且，當開發中國家可以透過向新開發銀行借貸，迴避原本條件式貸款下必須接受的「華盛頓共識」，華盛頓共識的影響將受到相當限制。在金磚國家崛起過程，本已展現不同於華盛頓共識的另類發展路徑。就算金磚國家不特別倡議其發展模式，也會因為條件式貸款限制的鬆動，縮限原本華盛頓共識塑造開發中國家經濟政策的空間（Stuenkel，中文譯本2017：132-134）。可以說，對於條件式貸款和華盛頓共識的修正，是新開發銀行對於布雷頓森林體制的開發金融帶來最大的挑戰。

---

[5] 2021年孟加拉、阿拉伯聯合大公國、烏拉圭和埃及陸續加入，截至2021年底只有前兩者獲得股權分配，各獲得約1%的股權，後兩者則是候選成員（prospect member）。每個創始會員國的持股從20%略略減到19%，基本上股權還是平均持有。

🌐 第四節　全球化困境與全球治理

　　從1970年代全球化浪潮再度興起以來，面對一次次的重大危機，透過國際合作以管理全球經濟的嘗試不曾間斷。然而，不斷推陳出新的國際合作計畫，既無法阻絕危機再度發生，也無法化解先進工業化國家內部對全球化的反抗。Dani Rodrik認為，全球化的困境根源於全球化對西方國家民主制度的挑戰，比如國內勞動標準原本尚能有效保護勞工，若雇主可選擇將工作外包到其他國家，勞動標準的限制變得缺乏實質意義。又比如為爭取全球移動的企業和資本，各國公司稅率面臨沉重的向下調整壓力，這使租稅負擔從企業轉向勞工。又或者部分自由貿易協定規定，外國投資人在本國新法規對投資利潤造成負面影響時，可以到國際法庭尋求賠償，這會限制本國政府追求合乎公益的公共政策（Rodrik，中文譯本2016：223-232）。

　　對於全球市場和國家民主的緊張關係，Rodrik認為超全球化、國家自主和民主三個目標只能有其二，不能三者兼有，他將之稱為世界經濟的政治三難困境（political trilemma of the world economy）。在三難困境的架構下，要有效管理全球經濟有三個選項，一是限制民主以降低國際交易成本，但可實現超全球化和保有民族國家的架構，此時國家政策會以追求澈底的經濟全球化為目標，十九世紀的古典金本位時期可為代表。二是限制全球化讓國家可滿足國內目標，從而建立國內民主正當性，二次戰後的布雷頓森林體制可為代表。三是將民主全球化，打破民族國家藩籬，建立擁有法規與標準制定力量的全球制度，促使法律和政治的管轄範圍和市場範圍一致，這可稱為全球治理，也可想像為全球聯邦制（Rodrik，中文譯本2016：234-237）。晚近部分學者檢視全球化和民主化的關係，發現全球化的確對於各國主權帶來侵蝕，但對已開發國家和開發中國家意義卻不同。對於民主成熟的已開發國家來說，國家主權愈開放政治愈穩定，但對於開發中國家來說，民主化和全球化雖然可以同步並進，若能適度鞏固

國家主權，政治會更趨於穩定（Aizenman & Ito, 2020: 945-975）。換句話說，主權、民主、全球化三個目標在不同特質的國家可能呈現不同的關係，這會驅使各國走上不同的應對策略，從而讓全球化處於不同方向相互競爭的緊張狀態。

三難困境所揭櫫的不同情境中，全球治理既是過去缺乏經驗，也是最富有想像空間的方案。從1990年末期以來，關於全球治理的討論一直是國際政治經濟學的熱門話題。什麼是全球治理呢？簡而言之，全球治理是在沒有主權權威的基礎上統治超越國家邊境的關係，也可看作是在國際範圍內做國家在一國境內所做之事（Finkelstein, 1995: 369）。基於如此的特殊情況，全球治理無可避免要面對三項根本問題。第一個問題是如何界定行為者，要在沒有主權權威的條件下進行統治，全球治理必然要處理誰做決定、誰執行決定的問題。睽諸二十一世紀以來的實踐，大抵有三種模式。第一種模式是將決策權力歸諸各國政府所授權的國際組織，由國際組織的技術官僚負責決定。如聯合國下設有各種專門機構，這些聯合國專門機構都有龐大的技術官僚團隊，在成員國政府的授權範圍內，他們對於國際規則制定和執行方式有相當大的決策空間。第二種模式是將決策權力歸諸由政府官員或立法者等組成的跨國政策網絡，他們具備足夠的專業知識和實際的統治經驗，又可以有效的連結各國政府的決策者，讓這些網絡組織所制定的規則可以為各國政府所接受。比如巴塞爾銀行監理委員會由各國央行及銀行監理機構派員組成，委員會成員本身就是各國負責銀行監理的官員，這讓委員會制定的巴塞爾協定獲得各國政府接受成為防範金融危機的準則。第三種模式是將決策權力交給私營企業組成的公協會，透過私部門自治由企業界自我管制，例如全球企業界推動的各種企業社會責任規範，都算是以私部門自治的途徑制定全球規則並付諸執行（Rodrik，中文譯本2016：244-247）。

全球治理要處理的第二個問題是如何確保全球治理的課責性（accountability），因為當決策層級從主權國家提升到超國家層次時，

對於承擔治理任務的國際組織，各國民眾無法瞭解決策者，無法直接接觸決策者，更無法對決策結果進行監督，從而產生對於國際組織的疏離感。而且，為尊重各國希望國內事務保密，一般國際組織運作會以機密方式進行，對於可能造成市場動盪的重大經濟決策更是如此，形成對民眾影響愈深的事務在國際組織卻愈趨於保密，結果更加深民眾對於全球化的反感，這被認為是刺激一波波反全球化運動的重要原因（Gilpin，中文譯本2004：470）。這種國際組織決策民主監督不足的普遍現象，和歐盟因為執行權增強立法權弱化而長期受到詬病的「民主赤字」甚為相似（Follesdal & Hix, 2006: 534-537）。不過，學者Andrew Moravcsik認為民主赤字的問題可能被誇大，因為若用理想的民主狀態來檢視現實政治，無論國際組織或國內制度都會有民主赤字的問題（Moravcsik, 2004: 337-338）。

無論民主赤字的問題是否誇大，不能否認全球治理存在合法性不足的問題。除了民主程序的問題外，影響國際組織合法性更為根本的問題是在全球層次沒有高於民族國家的權威存在，若國際決策不符合個別國家利益，國際組織缺乏強制手段執行。當決策結果無法確保獲得普遍接受，決策本身的合法性自會受到強烈質疑（張宇燕、李增剛，2008：426）。當然，若能提升國際決策的民主程度，對於全球治理的合法性提升有一定的幫助。對此可有兩種方法，一種方法是開放民眾參與跨國審議，將決策過程置於一般民眾可觸及的討論監督之下，從而打開對於全球治理決策者範圍的限制，不讓前述的專業官僚、官員網絡，或公協會組織阻礙民眾對決策過程的瞭解和課責。另一種方法是保留各國實踐的差異性，也就是對於國際組織制定的規則要如何落實，讓各國透過國內民主程序來決定，而各國民眾則可透過參與國內民主程序影響國際規則執行。若要確保國際決策獲得主要國家同意並接受，決策範圍的擴大便至關重要，這是為何布雷頓森林體制的國際貨幣基金組織和世界銀行要納入新興國家，以及為何重大經濟決策平台要從七大工業國延伸到二十國集團的重要原因。

最後，全球治理要處理的第三個問題涉及治理的成果，也就是如何創造全球標準？必須承認，全球政治經濟既有政府的強制力，又有市場的自我規律。透過全球治理所制定的全球規則，要能夠成為全球標準，必然要符合全球市場規律，為全球市場行為者所接受。在缺乏跨國權威的環境下，全球標準如果不能為市場自主遵行，很難成為真正的全球標準。要為全球市場所接受，規則制定的過程必然要具備一定程度的開放性，充分容納主要的市場行為者，讓市場機制可以發揮一定影響力，甚至透過市場來決定其規則內容。以此來看，私部門自治因為仰賴市場領導者制定規則，其所制定的規則為市場遵守的機會非常大。跨國官員網絡因為規則制定過程具備一定的開放性，能夠有效統整全球政府的強制力，從而可和市場力量相互協調。相對而言，透過授權專業官僚所制定的國際規則，比較容易面臨市場力量的挑戰。綜合而言，要能有效解決行為者、課責性和標準制定這三個問題，既需要主權國家對於主權退位有一定的共識，又需要借助主權國家在強制力與合法性的優勢地位，其難度更甚於金本位制和布雷頓森林體制，這也是全球治理所面對最艱鉅的挑戰。

第五節　結論

全球化的核心在於透過人類生活與思想的相互連結，達成從「去疆域化」到「再疆域化」的不斷循環，進而帶來人類社會的根本改變。對於全球化的進展，DHL的全球連結程度指數、瑞士經濟研究所的全球化指標和貝塔斯曼基金會的全球化報告，分別提供長時間帶的全球化進展比較、個別國家的全球化進展比較和各國受全球化影響程度比較。從這三組指標可以發現，全球化於2007年達到高峰，此後經歷危機和危機後的復甦，到2020年又受到新冠疫情衝擊，尤以人員移動受到影響最深。若以各國全球化程度比較，則歐洲國家為全球化領先群。若以已開發國家和開發

中國家相比，則已開發國家獲益的絕對值高於開發中國家，而開發中國家獲益的成長率高於已開發國家。

　　進一步看已開發國家和開發中國家對於全球化的反應，前者有民粹主義的興起，催生經濟民族主義政策大行其道，後者則有金磚國家擴大合作，要求改變全球經濟管理體制。首先，自2000年起，已開發國家的民粹主義政黨得票率節節上升。民粹主義可再分為右翼和左翼兩種，兩者受既有社會分歧所激發，而呈現為偏重民族文化和偏重經濟階級的民粹主義。民粹主義促使各國採取富有經濟民族主義色彩的經濟政策，從貿易保護主義到對多邊主義的保留，從政策上修正原本的全球化進程，侵蝕全球化的政治基礎，讓相互連結的全球經濟搖搖欲墜。其次，同樣始於2000年起，經濟實力快速增加的金磚國家擴大對話合作，並於金融海嘯後借助二十國集團的平台，推動以改變世界銀行和國際貨幣基金組織人事權為核心的發言權改革。在改革結果不如預期之下，復又聯合設置新開發銀行，嘗試建立和世界銀行不同的開發金融模式。對於全球經濟管理體制來說，新開發銀行的意義不僅在於修正世界銀行的條件式貸款，還可藉此削弱華盛頓共識。這些做法雖然不是要推翻市場化和自由化的全球經濟議程，但也是修正布雷頓森林體制的權力分配和操作規則，勢必對於布雷頓森林體制所承載的全球化進程帶來深刻挑戰。

　　對於已開發國家和開發中國家所掀起對全球化的不滿，Dani Rodrik提出世界經濟的政治三難困境，認為超全球化、國家自主和民主三個目標只能有其二。過去的金本位制和二次戰後的布雷頓森林體制，各自代表超全球化加國家自主、國家自主和民主兩種選項，未來如果超級全球化要繼續向前，全球治理是最有可能的選項。要推動全球治理，必須解決三個問題，分別是如何界定行為者、如何確保課責性和如何創造全球標準。要能有效解決這三個問題，既需要主權國家對於主權退位有一定的共識，又需要借助主權國家在強制力與合法性的優勢地位，其難度更甚於金本位制和布雷頓森林體制，這也是全球治理所面對最艱鉅的挑戰。

參考書目

左正東（2011）。〈國際政治經濟學的典範問題與經濟民族主義的再檢視〉。《國際關係學報》，第32期，頁51-90。

朱雲漢（2020）。《全球化的裂解與再融合：中國模式與西方模式誰將勝出？》。台北：天下文化。

房思宏（2004）。《全球化》。台北：揚智文化。

張宇燕、李增剛（2008）。《國際經濟政治學》（第一版）。上海：上海人民出版社。

Aizenman, Joshua & Hiro Ito (2020). The political-economy trilemma. *Open Economies Review, 31*(5), 945-975.

Altman, Steven A. & Caroline R. Bastian (2020). *DHL Global Connectedness Index 2020 Country Book*. Bonn: Deutsche Post DHL Group. https://www.dhl.com/content/dam/dhl/global/dhl-spotlight/documents/pdf/spotlight-g04-dhl-gci-2020-country-book.pdf

Altman, Steven A. & Caroline R. Bastian (2021). *DHL Global Connectedness Index 2021 Update*. (DHL Global Connectedness Index Reports). Bonn: Deutsche Post DHL Group. https://www.dhl.com/content/dam/dhl/global/dhl-spotlight/documents/pdf/2021-gci-update-report.pdf.

Anonymous (2019). Global List. *The Economist, 430*(9127), Jan. 26, 2019, 23-26.

Anonymous (2021a). The New Order of Trade. *The Economist, 441*(9266), October 9, 2021, S3-S4.

Anonymous (2021b). The Urge to Protect. *The Economist, 441*(9266), October 9, 2021, S8-S10.

Antràs, P. (2020). De-globalisation? Global value chains in the post-COVID-19 age (No. w28115). *National Bureau of Economic Research*, pp. 1-49.

Bakas, A. (2016). Capitalism & slowbalization: The market, the state and the crowd in the 21st century. Dexter.

Bello, W. (2008). Deglobalization: Ideas for a new world economy. Zed Books Ltd.

Bello, W. (2009). The virtues of deglobalization. Foreign Policy in Focus, 3.

Broz, J. Lawrence, Jeffry Frieden, & Stephen Weymouth (2021). Populism in place: the economic geography of the globalization backlash. *International Organization,* *75*(2), 464-494.

de Bolle, Monica & Jeromin Zettelmeyer (2019). Measuring the rise of economic nationalism. Peterson Institute for International Economics Working Paper 19-15, August. Washington, DC: Peterson Institute for International Economics.

Finkelstein, Lawrence S. (1995). What is global governance?. *Global governance, 1*(3), 367-372.

Follesdal, A. & Hix, S. (2006). Why there is a democratic deficit in the EU: A response to Majone and Moravcsik. *Journal of Common Market Studies, 44*(3), 533-562.

Gidron, Noam & Peter A. Hall (2017). The politics of social status: Economic and cultural roots of the populist right. *The British Journal of Sociology, 68*(1), S57-S84.

Gilpin, Robert (2001). *Global Political Economy: Understanding the International Economic Order*. Princeton, N.J.: Princeton University Press. 中文譯本：陳怡仲、張晉閣、許孝慈譯（2004）。《全球政治經濟：掌握國際經濟秩序》。台北：桂冠。

Greven, Thomas (2016). *The Rise of Right-Wing Populism in Europe and the United States. A Comparative Perspective* [La emergencia del populismo de derechas en Europa y Estados Unidos. Una perspectiva comparada]. Washington, DC: Friedrich Ebert Foundation Washington Office.

Gygli, Savina, Florian Haelg, Niklas Potrafke, & Jan-Egbert Sturm (2019). The KOF globalisation index–revisited. *The Review of International Organizations, 14*(3), 543-574.

Held, David, Anthony McGrew, David Goldblatt, & Jonathan Perraton (1999). *Global Transformation: Politics, Economics and Culture*. Stanford, CA: Stanford University Press. 中文譯本：沈宗瑞、高少凡、許湘濤、陳淑鈴譯（2001）。《全球化大轉變：全球化對政治、經濟與文化的衝擊》。台北：韋伯文化公司。轉引自：蔡育岱（2020）。〈理解全球化〉。收於張亞中、張登及編，《國際關係總論》，頁383-412。台北：揚智文化。

Huber, Robert A. & Christian H. Schimpf (2017). On the distinct effects of left-wing and right-wing populism on democratic quality. *Politics and Governance, 5*(4), 146-165.

International Monetary Fund Staff (2002). Reforming the IMF: Progress since Prague 2000. *IMF Issue Brief*, December 2002, https://www.imf.org/external/np/exr/

ib/2002/120502.htm.

KOF Swiss Economic Institute (2021). KOF Globalization Index. https://kof.ethz.ch/en/forecasts-and-indicators/indicators/kof-globalisation-index.html.

Kriesi, Hanspeter (2014). The populist challenge. *West European Politics, 37*(2), 361-378.

Mény, Yves & Yves Surel (eds.) (2002). Democracies and the populist challenge. New York, New York: Palgrave.

Moravcsik, Andrew (2004). Is there a 'democratic deficit' in world politics? A framework for analysis. *Government and Opposition, 39*(2), 336-363.

O'Neill, Jim (2001). *Building better Global Economic BRICs*. (Global Economics Paper No 66). New York: Goldman Sachs.

Rodríguez-Pose, Andrés (2020). The rise of populism and the revenge of the places that don't matter. *LSE Public Policy Review, 1*(1), 1-9.

Rodrik, Dani (2012). *The Globalization Paradox: Democracy and the Future of the World Economy*. New York: W. W. Norton & Company. 中文譯本：陳信宏譯（2016）。《全球化矛盾：民主與世界經濟的未來》。新北市：衛城。

Rodrik, Dani (2018). Populism and the economics of globalization. *Journal of International Business Policy, 1*(1), pp. 12-33.

Sachs, Andreas, Claudia Funke, Philipp Kreuzer, & Johann Weiss (2020). *Globalization Report 2020: Who Benefits The Most From Globalization*. Gütersloh: Bertelsmann Stiftung.

Sachs, Jeffrey D. (2020). *The Ages of Globalization: Geography, Technology, and Institutions*. New York: Columbia University Press.

Subramanian, A. & Kessler, M. (2013). The hyperglobalization of trade and its future. PIIE Working Paper WP 13-6, pp. 1-66.

Stuenkel, Oliver (2016). *The BRICS and the Future of Global Order*. Lanham, MD: Lexington Books. 中文譯本：錢亞平譯（2017）。《金磚國家與全球秩序的未來》。上海：上海人民出版社。

Vestergaard, Jakob & Robert H. Wade (2015). Still in the woods: Gridlock in the IMF and the World Bank puts multilateralism at risk. *Global Policy, 6*(1), 1-12.

Wang, Hongying (2017). New multilateral development banks: Opportunities and challenges for global governance. *Global Policy, 8*(1), 113-118.

POLIS 系列

國際政治經濟學

作　　者／左正東
出 版 者／揚智文化事業股份有限公司
發 行 人／葉忠賢
總 編 輯／閻富萍
特約執編／鄭美珠
地　　址／新北市深坑區北深路三段 258 號 8 樓
電　　話／(02)8662-6826
傳　　真／(02)2664-7633
網　　址／http://www.ycrc.com.tw
　E-mail ／service@ycrc.com.tw
　ISBN ／978-986-298-404-8
初版一刷／2022 年 8 月
定　　價／新台幣 450 元

國家圖書館出版品預行編目（CIP）資料

國 際 政 治 經 濟 學 ＝ International political
economy／ 左正東作. -- 初版. -- 新北市：揚
智文化事業股份有限公司, 2022.08
　　面；　公分（Polis 系列）

　ISBN 978-986-298-404-8（平裝）

　1.CST: 國際政治經濟學

552.1　　　　　　　　　　　　　111012036